编辑出版的转型与发展研究

孙宏波 著

北方文艺出版社
哈尔滨

图书在版编目（CIP）数据

编辑出版的转型与发展研究 / 孙宏波著 . -- 哈尔滨：
北方文艺出版社，2022.7
ISBN 978-7-5317-5663-7

Ⅰ . ①编... Ⅱ . ①孙... Ⅲ . ①编辑工作 - 出版工作 -
研究 Ⅳ . ① G232

中国版本图书馆 CIP 数据核字 (2022) 第 113249 号

编辑出版的转型与发展研究

BIANJI CHUBAN DE ZHUANXING YU FAZHAN YANJIU

作　者 / 孙宏波
责任编辑 / 张　璐　　　　　　　　　　封面设计 / 安　吉

出版发行 / 北方文艺出版社　　　　　　邮　编 / 150008
发行电话 / (0451) 86825533　　　　　经　销 / 新华书店
地　址 / 哈尔滨市南岗区宣庆小区 1 号楼　网　址 / www.bfwy.com

印　刷 / 三河市元兴印务有限公司　　　开　本 / 710mm×1000mm　1/ 16
字　数 / 258 千　　　　　　　　　　　印　张 / 17.5
版　次 / 2022 年 7 月第 1 版　　　　　印　次 / 2023 年 1 月第 2 次印刷

书　号 / ISBN 978-7-5317-5663-7　　　定　价 / 50.00 元

内容简介

　　《编辑出版的转型与发展研究》是一本研究编辑出版的转型与发展的专著，本书在阐述现有的数字编辑出版技术的基础上，进一步分析了传统图书编辑出版设定的新的数字化转型路径，并详细介绍了编辑出版转型的发展历程。同时，本书还对编辑出版转型的现状和发展进行了深入分析，指出了当前编辑出版转型与发展研究领域存在的问题及成因，并结合当下编辑出版存在的问题，提出了相应的具体解决策略，勾画了未来编辑出版的发展方向，旨在找出更适合我国图书编辑出版行业在大数据时代下的发展模式。

目　录

第一章　编辑出版学研究概述

第一节　编辑学的研究内容与对象

编辑学的研究对象和内容既有联系，又有区别。研究对象是指人们从事科学研究时作为认识目标的事物与客体；研究内容是指研究对象的内部构造和外部联系。研究内容是研究对象的具体表现。

一、编辑学的研究对象

关于编辑学研究对象的问题，许多学者都进行了积极的探讨。他们的观点大致可以分为以下四种。

（一）编辑规律说

持这种观点的学者认为，编辑学是以编辑活动的本质和规律作为自己的研究对象。这以余敏先生和邵益文先生为代表。余敏先生在《出版学》一书中指出，应该"把研究编辑活动的基本规律作为编辑学的研究对象"[1]。因此，余敏先生将编辑学定义为："编辑学是探索各类编辑现象，研究编辑活动的本质及规律的科学。"[2] 邵益文先生也认为："编辑学的研究对象是研究编辑活动的特殊矛盾，揭示这些特殊矛盾所反映的客观规律。"[3]

（二）文化缔构说

持这种观点的学者从文化知识结构的视角观察和研究人类编辑活动的社会意义，认为应将编辑学作为一种社会文化现象加以研究。文化缔构说的主

---

[1] 余敏. 出版学 [M]. 北京：中国书籍出版社，2002：77.

[2] 同上。

[3] 邵益文. 中国编辑学会第二届常务理事会工作报告 [M]//《中国编辑研究》编辑委员会. 中国编辑研究：2002. 北京：人民教育出版社，2003：486.

要观点是人类历史实际上是以"文化治天下"的历史。编辑活动的基础是社会化大生产，编辑活动的过程是文化产品的生产过程，经过编辑加工的文化成果才是可以传播的文化成果。从这个视角出发，编辑学应该是一门研究人类文化缔构的科学。它研究人类怎样把个别的、分散的、独特的精神创造物按照社会需要和一定的价值标准，使用特制的符号系统，自觉地加以收集、审理、分类、编排，缔结构造成整体的、有序的、可供社会交流传播之用的文化知识成果。如王振铎先生和赵运通先生主张，"编辑学的研究对象从总体上讲，是研究人类文化交流中特有的编辑现象"，"就具体内容而言，编辑学与其他人文科学大体相同"①。因此，他们认为，"编辑活动是社会精神文化的缔构活动"②，"编辑活动的性质、特征及活动规律，都在社会文化缔构中体现出来"③。

（三）编辑关系说

这种观点认为，编辑学的研究对象是编辑活动中的主体、客体、两者的转换关系和反映形式，以及与编辑活动有关的各种社会关系。潘树广先生是持这一观点的代表，他在《编辑学》中指出："编辑学把编辑工作的主体（编辑者）也纳入研究对象，而且是重要的研究对象。也就是说，编辑学不仅研究编辑客体，也研究编辑主体，以及主客体间的相互关系。"④在编辑主客体说中，对编辑主体和编辑客体的界定存在差异。有的学者认为，编辑主体是实施编辑行为和活动的人，即编辑者；而有的学者认为，编辑主体不仅包括编辑者，还包括编辑组织、编辑制度和编辑体制。关于编辑客体，有的学者认为是著作物、出版物和著作者、阅读者；有的学者认为作者和阅读者不应该被视为编辑客体，如王华良先生认为，"作为社会分工的作者，指的是精神产品的生产者主体；作为社会分工的读者，指的是精神产品的消费者主

---

①王振铎，赵运通. 编辑学原理论 [M]. 北京：中国书籍出版社，1997：12.

②王振铎，赵运通. 编辑学原理论 [M]. 北京：中国书籍出版社，1997：19.

③王振铎，赵运通. 编辑学原理论 [M]. 北京：中国书籍出版社，1997：18.

④潘树广. 编辑学 [M]. 苏州：苏州大学出版社，1997：8.

体"①。关于编辑关系，除编辑主体与编辑客体的关系外，有的研究者认为还有编辑与社会经济、政治、文化、科技等社会环境的关系，以及与出版、传媒等社会传播活动的关系。

靳青万先生是持此类观点的学者，他在《编辑学基本原理》一书中提出："编辑与编辑活动，以及由此而发生的一切关系，是编辑学研究的基本对象。"② 因此，他认为编辑学的研究内容包括三部分：一是编辑活动，如编辑活动的起因、过程、结果、效益；二是一切与编辑活动有关的构成要素，如编辑源体（作者）、编辑客体（产品）、编辑用体（读者）等；三是由编辑和编辑活动引发的种种社会关系，如编辑管理机构、著作权法、读者、出版物市场，以及出版产业化、成本、盈亏、利税、导向等。徐耀明先生也认为："编辑学是研究编辑主体（编辑自身）与编辑客体（编辑对象的运动与变化系统）的特征，以及它们之间的相互影响与联系的特殊规律的科学。"③

（四）编辑活动说

持此类观点的学者，主张将编辑学的研究对象确定为编辑活动而不是编辑者。阙道隆先生和张积玉先生是这一观点的代表。阙道隆先生认为，"编辑活动是编辑学独有的研究对象"④，"我们可以把编辑活动作为编辑学的研究对象"⑤；张积玉先生在其所著的《编辑学新论》中指出，"编辑学理论研究的主要对象"是"编辑活动"⑥。默语先生也在《关于编辑学理论体系的总体构想》一文中阐述，"作为编辑学研究对象的'编辑'，指的是编

① 王华良. 编辑过程的基本矛盾 [M]// 邵益文，孙鲁燕. 编辑学的研究与教育. 北京：机械工业出版社，2003：125.

② 靳青万. 编辑学基本原理 [M]. 长春：东北师范大学出版社，2003：19.

③ 徐耀明. 试论编辑学的二重性 [M]// 中国出版发行科学研究所科研处. 编辑学论集：第二届全国出版科学学术讨论会论文选集. 北京：中国书籍出版社，1987：139.

④《中国编辑研究》编辑委员会. 中国编辑研究：2002[M]. 北京：人民教育出版社，2003：64.

⑤ 阙道隆，徐柏容，林穗芳. 书籍编辑学概论 [M]. 沈阳：辽宁教育出版社，1995：15-16.

⑥ 张积玉. 编辑学新论 [M]. 北京：中国社会科学出版社，2003：3.

辑活动而不是从事这种活动的人，不是编辑者"①。

在上述关于编辑学研究对象的四类观点中，持编辑规律说者将编辑学的研究对象确定为编辑领域的有关规律，我们认为这是将研究目的误认作研究对象。探寻编辑活动的各种规律，是编辑学的研究目的，而不是编辑学的研究对象。

持文化缔构说者将编辑学的研究对象概括得太广泛，没有揭示编辑学的本质特征。很多学科都将文化缔构作为研究对象。编辑学如果以整个人类文化缔构的实践作为研究对象，就不能被称为编辑学，而应被称为文化学了。另外，编辑也不是一种纯粹的文化现象，随着社会的发展，编辑活动日益市场化，经济性的特征越来越明显。

持编辑关系说者貌似揭示了编辑学研究的内在本质，找到了编辑学的特殊规律，抓住了主要矛盾。但是，我们如果仔细分析，就会发现这种观点存在误区。第一，编辑主客体关系说缺乏把编辑活动作为一个运作系统来看待的宏观视野，在从具体到抽象的科学认识过程中不能达到抽象的高度，所以忽略了编辑制度、编辑体制、编辑组织结构、编辑主体等一系列在编辑学体系中具有重要作用的范畴；第二，编辑与社会关系的说法，是将编辑学的具体研究内容作为编辑学的研究对象，对编辑学研究对象的描述太具体并且不准确。编辑活动是编辑者从事的活动，编辑学对于编辑者和与编辑活动有关的社会关系的研究，都是因编辑活动的研究而引发的，是编辑活动研究的延伸，也是围绕着编辑活动的研究而展开的，所以，研究编辑活动一定会涉及编辑者和各种与编辑活动有关的社会关系。可见，编辑者和由编辑活动引发的各种社会关系不应该是编辑学的研究对象，而应是编辑学的研究内容。

我们认为应该从认识客观事物的特殊矛盾性上确定编辑学的研究对象。有关研究表明，作为一门学科的研究对象应该具备两个基本条件。其一，科学研究的对象首先应该是人们行动或思考时作为目标的事物和认识的客体；

①默语. 关于编辑学理论体系的总体构想 [M]// 邵益文，孙鲁燕. 编辑学的研究与教育. 北京：机械工业出版社，2003：61.

4

其二，科学研究的对象应该是一定的科学领域里特有的矛盾。毛泽东同志在《矛盾论》中指出，"科学研究的区分，就是根据科学对象所具有的特殊的矛盾性。因此，对于某一现象的领域所特有的某一种矛盾的研究，就构成某一门科学的对象"，"如果不研究矛盾的特殊性，就无从确定一事物不同于他事物的特殊的本质，就无从发现事物运动发展的特殊的原因或特殊的根据，也就无从辨别事物，无从区分科学研究的领域"。[①]

根据上述两个条件，我们认为编辑学的研究对象是编辑活动。具体理由如下。

1. 编辑活动是人们进行编辑学研究时作为目标的事物和认识的客体

编辑活动作为一种社会现象，是一种客观存在。它的本质是"对人类精神文化方面的原创型产品，进行收集鉴别、择优汰劣、加工改造、整理提高、组合编次、规范定型等再创造，使之优化为适宜人们共同使用或传播的完善型产品的实践活动"[②]。所以，编辑活动包括相互联系、相互制约的多个方面，如编辑活动的主体（编辑者）、源体（作者）、客体（产品）、用体（读者）。编辑学不仅要研究上述各个独立的方面和它们的作用方式，还要研究它们之间的关系。

2. 编辑活动包含着编辑领域特有的矛盾

编辑活动是一个矛盾系统，是一个充满着矛盾并由矛盾推动其运动发展的过程。从总体上看，编辑活动这个矛盾统一体包含着矛盾的两个方面：一方面是作品，一方面是对作品进行再创造的编辑者。前者是编辑客体，后者是编辑主体，编辑主体与编辑客体的矛盾是编辑领域特有的矛盾。这一矛盾不仅贯穿编辑活动过程的始终，而且制约着编辑领域中的其他矛盾，如编辑者与作者的矛盾、编辑者与读者的矛盾等。这种编辑领域特有的矛盾，决定着其他矛盾的状况，以及编辑活动的发展趋势和方向。

可见，只有以编辑活动为研究对象，编辑学才能与其他学科相区别，形成自己独有的知识体系和理论体系，成为一门独立的学科。

①毛泽东. 毛泽东选集: 第 1 卷 [M]. 2 版. 北京: 人民出版社, 1991.
②靳青万. 编辑学基本原理 [M]. 长春: 东北师范大学出版社, 2003: 49.

在明确了编辑学的研究对象之后，我们就可对编辑学的定义做如下描述：编辑学是研究编辑活动规律的学科。

二、编辑学的研究内容

列宁曾经指出："要真正地认识事物，就必须把握、研究它的一切方面、一切联系和'中介'。"[①] 可见，学科的研究内容是由该学科的研究对象决定的，是研究对象的分解和具体表现。所以，编辑活动中编辑主体与编辑客体的矛盾，以及编辑活动的一切方面、与编辑活动有关的一切联系，都是编辑学的研究内容。编辑学作为研究编辑活动的学科，不能局限于仅对编辑活动过程进行外在描述，而应当深入编辑活动内部，分析其固有的矛盾。只有这样，我们才能对编辑活动形成规律性的认识，编辑学才能成为一门学科。

编辑学的研究内容应包括史、论、术三个部分，即编辑史研究、编辑理论研究、编辑实务研究。这三个部分虽然互相联系、互相渗透，但是它们不能互相代替。

编辑史研究是对不同历史阶段的编辑活动的特点、成就和经验进行总结，主要包括编辑活动产生和发展的规律及其在历史发展中的地位和社会功能，编辑思想和编辑理论的发展历史，各个历史时期一些著名编辑家的编辑思想、编辑活动和编辑成就，一些重要出版物的编辑过程、编辑体例和编辑方法，一些著名编辑机构的建立、发展和活动情况，等等。编辑史的研究范围既包括我国的编辑史，也包括外国的编辑史。进行编辑史研究是编辑事业发展的需要，也是编辑学学科建设的需要。如果不对历史上的编辑经验进行科学总结，就不能形成完善的编辑学学科体系。

编辑理论研究是以概念、原理、原则等形式揭示编辑活动的运动规律。它的任务是解决编辑学的宏观认识问题。总体而言，编辑理论由三部分内容组成：一是编辑学的基本概念和由基本概念、一般概念组成的概念系统；二是对这些概念及其相互关系的理论分析和从理论分析中得出的原理；三是将

①列宁. 列宁全集：第4卷 [M]. 中共中央马克思恩格斯列宁斯大林著作编译局，译. 北京：人民出版社，1958：453.

以上内容按照它们的内在联系和逻辑结构组织起来所形成的理论体系。编辑学的理论体系一直是编辑学研究的重点，取得了许多研究成果。比如：阙道隆先生在《编辑学理论纲要》中"以'编辑活动'为核心概念建构编辑学的理论框架"[①]；王振铎先生和赵运通先生在《编辑学原理论》中所构筑的理论框架是编辑概念发展论、编辑概念辩证论、文化缔构编辑论、符号建模编辑论、讯息传播编辑论、编辑管理论、编辑教育论等。这些理论研究成果体现了构建者对创立编辑学理论体系的追求和良苦用心，深化了我们对编辑活动的认识。

编辑实务研究主要是研究编辑工作的一般原理、方法和技术，制定工作规范，探求编辑实践活动中各环节科学运作、相互协调的理想机制并寻找实现理想机制的具体方法。编辑活动是策划、审理作品使之适合广泛流传的活动，包括选题、组稿、审稿、加工、校对等环节。这个活动，从实践上说，是一些具体业务和技术的实施；从发展上说，是一个作品从不适合流传到适合流传的过程；从性质上说，是一种以再创造为特征的创造性活动，这个实施再创造的过程中存在着一系列的关系和矛盾。编辑实务研究的主要任务就是分析这些关系和矛盾，用从大量编辑实践中归纳和总结出来的科学理论指导编辑实践工作。

在不同时期，由于编辑学研究对象性质的变化和编辑实践的不同需要，编辑学的研究内容也会有不同的重点。现阶段，编辑学的研究内容侧重于以下几个方面。

（一）编辑学理论框架研究

编辑学理论框架研究是对编辑学知识体系的构成进行探讨，如研究编辑和编辑学的定义、编辑学的学科性质、研究对象和研究内容，分析编辑学与其他学科的关系，探讨编辑学的研究方法，等等。目前已有许多研究论文和专著，如阙道隆先生的《编辑学理论纲要》、王振铎先生和赵运通先生的《编

[①]阙道隆. 编辑学理论纲要 [M]//《中国编辑研究》编辑委员会. 中国编辑研究：2002. 北京：人民教育出版社，2003：66.

辑学原理论》、靳青万先生的《编辑学基本原理》。

（二）编辑活动的基本规律研究

关于编辑活动的基本规律研究，阙道隆先生、邵益文先生、王振铎先生、徐柏容先生、林穗芳先生、向新阳先生、王华良先生都阐述了许多真知灼见。他们的观点虽然层次不同，视角各异，繁简有别，但都在不同程度上反映了对编辑活动客观性的哲学思考，特别是在选择和优化方面，已经表现出思路上的趋同倾向，这为今后的继续研究打下了很好的基础。

（三）编辑活动的各构成要素研究

编辑活动的各构成要素研究包括研究选题策划、编辑模式、编辑规范、编辑过程各环节的关系，编辑者的职业素养、价值观和心理、编辑意识、编辑思想和编辑风格，编者与作者、读者的关系，等等。

（四）编辑活动与其他社会活动的关系研究

编辑活动与其他社会活动的关系研究是通过分析与编辑活动有关的一切联系揭示编辑活动的普遍规律，包括编辑活动的社会功能与作用，编辑活动与出版等传播媒介的关系，编辑活动与社会政治、经济、文化、科技的互动关系，等等。

（五）编辑现代化研究

编辑现代化研究是对编辑活动中运用先进技术的特点与规律进行探讨，如编辑现代化的基本内容研究、未来编辑出版模式的研究、编辑角色转换的研究、电子排版技术的应用研究、网络出版研究、编辑现代化与社会现代化的互动关系研究等。

本章专门对出版学学科体系中的这些基本问题进行较为系统的探讨与分析。

第二节　出版学的研究内容与对象

出版学的研究对象、内容及定义三者既有联系，又有区别。研究对象是指人们从事科学研究时作为认识目标的事物与客体。研究内容是指研究对象的内部构造和外部联系。科学定义是对学科概念的内涵与外延所进行的确切而简要的说明。研究内容是研究对象的具体表现，科学定义也与研究对象密切相关。

在探讨了编辑学的研究对象与内容，明确了编辑学的基本含义之后，我们接着对出版学的基本内涵进行探讨。出版学是一个由多种分支学科与多类专业知识共同组成的庞大知识系统。对这个知识系统自身特征的认识，如对出版学研究对象、内容及方法的探讨，对出版学学科性质、体系构成及与其他学科关系的研究，等等，构成了出版学学科理论研究的基本内容。要把握出版学的基本内涵，必须从对出版学研究对象的认识开始。

一、对出版学研究对象的不同认识

多年来，不少国内外出版理论探索者都对出版学的研究对象阐述了自己的见解。其观点大体可分为以下几类。

（一）规律说

持此类观点的学者，将出版学的研究对象确定为出版领域的有关规律。但究竟以何种规律作为出版学的研究对象，各位学者又有不同的看法。孙树松、林人等学者认为："出版学是研究出版工作及其发展规律的科学。出版工作包括编辑出版、印刷、发行，以及出版物质供应、出版管理等各项工作，出版学就是在对这些工作进行综合研究的基础上建立起来的。"[①]许力以则认为："出版学是研究了解与掌握出版规律的科学，是研究出版历史及其对

①孙树松，林人. 中国现代编辑学辞典 [M]. 哈尔滨：黑龙江人民出版社，1991：2.

社会所发生作用的科学。"①梁宝柱也认为："出版学是研究整个人类出版活动的产生、发展及其理论与实践的科学。"②许力以和梁宝柱主张不仅要对全部出版工作过程的规律进行探讨，而且还要对出版事业的发展规律进行探讨，其研究对象的含义较孙树松、林人等学者的主张更广泛。与此相比，高斯、洪帆则仅仅将出版全过程中的物质生产阶段的规律作为研究对象，他们认为："出版学研究编辑后续工序中的规律和本质。"③他们所主张的研究对象的含义则更为狭小了。南京大学张志强教授在其新著《现代出版学》中对出版学所下的定义为："出版学是研究出版的形成与发展，以及探讨出版工作规律的社会科学。"④他的看法大体与孙树松、林人等学者的看法相同。

（二）矛盾说

持此类观点的学者，根据毛泽东同志的论断，试图从科学对象所具有的特殊矛盾性上来确定出版学的研究对象。然而，对于什么是出版领域的特殊矛盾，各位学者却有着不同的理解。彭建炎主张："出版物的生产和流通的矛盾是出版领域特有的矛盾，是出版学的研究对象。"⑤林岳生则认为："出版发行领域的特有矛盾，是出版发行活动的社会效益与经济效益的矛盾。"⑥

（三）文化现象说

持此种观点的学者认为，出版学的研究不应局限于出版发行领域，而应将社会科学文化现象作为研究对象。持此类观点者以日本学者清水英夫（Shimizu Hideo）为代表。他认为："出版学是把出版作为社会文化现象科学地进行调查研究的学问。与作为传播学的新闻学有类似性，但研究对象不

①中国出版科学研究所. 出版科研论文选粹 [M]. 杭州：浙江教育出版社，1992：43.

②梁宝柱. 出版经济学导论 [M]. 北京：中国书籍出版社，1991：43.

③高斯，洪帆. 图书编辑学概论 [M]. 南京：江苏教育出版社，1989：9.

④张志强. 现代出版学 [M]. 苏州：苏州大学出版社，2003：16.

⑤彭建炎. 出版学概论 [M]. 长春：吉林大学出版社，1992：68.

⑥中国出版发行科学研究所. 全国首届出版科学学术讨论会论文选集 [M]. 重庆：重庆出版社，1987：106.

一定以作为大众媒介的出版为限。在与出版有关的研究领域，从来就有书志学、书籍学、图书馆学、读书学、印刷学，要把它们加以综合，并借助邻近的学科就出版的功能、过程、效果等问题从历史和现实的角度加以阐明。"①

（四）出版要素及其关系说

持此类观点的学者认为，出版发行活动是由各种具体要素构成的，要掌握出版发行活动的规律就要对各种出版要素及其相互关系进行研究。林穗芳先生是持这一观点的代表。他在《明确"出版"概念，加强出版学研究》一文中指出："出版学的研究对象包含三个主要成分：读者（阅听人）—— 出版工作的服务对象和出发点，他们既是阅读出版物的社会主体，又是作者、出版者和出版物施加影响的社会客体；出版物 —— 出版者用以为读者服务的主要产品；出版业 —— 实现出版物编辑、制作和传播过程的人员和组织。"因此，林先生给出版学下的定义是："研究读者、出版物、出版业及其相互关系，以揭示出版的规律和社会作用的综合性社会科学。"②杨斌、钟义信先生也持此类观点。他们把出版物中具有物质性和意识性的思想因子和形式因子加以概括、抽象，得出一个"出版要素"的概念，并主张："出版要素可以被确立为出版科学的对象。"在这里，出版要素作为出版活动的一个要素，主要是指出版物的内容与形式及其相互关系。"出版要素作为出版过程中的核心要素，在出版系统中起着支配作用，决定着出版系统的性质和发展方向。"③叶再生同志在其所著的《编辑出版学概论》一书中也提出："出版学的研究对象是书刊出版的技术、经济、版式工艺，以及书刊出版过程中各环节、各工序间相互关系的内在联系和规律。"④

①平凡社. 平凡社大百科事典 [M]. 东京：平凡社，1985.

②林穗芳. 明确"出版"概念，加强出版学研究 [J]. 出版发行研究，1990（06）：13-20，1，12.

③中国出版发行科学研究所. 全国首届出版科学学术讨论会论文选集 [M]. 重庆：重庆出版社，1987：104-105

④叶再生. 编辑出版学概论 [M]. 武汉：湖北人民出版社，1988：1.

（五）出版活动说

持此种观点的学者主张出版学的研究对象是具体的出版活动，包括出版活动的历史、出版活动的组织，以及出版活动对社会的影响等。边春光先生主编的《编辑实用百科全书》认为："出版学是一个新开拓的学术领域，它的研究对象，除了实体（图书）的出版活动之外，还涉及数千年之久的图书出版发行历程，图书出版形态在各种不同条件下的演变，以及出版作为一种规模性的事业对全社会产生的影响。"[①]

在上述关于出版学研究对象的五类观点中，持规律说者将出版学的研究对象确定为出版领域的有关规律，我们认为这是将研究目的误认为研究对象。探讨出版活动的各种规律，是出版学研究的目的，而不是出版学研究的对象。持文化现象说者将出版学的研究对象概括得过于宽泛，没有将出版学的本质特征揭示出来，将文化现象作为研究对象的学科实在太多，况且，出版也并非一种纯粹的文化现象。持出版要素及其关系说者，以及持出版活动说者都是将出版学的具体研究内容看作出版学的研究对象，对出版学研究对象的描述过于具体且不很准确。因此，我们赞成从科学对象具有的特殊本质，即特殊的矛盾性上来确定出版学研究对象的主张。然而，我们却不赞成彭建炎同志和林岳生同志的意见。出版物的生产和流通，作为出版活动的两个主要环节，在大多数情况下是不矛盾的，并且，出版物的产销矛盾还要受供求矛盾的制约，充其量只是供求矛盾的一部分，所以，将出版物的生产和流通的矛盾当成出版学的研究对象，其理由是不充分的。出版发行活动中的经济效益与社会效益的矛盾，实际上在任何领域都存在，而且经济效益与社会效益的矛盾在出版发行领域并不具有普遍性，通过对经济效益与社会效益矛盾的研究很难达到掌握出版发行活动基本规律的目的。所以，出版发行中的经济效益与社会效益的矛盾也不应成为出版学的研究对象。

---

①边春光. 编辑实用百科全书 [M]. 北京：中国书籍出版社，1994.

二、出版学的研究对象及科学定义

关于学科研究对象如何确定,正如前面所说,我们赞成毛泽东同志提出的根据某一现象领域所特有的矛盾来确定某一门学科研究对象的论断。因为,"如果不研究矛盾的特殊性,就无从确定一事物不同于他事物的特殊的本质,就无从发现事物运动发展的特殊的原因,或特殊的根据,也就无从辨别事物,无从区分科学研究的领域"①。确定出版物的研究对象,也需找出出版领域的特有矛盾,并且必须在众多特有矛盾中找出能够反映出版活动本质特征的主要矛盾。

根据上述思路,我们认为,出版学的研究对象应是出版物的商品供求矛盾。其具体理由如下。

(一)出版物的商品供求矛盾是出版领域特有的矛盾

这是由出版领域的产品——出版物的特性决定的。一方面,出版物是一种含有文化知识的商品,它的使用价值在于所含的知识信息能够满足人们的精神需求。读者需要它,实际上是需要出版物中所蕴含的那些知识与信息。所以,出版物的供求矛盾不同于其他领域的商品供求矛盾,它反映的是文化知识的供应与社会对文化知识的日益增长的需求之间的关系。另一方面,出版领域的出版物又具有一般商品的共性,如必须通过市场交换实现商品价值,在交换中必须遵守等价交换的原则等。因此,出版领域的出版物供求矛盾又不同于图书馆、文化馆工作领域的出版物供求矛盾,它是围绕出版物商品价值的实现而产生的矛盾,反映的是商品交换过程中的各种经济关系。正如马克思所说:"在商品的供求关系上再现了下列关系:第一,使用价值和交换价值的关系,商品和货币的关系,买者和卖者的关系;第二,生产和消费者的关系……"②

---

①毛泽东. 毛泽东选集:第 1 卷 [M]. 2 版. 北京:人民出版社,1991.

②马克思. 资本论:第 3 卷 [M]. 中共中央马克思恩格斯列宁斯大林著作编译局,译. 北京:人民出版社,1975:215.

（二）出版物的商品供求矛盾是出版领域的主要矛盾

在出版领域的众多特殊矛盾中，最基本的是出版物的商品供求矛盾。这一矛盾影响与制约着出版领域其他矛盾的存在与发展。如出版物的生产与流通的矛盾、经济效益与社会效益的矛盾、生产过程中精神生产和物质生产的矛盾、出版资源和产品结构的矛盾、流通过程中批发与零售的矛盾、物流和商流的矛盾等，都是由出版物商品供求矛盾决定的。

（三）出版物商品供求矛盾是出版活动中各种经济关系的综合反映

出版物的供求双方，正如马克思所说："供给等于某种商品的卖者或生产者的总和，需求等于这同一种商品的买者或消费者的总和。而且，这两个总和是作为两个统一体、两个集合力量来互相发生作用的。"[1] 在出版物市场上，出版业经营者出售商品，换取货币，读者支出货币，换取出版物。出版物商品供求矛盾所反映的这种商品与货币之间的物物关系，实质上是不同商品所有者之间的经济关系。除此之外，出版物商品供求矛盾也是出版业内部经营者之间经济关系的集中反映。相对于消费者而言，出版业经营者共同构成"供"的一方，但在出版业内部，也同样存在着错综复杂的供求关系，作者与出版社之间、出版社与书店之间、批发商与零售商之间，以及国家、企业、职工之间所存在的种种经济关系，都能通过出版物商品供求矛盾反映出来。由于出版物商品供求矛盾是出版活动中各种经济关系的综合反映，所以，将这一矛盾作为出版学的研究对象，容易把握出版活动的规律，实现出版学研究的目的。

明确了出版学的研究对象，我们可以给出版学做如下定义：出版学是研究出版物商品供求矛盾的产生与发展规律的科学。出版物商品供求矛盾是出版领域所特有的矛盾，它能反映出版活动的本质特征；出版物商品供求矛盾是出版领域最主要的矛盾，它能反映出版活动的基本状况；出版物商品供求

---

①马克思，恩格斯. 马克思恩格斯全集：第25卷 [M]. 中共中央马克思恩格斯列宁斯大林著作编译局，译. 北京：人民出版社，1974：216.

矛盾普遍存在于出版物再生产的全过程之中，它能全面反映出版活动中的各种经济关系。所以，研究出版物商品供求矛盾的产生与发展规律的过程，就是把握出版活动规律的过程。从这个意义上讲，出版学也就是研究出版活动规律的科学。

应当指出的是，出版活动作为一种社会活动，并不是孤立存在的。它与社会的经济、政治、文化等现象有着密切的关系。出版领域的基本矛盾——出版物商品供求矛盾，也与出版领域的其他矛盾，以及其他领域的各种矛盾互相联系、相互影响。所以，我们研究出版学不能就事论事，而应从出版发行活动与整个人类社会生活的各个方面的总联系中，把握出版物商品供求矛盾的发展变化规律，从而更科学地指导出版业的健康发展。

三、出版学的研究内容

出版学的研究内容是由出版学的研究对象决定的，是研究对象的分解与具体化。列宁说："要真正地认识事物，就必须把握、研究它的一切方面、一切联系和'中介'。"[①]出版物商品供求矛盾的一切方面、一切联系和"中介"，就构成了出版学的研究内容。

从总体上讲，出版学的研究内容由基础研究与应用研究两部分组成。基础研究以揭示出版学研究对象的运动规律为基本任务，包括学科基本理论研究、书刊生产流通基本规律研究、出版活动的基本特征及其事业组织规律的研究等。应用研究即探讨出版发行实践中各环节、各因素之间合理配合、科学运行的理想机制，并寻求理想机制得以实现的具体方式方法的研究。应用研究的基本任务是运用从实践中归纳出来的理论去指导出版实践朝着科学化方向发展。

在不同的时期，由于出版学研究对象性质的变化及影响因素的不同，其研究内容的侧重点也会不同。现阶段，出版学应侧重以下内容的研究。

---

①列宁. 列宁全集：第 4 卷 [M]. 中共中央马克思恩格斯列宁斯大林著作编译局，译. 北京：人民出版社，1958：453.

（一）出版学学科基本理论研究

出版学学科基本理论研究是对出版学知识体系的构成规律进行探讨。比如：研究出版学的学科性质与特点，探讨出版学的研究目的、对象与内容，总结出版学理论产生与发展的背景与规律，考察出版学与其他学科的联系与区别，摸索出版学的研究方法，展望出版学的研究方向及发展趋势，等等。

（二）书刊生产流通基本规律研究

书刊生产流通基本规律研究是对出版物生产流通活动中各环节、各因素之间的本质联系的研究，如产销平衡规律研究、投入产出规律研究、需求规律研究、出版活动两个效益的关系及其处理原则研究、出版资源优化配置规律研究等。

（三）出版事业的组织与建设规律研究

出版事业的组织与建设规律研究是对全国或某个地区出版事业的组织管理问题进行宏观上的探讨，如出版事业发展规模的合理性研究、出版管理体制的优化模式研究、出版活动的方针政策研究、发行网点建设规律研究、出版队伍建设研究等。

（四）出版物市场营销规律研究

出版物市场营销规律研究是对出版企业的经营销售的规律性进行探讨，如图书市场购销机制的特点研究、书刊购销形式改革研究、市场策划与开发策略研究、读者类型与结构研究等。

（五）出版事业史的研究

出版事业史的研究是对出版事业发展的历史轨迹及其规律性进行探讨，如各个历史时期出版业发展的特点研究，各个时期政治、经济、文化对出版活动所产生的影响研究，等等。

（六）现代化的技术手段在出版活动中的应用研究

现代化的技术手段在出版活动中的应用研究是对出版活动中运用先进技

术的特点与规律进行探讨，如电子出版技术的应用研究、出版发行信息网络建设研究、仓储管理自动化研究等。

第三节　出版学的学科体系与研究方法

一、出版学的学科体系

出版学的学科体系，由各种不同类型的分支学科构成。所谓出版学的分支学科，即指从某一特定角度、某一特定侧面探讨出版物商品供求矛盾的发展变化规律，其成果共同构成对出版学研究对象整体认识的学科。作为出版学的分支学科，必须具备一定的条件。这些条件主要包括如下几点：一是形成了一个相对独立的知识体系；二是其研究对象与出版学的研究对象紧密相关；三是其研究成果能构成对出版学研究对象的整体认识。

根据上述基本条件，我们认为，出版学的学科体系应由五类分支学科组成：一是探讨出版活动基本原理与一般规律的学科，如出版学概论、出版美学、出版经济学、出版文化学、出版社会学、比较出版学、中外出版史等；二是研究出版活动构成要素的学科，如图书学、出版企业管理学、出版信息学、读者学等；三是研究出版物生产流通过程的学科，如编辑学、发行学、出版物制作学、市场营销学、书刊储运学、书评学等；四是研究出版活动环境的学科，如出版物市场学、出版法学、出版业宏观管理学等；五是研究出版活动的组织技术与方法的学科，如出版财务学、出版统计学、出版计算机应用、出版物的分类与编目、出版网络技术等。

除此之外，随着出版发行实践的进一步发展及出版学理论研究的不断深入，目前某些方面还较零碎的知识，也会形成较系统的知识体系，形成许多新的分支学科，如出版资源学、出版人才学、版权贸易学、书刊推销学、出版网络学等。这样，出版学学科体系将更为庞大。

应当指出的是，对上述学科体系构成的描述，是根据目前出版学研究的实际情况归纳而成的。事实上，出版学学科体系的构成，还可以从其他的角度来进行分类描述。如果从出版产品类型来划分分支学科，则出版学学科体系可由图书出版学、期刊出版学、报纸出版学、声像制品出版学、电子出版学、网络出版学等分支学科构成。从影响出版活动的因素来划分分支学科，则出版学可由出版学原理、出版经济学、出版文化学、出版社会学、出版市场学、出版法学、出版美学、出版史学、比较出版学、出版技术学、出版信息学等分支学科构成。还可参考经济学科的分类标准来划分分支学科，可划分为理论出版学、应用出版学、技术出版学三类分支学科，等等。

二、出版学的相关学科

人类科学体系由各个学科范畴的各类专门学科共同组成。每一门学科都有着自己独特的位置，都有着自己特定的研究对象，都担负着专门的研究任务，但每一门学科不是单一存在也不是孤立存在的，各门学科之间，普遍存在着千丝万缕的联系。就联系的程度而言，有些学科仅有一定联系，有些学科则联系紧密；就联系的方式而言，有些学科之间是直接联系，有些学科之间则是间接联系；就联系的状况而言，有些学科是在研究方法上的联系，而有些学科则是在研究内容上的联系。所谓出版学的相关学科，即指与出版学在研究内容上有着直接的紧密联系的学科。

出版学与其相关学科的联系按性质可分为两种情况：一是出版学的基础学科，即为出版学的建立提供理论基础的学科，在众多的此类学科中，与出版学在研究内容上联系紧密的学科主要有传播学、文化学、经济学等；二是出版学的交叉学科，即与出版学在研究内容上有某些交叉或具有某些相通性的学科，与出版学具有此类性质联系的相关学科主要有新闻学、图书馆学、文献信息管理学等。

下面分别对这些学科及其与出版学的联系做简单介绍。

（一）传播学

传播学是研究人类一切传播行为和传播过程的发生、发展规律的科学。由于出版物是一种重要的传播媒体，所以组织出版物的生产与流通的出版活动，也就成了大众传播系统的一种传播媒介。"传播史应从中国北宋人毕昇发明胶泥活字印刷术开始"，美国传播学家威尔伯·施拉姆（Wilbur Schramm）的这一观点，也清楚地说明了人类传播行为与出版活动有着密不可分的关系。传播学的研究内容按传播过程分为五大部分：传播者、传播内容（信息）、传播媒介（渠道）、传播对象、传播效果。通过对这些内容的研究所形成的传播学基本原理，能为出版学的理论体系的建立提供重要参照。但传播学侧重人类传播行为的一般性研究，而不偏重某一特定传播媒介的研究；出版学则重点研究出版物这一特定传播媒介及与此相关的传播行为。

（二）文化学

文化学是研究人类社会普遍存在的文化现象的产生与发展规律的科学。作为人类在社会实践活动历史过程中所创造的一切精神与物质财富的文化，按其现象形态划分，包括智能文化（如哲学、技术、知识等）、物质文化（如房屋、器皿、机械等）、规范文化（如社会组织、制度、政治和法律形式、伦理、道德、风俗习惯、语言、教育等）、精神文化（如宗教、信仰、审美意识、文学、艺术等）。这种种文化现象的产生与发展，都与出版业的发展紧密相关。通过出版物进行文化的交流、传播与积累，本身就是一种很重要的文化现象，所以，出版业的发展要遵循文化规律。文化学的理论研究成果，同样是构建出版学的理论基础之一。

（三）经济学

经济学是研究经济活动过程与经济活动规律的科学。出版活动具有经济活动的属性。出版物的生产是利用出版资源按照市场交换的要求制造出合适的产品——出版物的过程，出版物的流通在商品经济社会里也大多是以商品交换的形式进行的。所以，出版业的运作在遵循文化规律的同时，还受着经济规律的制约。这样，以探求一般经济规律为基本任务的经济学研究，也就必然对出版学理论的形成具有了基础性意义。

（四）新闻学

新闻学是研究利用报刊、广播、电视等公共传播媒介进行新闻传播的规律性的科学。新闻传播作为一种传播行为，与出版发行有许多相通之处，如都具有传播知识、传递信息的职能，报刊等媒体的出版规律都要纳入各自的研究范围之中，等等，由此使新闻学与出版学在研究内容上出现了许多交叉。

（五）图书馆学

图书馆学是研究图书馆活动规律的科学。图书馆的活动以收集、整理、储存、利用图书资料为基本内容，与出版发行活动一样，都以出版物作为劳动对象。如何整理、陈列图书，如何准确地揭示图书中蕴含的知识信息内容，如何更好地发挥图书的作用等，都是图书馆学和出版学研究的重点内容。图书馆工作与出版工作在工作性质上的相同之处，使得以工作实践为源泉的两门学科的理论研究也有了许多的共同点。

（六）文献信息管理学

文献信息管理学是研究收集、整理、揭示、利用文献信息规律的科学。文献除出版物之外，还有书信、档案、文稿及其他蕴含信息的物质载体。文献信息管理学研究文献管理的一般原理与方法，出版学则要研究出版物这一具体文献形式中的信息揭示与利用问题。因此，文献信息管理学也是与出版学在研究内容上有某些交叉的相关学科。

三、出版学的研究方法

出版学的研究方法，包括课题选择方法、材料收集方法、综合论证方法等。这里仅介绍出版学研究的哲学方法与具体的论证方法。

（一）出版学研究的哲学方法

哲学是关于世界观和方法论的科学。马克思主义哲学则是无产阶级的关于世界观和方法论的科学。它在科学研究方面的重要价值，在于指导科学工作者以正确的世界观和科学的方法论认识世界、认识事物、揭示事物发展的规律。由辩证唯物主义和历史唯物主义所构成的马克思主义哲学，是被实践证明了的科学的世界观和方法论。很显然，坚持运用马克思主义的哲学方法来观察分析问题，应该成为出版学研究哲学方法的唯一选择。

坚持马克思主义的哲学方法，首先要坚持在出版学研究中全面地探讨问题。唯物辩证法认为，世界上一切事物都不是孤立存在的，它总是同周围其他事物相互联系、相互制约的。出版活动也是如此。因此，探讨出版活动的规律必须从出版活动与周围其他现象的密切联系、相互制约的关系中进行研究，对出版活动中的任何一种现象，都必须全面地进行分析，努力防止片面性。正如列宁所说：“要真正地认识事物，就必须把握、研究它的一切方面、一切联系和‘中介’……全面性的要求可以使我们防止错误和防止僵化。”①

坚持马克思主义的哲学方法，还要求在出版学研究中贯彻理论联系实际的原则。唯物辩证法认为，理论的源泉是实践，实践是检验真理的唯一标准。只有坚持理论联系实际探讨问题，才能使出版学研究活动更好地促进出版事业的发展，才能使出版学自身的发展具有良好的实践基础。贯彻理论联系实际的原则，要求出版科研选题要从实际需要出发，论证材料要扎扎实实地从实践中获取，形成的理论要有实用价值，要坚决反对那些脱离实践的学究式的研究。

坚持马克思主义的哲学方法，还要求在出版学研究中坚持用发展的观点看问题。辩证唯物主义认为，任何事物都是不断发展变化的，而不是静止的、一成不变的。马克思主义与形而上学的主要区别也在于此。坚持用发展的观点来探讨出版领域的各种规律，才能不断地发现新情况、研究新问题、提出新见解，才能使出版科研活动始终处于朝气蓬勃的状态。

（二）出版学的具体研究方法

出版学的具体研究方法，主要指对课题进行综合论证的具体方法。出版科研课题的综合论证过程，是研究者根据收集到的反映认知对象情况的各种

①列宁. 列宁选集：第 4 卷 [M]. 2 版. 北京：人民出版社，1972：453.

资料与信息进行抽象思维与认知分析的过程。它的基本任务是完成认识上的飞跃，形成对研究对象的科学认识。出版科研课题的综合论证通常采用以下几种方法。

1. 分析归纳法

分析归纳法（也称定性分析法）是一种使感性认识上升为抽象的理性认识的常用逻辑方法。采用这种方法，首先要把整体分解成部分，把复杂事物分解成简单的要素，然后进行综合归纳，探求现象之间的因果关系，从而概括出一般结论，即规律性的东西。在出版学研究中，诸如对出版工作性质、出版功能、出版特征等问题的探讨，大都采用分析归纳法。

2. 系统分析法

系统分析法是将认知对象置于系统的形式中加以考察，以便从认知对象与系统内外的联系中分析把握其发展变化规律的研究方法。系统分析的完整过程一般要经过五个步骤：第一步，确定问题，将要研究的问题及重点进行有系统且合乎逻辑的叙述；第二步，收集资料，围绕问题拟定大纲，并据此收集相关的信息；第三步，构建模型，即对现实活动进行抽象反映的数学公式、图表或物理模型等；第四步，分析判断，利用根据模型所获得的预测，进行判断，得出结论；第五步，确定方案，在定量分析的基础上进行定性分析，以确定最佳方案。

3. 比较研究法

比较研究法是将认知事物与参照事物进行对比，以分析它们的异同点及其形成原因，从而形成对认知对象的科学认识的研究方法。辩证唯物主义告诉我们，事物发展的不平衡性是绝对的，而平衡性是相对的。通过比较研究，就能从不一致中发现一致的东西，从不同的现象中找出共同的规律。运用比较研究方法必须注意以下几点：一是比较是有条件的，离开条件就无所谓异同，也就无法进行比较；二是比较要有明确的、同一的标准，要保证认知事物与参照事物在现象的数值方面的可比性；三是比较要抓住重点，但要克服片面性。

4. 定量分析法

定量分析法是用数学的概念和方式对认知对象的各种质的特点进行量化分析与描述，以形成对认知对象的科学认识的研究方法。任何科学研究都是一样的，仅有定性分析，也就是仅有质的描述是不完善的，还必须运用量的描述，也就是要进行定量分析。出版学研究也必须如此。

运用定量分析法研究出版学领域的有关问题，一般要经历这样几个步骤：一是用数学语言表达要研究的问题，确定几个基本的量及它们的关系，建立数学模型；二是将收集到的现象参数代入模型，进行计算，求出问题的解；三是对数学解做出解释和评价，以形成对问题的判断。

应当指出的是，出版学的几类研究方法及每类方法中的几种研究方法，彼此之间是互相联系、不可分开的。不通过调查、统计、观察，就无法进行比较研究与定量分析。定量分析的结果还需通过定性分析来修正，有时探讨一个问题，需要同时采用多种方法。所以，在出版学的研究实践中，应当灵活地运用上述各种研究方法，并积极地探索最适合自己的其他新的研究方法。

第二章　出版活动

第一节　出版活动概述

一、出版活动及其构成

探讨出版活动的规律性，首先必须了解什么是出版。对出版概念的不同理解，实际上反映了人们对出版活动内涵的不同认识。所以，中外出版界都很重视对出版概念的研究，并由此形成了各种不同的描述。本节的探讨从对出版活动各种不同描述的介绍开始。

（一）国内外出版界对出版活动的认识

国内外出版界对出版活动的认识，既有相同之处，也有不同之处。现将国内外出版界对出版活动认识的几种代表性观点列举如下。

1. 国外出版界对出版活动的描述

日本学者认为："采用印刷术及其他机械的或化学的方法，对文稿、图画、照片等著作品进行复制，将其整理成各种出版物形态，向大众颁布的一系列行为，统称为出版。"[①]英国学者认为，出版是指"向公众提供用抄写、印刷或其他任何方法复制的书籍、地图、版画、照片……"[②]。美国学者认为："出版指公众可获得的，以印刷物或电子媒介为形式的出版物的准备和印刷、制作的过程。"[③]

1971年修订的《世界版权公约》第六条给出版所下的定义是："可供阅读或者通过视觉可以感知的作品以有形的形式加以复制，并把复制品向公

---

①边春光. 编辑实用百科全书 [M]. 北京：中国书籍出版社，1994：7.

②林穗芳. 明确"出版"概念，加强出版学研究 [J]. 出版发行研究，1990（06）：13-20，1，12.

③彭建炎. 出版学概论 [M]. 长春：吉林大学出版社，1992：8

众传播的行为。"①韩国学者认为，出版是"以散布或发售为目的，把文稿、文书或图画、乐谱之类印刷出来使之问世、刊行"②。

各国学者给出版下的定义尽管在文字上稍有差别，但对出版活动本质特征的描述却十分接近。各国学者都认为出版活动的内涵应由以下内容构成：①出版是将已有的作品加工为出版物的过程；②原始作品必须经过一个大量复制的过程，使其具有一定的载体形式，才能成为出版物；③通过一定方式使公众获得这些出版物。

2. 国内出版界对出版活动的认识

与国外学者对出版活动内涵的认识较为一致的情况相比，国内出版界对出版活动内涵的认识则有着较明显的差异。现将国内学者对出版内涵的几种代表性的描述列举如下。

（1）"凡将文字、图画或其他符号印刷到纸上，或把它们印成为图书报刊的工作，都称为出版。"③

（2）把书刊、图画等编印出来。

（3）把著作物编印成图书报刊的工作。

（4）出版是指出版机构根据一定的方针和计划，选择整理人类的思想成果和资料，通过出版赋予它们一定的物质形态，然后向社会传播。

（5）出版是出版者对作者创作的作品进行选择、加工，然后以某种载体形式（如图书、报刊、声像制品、软件制品等）通过流通领域传播给读者（或用户）的过程。

（6）社会上的各种作品，包括文稿、图片、信息、音像、录像制品等原件，汇集到出版机构以后，经过审定、选择、编辑和加工，使用一定的物质载体复制成各种形式的出版物，通过流通渠道传播到全社会。

国内对出版活动内涵认识的各种观点，大体可分为两个类型。一类观点认为出版活动主要是出版物的印刷工作，前三种观点都属于此种类型。这类

①边春光. 编辑实用百科全书 [M]. 北京：中国书籍出版社，1994：7.
②林穗芳. 明确"出版"概念，加强出版学研究 [J]. 出版发行研究，1990（06）：13-20，1，12.
③赵晓恩. 出版词典 [M]. 北京：中国书籍出版社，1991：104-105.

在我国出版界长期占主导地位的观点，是在我国出版实践活动长期按计划分工模式运作的条件下形成的。它将发行活动排斥于出版之外，缺少对出版内涵中最关键部分——出版目的的描述，很显然，这类观点对出版内涵的揭示是不完整的。另一类观点吸纳了国外出版界对出版内涵认识中的合理部分，并结合我国出版界非常重视编辑工作的特点，对出版活动内涵进行了较全面的描述，这些表述已与国际出版界对出版活动内涵的认识逐步接近。林穗芳先生在为《编辑实用百科全书》撰写的有关词条中提出，将作品转化为出版物要具备四个条件：一是经过编辑，具有适合阅读或吸取的内容；二是具有一定的物质形式；三是经过复制；四是向公众发行，如出售、出租等。这可以说是第二类观点对出版活动内涵理解的代表性描述。新闻出版总署组织编写的《出版专业理论与实务：初级》一书中综合了国内外专家的观点，将出版概念描述为"编辑、复制作品并向公众发行的活动"。①

（二）出版的概念与内涵

综合国内外出版界专家对出版内涵认识的趋同化意见，我们认为出版活动的内涵应由以下基本内容组成。

1. 出版是对已有的作品进行深层次开发的活动

出版不是对原始信息进行开发，而是对现成的作品进行开发。接受原始信息，将其归纳、整理与提炼，形成知识产品的任务，已由作者完成，或者说已主要由作者完成。已有作品的形成过程系作者劳动过程，不属于出版活动。作家创作、画家写生、音乐家谱曲等都不属于出版活动，就是这个道理。

2. 出版是对原作品进行编辑加工，使其具有适合于读者消费的出版物内容的过程

出版过程不是知识信息的主要形成过程，而是一个对知识信息体系进行选择与整理的过程。这种选择是按照适合于读者消费的要求进行的，并且还要按照同样的要求对选定作品中的知识信息进行整理、补充、完善，这就是

---

① 全国出版专业职业资格考试办公室. 出版专业理论与实务：初级 [M]. 武汉：崇文书局，2004：1.

通过编辑工作对原作品进行编辑加工。纸质货币不是出版物，纸币的印刷不是出版活动，就是因为纸币印刷没有对原作品进行编辑加工，也就缺少可供读者消费的知识信息内容。

3. 出版是对加工好的已有作品进行大量复制，使其具有能供读者消费的载体形式的过程

无论采用何种方式对作品进行复制，出版都是使加工好的知识信息具有能供读者消费的载体形式的过程。只有经过大量复制，作品中所含的知识信息才能被众多的读者接受。档案工作也需对原作品（文件）进行编纂、整理，使分散的材料被编辑成一卷一卷的卷宗，但档案工作不是出版，因为它没有大量复制的过程。在商品社会，作品大量复制的过程也是出版物的商品生产过程。

4. 出版还是一个将出版物"公之于众"的过程

通过各种方式将经过加工整理并大量复制的原作品广泛向读者传播，是出版活动的内在动机与根本目的。从西方"出版"这一词汇的演变来看，法语 publier 和英语 publish 均源自拉丁语 publicare，而拉丁语 publicare 的本义却是"公之于众"。可见，在赋予"出版"一词的众多含义中，"公之于众"的含义有着特殊的地位。

综合上述四个特征，我们可对出版的概念做如下表述：所谓出版，就是将经过加工提炼的知识信息产品，通过某种生产方式大量复制在一定的物质载体上，并进行广泛传播的过程。

（三）出版活动的构成

从经济学角度考察，出版活动是一个围绕出版产品 —— 各种类型出版物的商品生产与流通进行一系列运作的过程。这一过程由多个相互衔接的具体工作环节构成。接下来，我们从资本价值形态变化的角度来考察一项完整的出版活动。

对出版资本价值形态的变化过程进行考察，我们就会发现，在出版活动中，出版资本的总循环由三个主要阶段组成。第一阶段是出版资本的投入阶

段，该阶段的任务是通过物资采购等为出版物生产做准备。第二阶段是出版资本的增值阶段，该阶段的任务是通过印刷等生产手段，形成出版产品。第三阶段是出版资本的原值与增值部分的价值实现阶段，该阶段的任务是组织产品市场交换，实现货币价值的回归。

在这个由三个阶段组成的出版资本循环结构中，出版资本的价值循环只有不停地从一个阶段转到另一阶段，出版活动才能顺利进行。如果资本在第一阶段停顿下来，货币资本就会变成储藏货币，只能存银行，得小利；如果资本在生产阶段停顿下来，就会形成生产资料压库、劳动力无所事事的状态；如果资本在第三阶段停顿下来，产品卖不出去，货币资金不能回收，则劳动耗费无法补偿，也无法组织下一轮的出版物再生产。

在出版业内部，出版社的出版部门和物资供应部门履行的是第一阶段职能，编辑部门与印刷厂履行的是第二阶段职能，发行部门与书店履行的是第三阶段职能。履行各种职能的出版机构相互联系，互相协调，共同构成了一个生气勃勃的有机体系。

上述过程的具体操作，是通过一系列具体的业务环节进行的。现代出版活动，无论是印刷出版物的生产，还是音像出版物的制作或电子出版物的开发，其一般工作过程都必须由四个基本环节组成。这四个基本环节是出版项目策划、作品编辑加工、物质产品制作、出版物发行。下面分别对这四个环节进行简要介绍。

1. 出版项目策划

无论是出版一本图书，还是制作一盘录音带或生产一张光盘，对于出版机构来说，都可以说是在运作一个经营项目。因此，在正式运作之前，出版机构必须进行深入的市场调查与研究，要在广泛收集信息的基础上对拟启动的项目及其相关要素进行设计、安排与决策，这一过程就是项目策划的过程。可见，所谓出版项目策划，是指出版者在某项出版活动正式启动之前，根据已经掌握的信息及自身的条件，对该项出版活动的宗旨、目标、策略、步骤、资源、产品、效益等构成要素进行构思与设计，并形成系统、完整的项目运作方案的过程。

出版项目策划具体包括以下五个方面：一是选题策划，这是对拟向市场推出的出版物的主题及相关内容进行设计和选择，包括出版物主题内容、出版形式、规模、时间等；二是产品形象策划，这是对出版物外观形态及其要素，如风格、载体、用料、篇幅、装帧、开本等进行设计和选择；三是目标市场策划，这是对拟重点开发与占领的市场要素，如区域、读者年龄和文化层次及职业层次等进行设计、定位，并对占领目标市场的具体方式，如价格水平、市场容量等进行设计、选择；四是资源配置策划，这是对各类出版资源的配置方案进行设计和选择，包括人力配备、资金投入、原材料使用规格设计、印刷厂家与其他生产厂家的选择、稿源及作者的选择等；五是发行与宣传促销策划，这是对出版物发行活动进行设计，包括发行方式与渠道的选择、宣传时机的安排、宣传媒体的选择、宣传形式与策略的设计等。

2. 作品的编辑加工

任何载体的出版物，都是对一定的作品进行编辑加工的结果。对作品进行编辑加工的过程，是通过编辑工作完成的。编辑工作是依照一定的思路开发选题，组织和加工整理好作品，以形成符合正式出版要求的出版物精神产品的一系列工作。在出版过程中，编辑工作是中心环节。无论何种物质形态的出版物，都必须经过编辑，这样才能形成有利于传播的精神文化内涵，成为正式出版物。

从选择作品到将其加工整理成出版物的精神产品形态的完整过程，需经过六个主要环节，即编辑工作的六项基本内容。一是选题，这是指编辑人员按照策划要求设计具体选题、制订选题计划的工作；二是组稿，这是指按照选题计划的要求，组织作者完成作品创作任务的工作；三是审稿，这是对组织来的作品进行审读、评价和处理的过程；四是加工整理，这是指对不需退稿修改或经退稿修改后决定采用的作品进行修改润饰的工作，其中加工的任务是通过对文字与内容的增、删、改，优化作品质量，整理的任务是通过对书稿进行的技术性检查，使作品的各个部分统一协调；五是装帧设计，这是对出版产品的物质形态构造进行安排，包括书刊的封面、版式、开本、插图设计，音像制品的封装设计，等等；六是发稿与校对，这是将加工整理好的作品发往生产单位进行技术设计和生产安排，并对生产单位制作出的用于大量复制的母本（如书刊的清样、音像制品的母带等）进行检查，以发现与订正其差错的工作。

3. 物质产品制作

物质产品制作是将编辑工作阶段所形成的精神产品加工制作成能够广为传播的具有一定外在形态的物质产品的阶段。此阶段的具体操作，因其载体材料及生产方式的不同，内容也各不相同。现对几类主要出版物分别进行描述。

印刷出版物的制作大体要经过三个步骤。一是排版，即按设计要求将文稿制作成纸型或软片的过程；二是制版印刷，即利用排版过程形成的纸型或胶片制作印版，再利用印版印制出版物散页的过程（主要指图书、期刊等需要装订才能成形的出版物产品，报纸类产品不需装订，印制的散页即为成品）；三是装订成形，即将印制好的散页印品装订成一定出版物形态的过程。

音像出版物出版的完整过程，由编辑创作、表演、录制三个工作环节组成。其物质产品制作过程主要指录制环节。无论是录音带还是录像带的录制，都可分为工作母带的制作和复录生产两个步骤。工作母带的制作，是使用相应的设备将表演节目录制在录音带或录像带上，再通过合成、剪接等手段制作成可供大量复制的工作母带；复录生产是使用复录设备对母带进行大量复制。

电子出版物的制作，其核心工作内容是全文数据库的制作。将激光照排和轻印刷的中间产品转换为全文数据库的机读数据，是目前我国电子出版物制作所采用的主要方式。其具体过程由三个步骤组成：一是格式处理，即将电子文本记录按规范格式转化成一个个可作为检索结果处理单位的单元；二是标引处理，即标出全文文本中具有信息检索价值和分析价值的知识项，也即检索点；三是建立索引，即将标引出的检索词按照一定方式系统排列，以便为使用者提供检索途径。将经过上述步骤形成的全部记录文件存储在计算机硬盘上，即构成了全文数据库，将以数据形式储存的知识信息内容拷贝到软磁盘或光盘上，就形成了电子出版物。

4. 出版物发行

出版物发行是出版者将出版产品以商品交换的方式传送给读者的过程。该过程的工作内容由下列四个部分组成。

（1）信息流通与市场沟通。这是传播商品信息、沟通供求关系的阶段。该阶段又由两个主要工作环节组成：一是确立产销关系，即出版者选择发行者并与之建立经济联系的工作；二是产品宣传征订，即出版者根据所建立的产销关系情况，以适当的方式向经销商或直接向读者宣传产品、征求订数的工作。

（2）出版物商品交易。这是通过销售进行出版物商品价值转移的阶段。该阶段由三个主要工作环节构成：一是批发，即出版物生产者或分销商向批发商或零售商成批转让出版物商品所有权以供其继续转售的商品交易环节；二是零售，即出版物零售商直接向读者销售出版物的商品交易环节；三是调剂，即出版物经销商之间互相调整余、缺出版物的商品交易环节。

（3）出版物物流组织。这是按照出版物商品交易的要求，组织相应的出版物实体位移的阶段。该阶段由两个主要工作环节组成：一是出版物仓储工作，这是一个使用仓库收藏出版物的工作；二是出版物运输工作，即组织运力将出版物从出版地向销售地进行实体位移的工作。

（4）货款结算。这是指出版物发行过程中，由于出版物商品所有权的转移而在出版社、书店、读者单位和个人之间发生的款项收付工作。货款结算的完成，意味着一次出版物商品价值实现过程的完结。因此，无论是对出版社，还是对书店来说，货款结算都有着非常重要的意义。

二、出版活动的对象 —— 出版物

出版活动是活动主体作用于活动客体的过程。出版活动的主体是指直接从事出版活动的人，包括在各类出版机构中工作的编辑人员、生产制作人员、发行人员、管理服务人员，以及游离于体制外单个参与某些出版环节运作的个体书商和出版经纪人等；出版活动的客体是指进入出版过程接受出版主体作用的对象，即出版工作者的劳动对象 —— 各种类型的出版物。本节仅对

出版活动的客体 —— 出版物进行概要论述。

出版物既是出版工作者劳动的作用对象，也是出版工作者劳动的成果。出版物数量的多少、质量的高低，是衡量一个国家出版产业是否发达、出版活动是否活跃的重要标志。

（一）出版物的概念及其构成要素

在给出版物下定义之前，我们必须了解出版物所具有的基本特征。不论何种类型的出版物，也不论其外观形态如何，都由以下基本要素构成：一是以读者所需要的信息知识构成内容。这些信息知识是经过加工提炼而系统化了的信息知识，而不是杂乱无章的原始信息。二是以一定的表达方式陈述信息知识，包括文字、图像、符号、声频、视频、代码等。所谓多媒体出版物，其实就是在一种媒体上同时使用了上述多种表达方式的出版物。三是以一定的物质载体作为知识信息存在的依据。纸张、胶片（卷）、磁盘、光盘是现代出版物的主要物质载体。四是以一定的生产制作方式使知识信息附着于物质载体上。载体不同，生产制作方式也不同，常用的生产制作方式包括印刷、拷贝、翻录、复印、计算机制作等。五是以一定的外观形态呈现出来。印刷出版物，唱片、录音带、录像带等声像出版物，缩微平片、缩微胶卷等缩微出版物，磁盘、光盘等电子出版物，是出版物目前常见的呈现形态。这五个基本要素对出版物的基本特征进行了全面描述，可以作为我们识别出版物的主要依据。

根据上述特征，我们给出版物做如下定义：出版物是指以传播为目的存储知识信息并具有一定物质形态的出版产品。

（二）出版物的类型与结构

出版物的类型，可以按照不同的标准进行划分。其中具有实际意义的是以上述五个构成要素为标准划分的出版物基本类型，下面对此进行扼要介绍。

2002 年 2 月 1 日开始实行的《出版管理条例》等出版法规，将现阶段的出版物分为报纸、期刊、图书、音像制品、电子出版物及互联网出版物六大类。

1. 报纸

报纸是指以刊载新闻和评论为主的定期公开连续性出版的散页出版物。英文名 newspaper，意即新闻纸。报纸的功能是传播新闻、反映舆论，所以常被称为新闻舆论工具。报纸作为一种印刷出版物，与其他印刷出版物如图书、期刊等相比，具有如下特点：①须按较短周期连续性出版；②不需装订，也不成册，数版内容都按版面顺序编排；③内容主要是对新近发生的有关社会、政治、经济、文化教育、科学技术，以及体育卫生等方面人们希望了解的事件进行报道、评论和解释等。

报纸按各种标准划分为多种类型。按出版周期分，有每天出版的日报、晨报、晚报、午报，每周出版一次的周报，每周 2～3 期的周二报和周三报，每 10 天出版一次的旬报，等等；按读者对象分，有少年儿童报、青年报、老年报、妇女报等；按办报方针分，有机关报、商业报等；按区域分，有全国性报纸、地方性报纸等。

报纸由报头、正文及辅文三部分组成。报头一般位于报纸第一版的上端，主要登载报名、出版日期、出版单位、编辑部地址及联系方式（含邮政编码、网址等）、国内统一刊号、邮发代号等。正文是报纸的主体部分，主要刊登各类报道性文章及评论性文章。正文按文章内容性质划分成若干栏目，相对集中地编排在各个版面上。辅文指位于报纸的天头或地脚部分的辅助性文字，如刊载在天头部分的版序号、栏目主题提示类文字、本版出版责任者（如责任编辑、责任校对、版面策划设计者）姓名，刊载在地脚部分的报社通信地址、各个部门或栏目组的联系电话等。

2. 期刊

期刊又称杂志，是指有固定名称，按卷、期或年、月顺序编号，成册的连续出版物。其特点是：内容时效性较强，虽不如书籍系统，但比报纸全面深入；出版具有连续性、周期性，每年至少出版一期；有一个稳定的刊名；由众多作者的作品汇编成册。

期刊一般包括封面、目次页、正文、封底。其中，封面必须刊载经过核批的期刊名称和年、月、期、卷。目次页或封底必须刊载版本记录，包括主办单位、出版单位、印刷单位、发行单位、出版日期、主编姓名、发行范围、定价或工本费、广告经营许可证编号等。国内统一刊号或准印证编号必须刊载在封底下方；具有国际标准刊号的期刊，同时应刊载此项刊号。

3. 图书

图书是指用文字、图像或其他符号，按一定主题和结构组成一个独立的整体，以印刷或非印刷的方式复制在供携带的载体上以向公众传播的作品。每本书有单独的名称，主题集中，内容比较系统完整，论述比较深入；编辑出版的周期比较长，一般两三年，有的长达十余年；可以重印和修订再版，能跨越时间和地域的界限，长期、广泛地流传。

图书由封面、正文和辅文构成。正文是图书的主要内容，是一部图书最重要的部分。正文的内容由观点与材料按一定的结构组合而成，它是作者通过一定表达方式展现的自己对客观事物的认识。图书具有的宣传思想、传播知识、积累文化等功能，都是通过正文来实现的。正文由章、节、层次、段落等构成。

封面的概念有狭义与广义之分，狭义的封面指封一（又称封皮），广义的封面是护封、封一、封二（又称封里）、封三（又称封底里）、封四（又称封底）、书脊的总称。根据国家标准《图书和其它出版物的书脊规则》（GB/T 11668—1989），除外文版图书和线装书外，凡书脊厚度大于或等于5 mm 的图书和其他出版物，应当设计书脊。书脊内容包括主书名、出版者名和著译者名等。

辅文是正文的辅助文字，包括书名页、前言、目录、序跋、注释、参考文献、索引、附录等部分。

4. 音像制品

音像制品是指录有科学文化内容的录音带、录像带、唱片、激光唱盘和激光视盘等出版物。音像制品根据所记录信号的不同，一般分为录音制品和录像制品两大类。前者包括录音带、唱片和激光唱盘，后者包括录像和激光视盘。

（1）录音带

录音带是通过磁性记录的方法，将声音通过话筒转变为电信号，再通过磁头转变为磁信号，记录在磁带上形成的。录音带种类繁多，性能各不相同，常见的录音带类型是盒式录音带。盒式录音带按声道标准可以划分为单声道、双声道录音带；按磁带的磁粉层标准，可以划分为铁带Ⅰ型（普通带）、铬带Ⅱ型、铁铬带Ⅲ型和金属带Ⅳ型四种；按录放时间标准，可以分为 C-30、C-60、C-90、C-120、C-160 五种。

（2）唱片

唱片是采用机械刻录的方法，将声音通过话筒转变为电能，再通过刻纹针将电能转变为针尖运动的机械能，在唱片上刻下沟纹而形成的。唱片根据声道标准，可以划分为单声道、双声道、四声道唱片；根据转速标准，可以分为粗纹唱片和密纹唱片；根据直径标准，可以分为 17 cm、25 cm、30 cm 三种。为了简明地描述各种唱片类型，国际电工委员会建议采用"四位数符号表示法"对各类唱片特征进行描述。

（3）激光唱盘

激光唱盘简称 CD，它的录制方法有模拟录音和数字录音两种。激光唱盘上都标有录音方法的代号：A 代表模拟，D 代表数字。目前，较为流行的是数字录音唱盘，其直径为 12 cm，单面放音时间长达 60 分钟。其基础结构由盘基、记录层和保护层三部分构成。

（4）录像带

录像带采用磁性记录的方法，将声音和图像记录在磁带上。录像带有开盘和盒式两大类，前者主要用于广播、电视等专业播放领域，市场上发行的均为盒式录像带。盒式录像带磁带的宽度一般有 3/4 英寸（约 19 mm）、1/2 英寸（约 12.7 mm）和 8 mm 三种。盒式录像带有六种不同规格，分别与不同的录像机配套使用。这六种规格是 VHS 型、Beta 型、V2000 型、8 mm 型、VHS-C 型和 CVC 型，前两种是我国市场上主要的录像带类型。此外，根据性能指标，录像带还可分为标准录像带（普通带）、高级录像带（HG 带）、超高级录像带（SHG 带）和高保真录像带（Hi-Fi 带）。

（5）激光视盘

激光视盘是用于电影业的娱乐录像盘的变种，采用的录制方法、基础结构与激光唱盘完全一样，只是还包含图像信息和计算机可用的数字化数据。

5. 电子出版物

电子出版物是指以数字代码方式将图、文、声、像等信息编辑加工后存储在磁、光、电介质上，通过计算机或者具有类似功能的设备读取使用，以表达思想、普及知识和积累文化并可复制发行的大众传播媒体。媒体形态包括软磁盘（FD）、只读光盘（CD-ROM）、交互式光盘（CD-I）、照片光盘（Photo-CD）、高密度只读光盘（DVD-ROM）、集成电路卡（IC-Card）和国家新闻出版署认定的其他媒体形态。电子出版物的类型主要有电子图书、电子连续出版物、电子版书目数据和计算机软件等。

6. 互联网出版物

互联网出版，也叫网络出版（online publishing），是伴随着互联网技术的发展而出现的一种新型电子出版形式。网络出版物指将经过选择和编辑加工的作品的内容以数字化形式存储在与互联网相连的数据库或其他的相应载体上，并借助计算机进行互联网上的在线传播或其他利用的出版物。

出版物的类型，除了按出版物的构成要素进行划分外，还可根据其他标准进行划分。其中几种较为特殊的出版物类型，在出版业的具体运作中我们会经常遇到，特做简要介绍。

（1）正式出版物。这是以出版物流通的性质为标准划分出来的一种类型，是指经国家批准设置、具有法人资格的出版单位正式出版，并以商品交换方式广泛发行的出版物。与此相对应的概念是非正式出版物，它是指经过一定审批手续而印刷出版，并以非贸易形式发送与交换的出版物，如供交换用的内部报刊、纪念性文集等。

（2）内部出版物。这是以出版物流通的范围为标准划分出来的一种类型，是指正式出版物中流通范围有所限定的出版物，包括在出版物上标明了"内部发行""限国内发行"等字样的出版物。发行内部出版物有一些特殊的方式与要求，在本书的有关部分我们将详细叙述。

（3）非法出版物。这是以出版行为的性质为标准划分出来的一种类型，是指以不合法的行为制作的出版物。在中国指由国家批准的出版单位以外的团体或个人未经批准，擅自制作，并向社会征订、销售的出版物或内容被国家明令禁止的出版物。

（4）淫秽出版物。这是以出版物内容性质为依据划分出来的一种类型，是指内容上宣扬淫秽行为，挑动人们的性欲，足以导致普通人腐化堕落，而又没有艺术价值或科学价值的出版物。

除此之外，还有一些较特殊的出版物，如政府出版物、标准出版物等，因在出版发行实践中涉及不多，就不在此赘述了。

（三）出版物的属性

出版物是含有一定知识内容的出版产品，既具有一般商品的共性，又具有区别于一般商品的特性。商品性与精神文化产品特性的统一，构成了出版物属性的重要特色。下面对出版物的两重属性进行阐述。

1. 出版物的商品性

马克思主义政治经济学理论告诉我们，商品具有三个基本特征：第一必须是劳动产品；第二必须是用来交换的产品；第三必须具有使用价值。凡同时具有上述基本特征的物品，都是商品。在社会主义市场经济条件下，处于生产与流通过程的出版物具有这些基本特征。

（1）与其他商品一样，出版物是劳动产品。从作者写出原稿到编辑、排版、印刷、装订，人们要付出大量辛勤的劳动，正如马克思在《资本论》中所指出的："一切艺术和科学的产品、书籍、绘画、雕塑等等，只要它们表现为物，就都包括在这些物质产品中。"①这还仅仅是出版物的生产过程。出版物从生产部门转到读者手里，中间还有一个流通环节，从购进出版物，组织储运到门市销售的整个发行过程，也存在着大量的生产性劳动。

（2）出版物是用来交换的劳动产品。出版物不是只供生产者自己阅读

---

①马克思，恩格斯. 马克思恩格斯全集：第 26 卷　第 1 册 [M]. 中共中央马克思恩格斯列宁斯大林著作编译局，译. 北京：人民出版社，1974：165.

和无偿分发的，而主要是用来交换的。在社会主义初级阶段，包括出版物分配在内的一切物质分配都是通过货币交换的形式进行的。我国现阶段还存在着各种所有制形式，除全民所有制与集体所有制之外，还有个体所有制。而全民所有制又是不成熟的、带有集体所有制成分或痕迹的全民所有制，企业局部利益、国家利益和个人利益三者之间还或多或少地会出现矛盾。在出版物的生产与流通过程中就表现为著作者、出版单位、印刷单位、发行销售单位四者之间的利益分配上的矛盾。再加上社会分工的存在，从事工业、农业、交通运输等各行业的人们需要知识，愿意以自己的劳动去交换。所以在出版物商品领域，只能有极少数出版物作为产品分配给有关单位和人员使用（消费），绝大部分出版物必然要作为商品，通过交换的形式，才能流入集体或个人消费者手中。不可能也没有必要颠倒过来，把绝大部分出版物作为产品分配给所有消费者，把极少部分出版物作为商品来进行交换。这和下发的文件及免费提供的各种宣传资料与内部赠阅资料是不同的。正如马克思所说："一切商品对它们的所有者是非使用价值，对它们的非所有者是使用价值。因此商品必须转手。"① 出版物对于出版发行者来说，也是"必须转手"的商品。

（3）出版物是使用价值与价值的统一体。所谓使用价值，即具有能够满足人们某种需要的属性。出版物的使用价值在于能够满足人们的精神文化需要。前面已经提到，出版物是信息与知识的物质载体，它可以为人们提供信息与知识，从而为人们解决物质生产与生活中的多种难题创造条件。所以，人们把出版物比作精神食粮。

人们需要它，才使它能够参加交换。此外，出版物还具有价值。所谓价值，是抛开了劳动的具体特点的、无质的差别的抽象劳动的凝结。无论是自然科学方面的出版物还是社会科学方面的出版物，其生产过程都耗费了劳动。这种劳动，从政治经济学的角度来看，属于抽象劳动的范畴。

在它们所耗费的劳动之间，不存在质的区分，只存在量的差别。同时，它也和其他商品一样，具有一定的价值表现形式 —— 出版物定价。作为出

①马克思. 资本论节选本 [M]. 北京：人民出版社，1998.

版物商品的交换价值，它至少反映了精神产品物化过程中的劳动耗费。由于出版物商品具有价值与使用价值，所以它能参加社会商品流通。马克思曾经举过一个例子：一个守旧的织麻布者，把20码麻布换成两镑，接着又用这两镑换了一本价格相等的家庭用的圣经。于是，这本圣经的价值同麻布一样，得到了社会的承认。在圣经的价值实现的同时，"圣经就作为物品来到织麻布者的家里，满足他受教化的需要"①，作为使用价值发挥作用。

由于出版物具有商品的基本特征，所以我们有理由说出版物是商品。

2. 出版物商品的特性

讨论出版物的商品性，也就是说出版物商品与一般商品具有共性。但任何事物同其他事物之间，既有共性，又有个性。没有共性的孤立事物是不存在的，没有个性也就不称其为事物。这是辩证唯物主义的基本观点之一。出版物商品也是这样，它既具有一般商品的共性，又具有自己的特性。当然，世界上的商品千千万万，而这些商品的使用价值都各不相同，都有其特殊性。

但出版物是具有精神产品与物质产品双重身份的商品，它的特殊性不仅表现在使用价值上，而且表现在价值上，表现在对社会的作用及由此而形成的市场特点上。出版发行工作者要正确把握出版物的属性，不仅要认识出版物与一般商品的共性，而且要认识出版物与一般物质生活商品相比所具有的特殊性。这些特殊性表现在出版物商品再生产过程的各个不同阶段。

（1）出版物生产过程的特殊性。出版物生产过程的特殊性主要表现为：出版物的生产过程由知识（精神）生产过程与物质生产过程两个明显的阶段组成，而知识（精神）生产过程在出版物使用价值的形成中起着决定性作用。因为出版物的使用价值是书中的知识内容，在出版物印装过程中所形成的物质实体，只是这些知识内容的载体形式。蕴含在载体形式中的知识内容的优劣，是由作者与编辑们所从事的知识生产过程所决定的。

知识生产是一种目的崇高的劳动。人们受对科学和未知世界探索的本能，以及造福人类的责任感与献身精神的驱使而从事知识生产。生产不是为了交

---

①马克思，恩格斯. 马克思恩格斯全集：第23卷 [M]. 中共中央马克思恩格斯列宁斯大林著作编译局，译. 北京：人民出版社，1974：124.

换。如果是为钱而写书，那是写不出真正的好作品来的。马克思也说过："作家绝不是把自己的作品看作手段，作品就是目的的本身；无论对作家或其他人来说，作品根本不是手段，所以在必要时作家可以为了作品的生存而牺牲个人的生存。"①美国一位科学家在他102岁寿辰的时候曾对1986年诺贝尔化学奖获得者李远哲说："我不相信科学家在实验室里废寝忘食、埋头苦干是为了得什么奖的。科学是十分崇高的事业，是为人类造福的事业。"

马克思还指出："密尔顿创作《失乐园》得到5镑……出于同春蚕吐丝一样的必要而创作《失乐园》，那是他的'天性'的能动表现。"②马克思在这里所说的"天性"，是指为人类献身的精神。正是这种精神的驱使，才使密尔顿创作出了《失乐园》这部不朽的名著。知识生产目的的崇高性是它有别于商品生产的显著特点。此外，知识生产过程是一个艰难的探索过程。新知识是无数知识单元排列组合的结果。在由无数的可能组成的知识结构中获取知识产品是一个艰难的探索过程。在这个过程中，生产者的投入和产出都是一个未知数。此特点及知识生产的其他特点，如知识产品的无形性、低可比性、非重复性、继承性等，决定着知识生产不可能是商品生产。

但是，原始的知识（精神）产品必须经过规格化的批量生产的过程，才能在社会上进行广泛的传播、分配和使用，这种大批量复制的过程就是物质生产过程。这一物质生产过程在我国目前的社会形态下是一个商品生产过程。所以，整个出版物生产过程，是知识（精神）生产过程与物质产品生产过程的统一，是非商品生产与商品生产的结合。

（2）出版物使用价值作用的特殊性。出版物使用价值作用的特殊性，主要表现为作用领域、作用范围、作用方式与一般物质生活商品不同。

从作用领域看，一般商品的使用价值在物质生活中实现，而出版物商品的使用价值则首先在精神生活中实现。它通过影响人们的思想道德情操、提高人们的文化科学技术水平，间接地影响人们的物质生活。一般商品的使用

---

① 马克思，恩格斯. 马克思恩格斯选集：第1卷 [M]. 北京：人民出版社，1972：27.

② 马克思，恩格斯. 马克思思格斯全集：第26卷 [M]. 中共中央马克思恩格斯列宁斯大林著作编译局，译. 北京：人民出版社，1974：432.

价值，就是贩卖它的物质形式并把它消耗掉，以满足人们的物质生活需要，如食品可以吃，衣服可以穿，脸盆、钢笔可以用。而出版物商品的使用价值不是贩卖和消耗掉它的物质形式，而在于它所记录或描述的内容能够满足人们精神生活的需要。人们购买出版物的主要目的，不是要得到它的物质形式，而是要得到它所反映的知识内容，如前面所提到的那样，织布者用20码麻布换了一本圣经，主要是满足自己受教化的需要。宋代著名藏书家尤袤曾谈到书的作用："饥读之以当肉，寒读之以当裘，孤寂而读之以当友朋，幽忧而读之以当金石琴瑟也。"这是对出版物使用价值作用领域精神性特点的非常幽默的说明。

从作用范围看，出版物使用价值的作用具有超时空性。出版物对社会的影响不一定能像一般生活用品那样"立竿见影"，但它却不受时间与空间的限制。一般生活用品的使用寿命总是有一定限度的，而不会是"千秋万代"；其影响的范围也只是购买该产品的用户，而绝不能"誉满全球"。出版物商品的使用价值是书中的知识，知识可以代代相传，所以出版物使用价值的作用范围要比一般生活用品深远得多。据《中国青年报》载，河南省地质科研部门根据《本草纲目》提供的线索，在嵩山找到了具有很高开采价值的麦饭石矿藏。400多年前的图书仍能对今天的社会生活产生影响，说明出版物使用价值的作用确实具有超时空性的特点。

从作用方式看，出版物使用价值的作用具有隐蔽性。与一般生活用品能对社会生活产生直接的、明显的作用不同，出版物使用价值对社会生活的影响是潜移默化的。梁启超先生曾把文艺作品的作用概括为"熏"与"浸"，"熏也者，如入云烟中而为其所烘，如近墨朱处而为其所染"，"浸也者，入而与之俱化者也"。这种"熏"与"浸"，就非常形象地概括出了文艺作品影响社会、影响读者的基本特点——潜移默化。实际上，不仅仅是文艺作品，所有出版物对社会、读者的作用都具有隐蔽性的特点。

（3）出版物商品的市场特性。出版物商品的市场特性即出版物商品在流通过程中的特殊性。与一般生活用品相比，出版物商品在流通过程中具有以下特点。

一是出版物商品的交换价格没有反映图书商品的真正价值。一般商品的交换价格总是围绕商品价值上下波动的，尽管也有价格与价值相背离的情况，但不很突出、不很普遍。这就是说，一般商品的交换价格能大体反映商品的真正价值。而出版物商品是精神产品的物化形式，它的交换价格 —— 图书定价，只反映了精神产品物化过程中的劳动耗费，没有或很少包含凝结在精神产品形成过程中的劳动耗费。印张大体相同的书，其定价也就大体相同，而不论这些书的内容质量。书的定价中所含的作者稿酬部分是很难反映作者所耗费的劳动的。事实上，正如前面所说，知识产品的生产是一个艰难的探索过程，其劳动价值无法用社会必要劳动时间来衡量。马克思撰《资本论》用了 40 年，罗曼·罗兰写《约翰·克利斯朵夫》用了 20 年，我国汉代学者扬雄撰《方言》，仅收集资料就用了 27 年。这些不朽的著作，其价值根本不能用货币来衡量。出版物商品的这一市场特点，决定着图书市场的经营者不能像一般商品的经营者那样以主要受商品价格制约的货币利润作为经营取舍的价值尺度，而必须考虑出版物内容质量，要以书价无法反映的出版物内在价值作为经营取舍的依据。

二是出版物市场需求容量有较大的伸缩性。从市场学的角度讲，各种不同商品的市场需求容量是不一样的。一般生活用品的需求量是相对固定的，不管增加多少网点，不管怎样宣传推销，除了在品种间互相替代外，总的市场容量不会有太大的变化。比如粮食，每个人吃的都有定量，多开粮店，也不会增加粮食的销售量。又如棉布、油、牙膏等日用必需品，即使多宣传推销，也只能引起各个品种销售数量的增减变化，而无法增加销售总量。出版物则不同，它是满足人们精神生活需要的商品。人们精神生活的需求又可分成许多的层次，它们由低到高地发展。低层次的需求基本满足以后，又有了高层次的需求。这就使得出版物市场容量具有较大的伸缩性。有许多图书，读者看到就买，开架售书比闭架时的营业额高，就是由出版物市场容量有较大伸缩性的特点决定的。

三是出版物商品的市场寿命周期较短。一般生活用品进入市场之后，大体要经过试销—平销—畅销—滞销等几个阶段，才能最后退出市场，市场寿命周期较长。如果能及时对产品进行改进，可以使平销—畅销—平销的过程持续很长时间。相比之下，出版物商品的市场寿命周期则比较短。许多出版物，甚至连平销的过程都不明显，畅销没多久就滞销；更有不少图书根本没有畅销过程，往往是平销了很短的时间即转入滞销。能够连续几个月或几个星期畅销的图书极为罕见。这是因为随着社会的发展，知识与信息的更新速度不断加快，使得由知识与信息构成使用价值的图书商品在其流通过程中也容易陈旧过时。针对出版物商品这种市场寿命周期较短的特点，经营者必须十分重视对各种图书信息的收集，密切注意图书市场行情的变化，以尽量减少出版物商品在流通过程中的无形损耗。

三、出版活动的产生与发展

出版活动的产生与发展，经历了一个漫长的历史过程。我们按出版物制作方式的不同，可大体将这一过程划分为四个时期。下面分别对各个时期出版活动的发展进行扼要介绍。

（一）手工抄写出版时期出版活动的起源与发展

手工抄写出版时期，是我国出版活动的起源及初步发展时期。此时出版活动的发展，还处于低水平状态。

1. 出版业起源于西汉末年

出版活动起源于何时，至今仍众说纷纭。根据第一节我们对出版概念内涵的理解，出版活动必须同时具备三个条件：一是社会上出现了较多的为读者所需要的作品，二是有众多的生产者通过一定手段对作品进行复制使其成为出版物，三是出版物能进入市场进行交换。据此判断，我国的出版活动起源于西汉末年。

公元4年，长安太学近旁出现了包括买卖书籍在内的综合性贸易集市——槐市。后来，又出现了书肆。在槐市与书肆上交易的图书，都不是作者的原作品，而是用手写或刀刻方式对原作内容进行加工复制的产品；此时出版物的传播已开始采用市场交换方式；众多的图书品种集中在书肆销售，说明社会上能用于加工复制的作品也很多。这就充分说明，此时出版活动已经出现。

2. 造纸术的改进为出版活动的早期发展创造了良好的社会条件

早在汉武帝时期，我国就出现了原始的植物纤维纸，只是由于质地粗劣，不能用于书写，所以槐市、书肆上的图书载体都是竹简与缣帛。公元105年，蔡伦改进了造纸术，突破了传统的利用天然资源作为知识载体的老思路，增加了造纸资源，降低了造纸成本，使书籍生产速度加快，价格降低，利于流通，促进了书籍在民间的普及，为出版活动的顺利开展打下了良好的社会基础。

3. 这一时期出版活动的主要特点

手工抄写出版时期从西汉末年开始，延续到唐朝雕版印刷术的出现，经历了600余年的历史。这一时期出版活动的发展，具有明显的早期特征。第一，图书的生产制作以手工抄写为主。从东汉、魏晋南北朝时期对佣书人的记载，到隋唐对抄书活动的描述，大量史料都对这一时期的图书产生制作以手工抄写为主的特征进行了佐证。第二，图书的流通以个体书摊、书贩为主。这些个体书摊、书贩或云集成市，或单个流动推销，构成了此时出版业的独特景观。第三，出版品种以佛教、道教经典及单篇文学作品为主。自东汉之后，佛教和道教盛行，从皇帝到老百姓都普遍信奉宗教。因此，佛教、道教经典被官府大量抄写制作进而影响民间。这一时期又是文学非常发达的时期，文学作品大量涌现，文学书籍的抄写与流传成为一种社会时尚。

（二）手工印刷时期出版活动的成就与特点

手工印刷出版时期，从雕版印刷出现的7世纪初到19世纪中叶机械化印刷厂在我国建立为止，共1200多年。这一时期的出版活动发展过程中引人注目的成就是雕版印刷术的发明及活字印刷术的发明与改进。

1. 雕版印刷术的发明对出版活动的影响

早在明代，著名学者胡应麟就在其《少室山房笔丛》中指出："雕本肇自隋时，行于唐世，扩于五代，精于宋人。"雕版印刷术的发明，开创了照一个版本原样复制的图书生产技术，只要把握了雕版的质量，就使用该雕版印制出来的出版物质量有了保证；同时，利用一块雕版可以大量复制，极大地提高了图书的生产速度，降低了生产成本；一些民间需求量大的品种如唱词、日历、韵书、佛经等通过雕版印刷术大量印制，促进了社会文化的普及与发展；雕版印刷术的外传，也促进了世界出版业的发展。

2. 活字印刷术的发明对出版活动的影响

北宋庆历年间（1041—1048年），毕昇发明了活字印刷术，即用胶泥刻字，用火烧使其坚硬，再将松脂蜡、纸灰等黏合材料加热熔化，将泥活字粘成一块印版印书，印完再用火烧，熔化黏合材料后拆版，泥活字分类存放，下次排版时再用。1298年，农学家王祯又创制了木活字。人们还探索使用金属活字，如铜活字、锡活字等印书。活字印刷术得到了广泛应用。

活字印刷术的发明，开创了用活字拼排制版的思路，为近现代铅字排印技术的发展打下了基础，缩短了印版制作时间，提高了出版物的生产效率。正如沈括在《梦溪笔谈》中所描述的那样："常作二铁板，一板印刷，一板已自布字。此印者才毕，则第二板已具。更互用之，瞬息可就。"

印刷术发明之后，很快传入朝鲜和日本。同时又沿着丝绸之路经阿拉伯地区传入埃及，再传入欧洲。德国人谷登堡（Gutenberg）研制了铅、锑、锡合金活字，即现在所说的铅活字，使活字印刷术进一步得到改进。由此，世界出版业逐步进入了机械印刷的新发展时期。

3. 这一时期出版活动的主要特点

手工印刷出版时期，是一个技术不断改进、产业逐步壮大的时期，其发展呈现如下特点：一是图书的生产以制版印刷为主，无论是直接雕刻制版，还是活字排版，都要先将文稿制作成可大量复制的印刷版，然后再用印版复制书页，与手工抄写时期相比，生产效率已大大提高；二是出现了专门的出版机构，官方出版机构、私人出版机构及商业出版机构此时都已出现；三是图书流通有了较大的发展，此时的流通已开始与生产分离，流通的范围已非常广泛，并出现了版权贸易。这三个特点说明，这一时期的出版业正处于一个逐步壮大的时期。

（三）机械印刷时期出版活动发展的几个阶段及其特征

从 1844 年华花圣经书房成立至今，我国出版活动处于以机械印刷为主的时期。这 100 多年的发展，可大体划分为四个阶段。各个阶段都有着各自不同的特征。

1. 西方印刷术的传入与译书机构的设立

机械印刷技术在我国的使用，最初是由传教士与教会创办的一些译书机构推动的。最早将西方印刷术传入中国的是英国伦敦布道会的传教士罗伯特·马礼逊（Robert Morrison）。他 1807 年到中国澳门传教，后在马来西亚马六甲开设印刷所，并于 1815 年雕刻印刷了中文期刊《察世俗每月统记传》，1819 年印成了第一部铅活字中文书籍《新旧约圣经》。1834年，美国教会在澳门购买中文木活字，运至波士顿铸成铅合金活字，再运回中国印书。自此之后，西方传教士与教会在中国所设的译书机构，大都采用了铅活字机械印刷技术生产图书。这一时期著名的出版机构有美国基督教新教长老会于 1844 年在澳门建立的华花圣经书房、英国传教士麦都思（Medhurst）于 1843 年创设的墨海书馆、天主教于 1864 年在上海创立的土山湾印书馆等。

在西方印刷术传入的初始阶段，我国出版业呈现出了以下明显特征：第一，出版机构以外国教会与传教士来华创办的各种传教、布道兼译书的机构为主体；第二，已开始普遍采用西方印刷术生产出版物；第三，出版物生产形式发生了改变，除图书之外，还出现了期刊、报纸；第四，出版物内容以传播宗教及西方的学术文化科技知识为主。

2. 近代民族出版活动的兴起

从 19 世纪中叶开始，随着"西学东渐"潮流的发展，以曾国藩、李鸿章为代表的洋务派和以康有为、梁启超为代表的维新派也积极地开设翻译出版机构，对民族出版业的兴起起到了重要的促进作用。此外，清政府废科举、兴学堂，以及由孙中山领导的民主革命运动的兴起，也促进了民族出版业的发展。这一时期著名的出版机构主要有 1897 年由夏瑞芳等四人合资创办的商务印书馆、1912 年由陆费逵创办的中华书局、1926 年由章锡琛创办的开明书店等。此类出版机构为整理、出版中国古籍，介绍西方资产阶级民主思想和科学技术做出了贡献，对我国初期的民主革命和文化启蒙运动，也起过一定的促进作用，并且在为读者服务和经营管理等方面积累了一些经验。

民族出版业的初期发展具有以下特点：一是民族出版业取代教会的译书机构而逐步在中国出版业中取得了主导地位。据资料统计，民国初期，仅商务印书馆和中华书局两家的营业额，就占全国书业总营业额的一半以上。二是此时的出版机构大多采用资本主义的经营管理方式运作，讲求经济效益。三是出版物以教科书、古籍工具书及西方科技学术图书为主。

3. 传播新文化的进步出版活动的发展

传播新文化的进步出版活动由三部分组成。一是早期党组织开展的出版活动，包括中国共产党成立之前一批具有初步共产主义思想的知识分子所创办的刊物和开设的书店，以及党成立后党中央创办的人民出版社、上海书店、长江书店等所开展的活动；二是进步文化人士的出版活动，如 1932 年 7 月邹韬奋在上海创办生活书店、1935 年钱俊瑞等人创办新知书店、1936 年李公朴等人创立读书出版社等；三是新华书店的出版活动，1937 年 4 月 24 日新华书店成立，为配合抗日战争和解放战争的需要而积极开展书刊出版活动。

这一时期进步出版活动的发展，具有以下特点：一是出版宗旨都是宣传革命真理，普及新文化；二是艰苦创业，团结奋斗，竭诚为读者服务；三是内部管理民主化，且非常重视经济核算；四是在搞好经营的同时，还能巧妙地、不屈不挠地和反动势力做斗争。

4. 中华人民共和国成立后的出版活动

中华人民共和国成立后的第三天，中国共产党中央委员会宣传部（以下简称"中宣部"）就在北京主持召开了全国新华书店出版工作会议，通过了关于统一全国新华书店的决议，解决了新华书店由分散经营走向集中统一的问题。1949 年 11 月，中央人民政府出版总署在北京成立，中宣部出版委员会改组为出版总署出版局，统一领导和管理全国的出版工作。从 1951 年开始，按照中央人民政府政务院颁布的《关于改进和发展全国出版事业的指示》，全国出版业实行专业化分工，分别建立了中央和地方的人民出版社、新华印刷厂和专营发行业务的新华书店，初步开创了新中国生机勃勃的出版事业。

经过半个多世纪的发展，我国的出版活动取得了举世瞩目的成绩。

作为国家文化事业的一个重要组成部分，我国的出版事业在建立与发展过程中，呈现出以下明显特征：一是以国有经济为主的出版力量。拥有书刊出版权的单位都是国家审批的事业单位，书刊定点印刷厂中国有企业占大多数，流通机构中拥有一级批发权的单位全是国有书店，图书零售中新华书店销货店的零售额占市场零售总额的 80 % 以上。二是以社会效益为主的经营原则。这一原则不仅体现在政府所制定的一系列政策法规之中，而且也体现在各类行业规范及每个书业单位的具体实践之中，不懈地与唯利是图的行为做斗争，已成了我国出版业大多数经营者的自觉行为。三是以集中统一为主的管理模式。几十年来，出版体制虽然也经过了数次集中与分散的变革，但大多数时间里的出版业管理，仍然以统一集中管理为主。这固然有利于政府督促企业实现企业目标与社会目标的统一，但也很容易引起出版资源不合理配置，不利于出版业在市场经济条件下的发展。四是以教材及教辅读物为主的产品结构。教材及教辅读物的销售量占我国出版物市场销售总量的 60 % 以上，此种产品结构特征使众多出版发行单位对教材与教辅读物形成依赖性，有碍出版业的健康发展。

（四）电子出版时期的到来及其发展趋势

从 20 世纪 80 年代初期开始，以北京大学与潍坊计算机公司合作研制激光照排机并投入使用为标志，我国出版业逐步进入电子出版时期。具体表现包括下列几个方面。

1. 计算机普遍应用于出版物生产制作领域

随着我国汉字编码输入技术的日益完善，从 20 世纪 80 年代初期开始，各出版单位就逐步以计算机录入排版取代手捡铅字排版，印刷技术开始进入"告别铅与火，使用光和电"的时代。1991 年北大方正系统的推出，更促进了计算机录排技术的普遍应用。到 1992 年，全国有 500 多家出版印刷单位采用了该系统进行录入排版。目前，计算机已普遍应用于出版生产制作领域。随着黑马系统等一批校对软件的开发，出版校对工作也逐步应用计算机进行初校。近几年，人机结合校对成为一种较为普遍的模式。

2. 电子出版物成为重要的出版产品

1994年底，全国出版 CD-ROM 仅 100 种，到 2006 年，据《中国出版年鉴》统计，全国共出版了 7207 种电子出版物。在数量迅速增长的同时，我国电子出版物的质量也有了显著提高。在近几年的"莫必斯多媒体光盘国际大奖赛"中，我国有多种电子出版物获奖。

3. 网络出版活动也有了初步发展

20 世纪 90 年代后期，随着国际互联网的开通及计算机数字化处理技术的飞速发展，电子出版步入一个新阶段，即网络出版时代。1998 年 10 月，人民出版社在"人民时空"网站推出了我国第一部网络图书《中国经济发展五十年》。随后，辽宁出版集团便大举向网络出版领域进军，不仅推出了"中国电子图书网"，还制作了名为"掌上书屋"的中文电子图书阅读器。据不完全统计，到 2002 年初，已有 160 多家出版单位涉及网络出版，在互联网上开设网站的出版社已达 300 多家，网上可供读者付费下载的正版电子书达 10 000 多种。与此同时，网上售书活动也发展迅速。1994 年美国亚马逊网上书店创立，1995 年 9 月中国国际图书贸易总公司创办了我国第一家网上书店——国图网上书店。到目前为止，出版社、书店及一些电子公司先后开设的网上书店已达 300 多家。

上述种种迹象表明，在我国，电子出版时期已经到来。电子出版时期的一个重要特征是，以电子技术为核心来发展出版业。随着电子技术的不断发展，出版物的生产制作技术也不断创新。目前国际出版业的两个发展重点，将成为我国电子出版发展的两个重点方向：一是按需印刷的应用，二是电子书的生产。

按需印刷（print on demand, POD），是建立在数字式信息远距离传输和数字式信息高密度存储基础上的，用计算机将数字化图书直接印制成印刷文本的技术。其操作过程是将图书内容数字化后，利用电子文件在专门的激光打印机上高速印制书页，并用专用计算机完成折页、配页、装订等工序。目前，美国、日本、德国、英国、法国等国的一些批发商和少数连锁书店已开始装备此项技术，按需印刷的广泛应用已为时不远。我国的一些出版单位也正在与一些电子公司合作攻关，在不久的将来，按需印刷也一定会在我国出版界普遍应用。

电子书不仅便于携带，利于操作查看，而且体积小，价格便宜。日本索尼公司与小学馆共同开发的《大日本百科事典》，印刷本重达 60 千克，据此制作的电子书仅重 0.5 千克，价格仅是纸质书的 1/3。所以，电子书的生产成了世纪之交国际出版业的重点发展方向。日本从 1990 年 7 月推出第一种电子书，到 20 世纪 90 年代后期，电子书的年生产量成倍增长。美国 2000 年生产电子书 3 万种，计划到 2010 年电子书的生产达到 300 万种，产值占全美出版总产值的 90 %。德、英、法等国电子书的生产也呈方兴未艾之势。我国的辽宁出版集团及一些出版社也正在积极与电子公司合作，研制生产电子书。预计在不久的将来，电子书的制作生产也会成为我国出版业的一道亮丽风景线。

四、出版活动的社会意义

出版活动作为一项重要的社会活动，能够对人类社会的存在与发展做出积极的贡献，这就是出版活动的社会意义。对此，我们可以从以下几个方面进行归纳。

（一）出版是记录、反映人类文明的重要手段

人类文明的发展，必须通过一定的文化形式记录和反映出来，才能留下自己的历史轨迹。在众多记录与反映人类文明发展历史进程的形式与手段中，出版是最为重要的手段。

记录人类文明的手段主要有两类：一是实物记录，二是文字记录。文字记录大多是通过出版活动来实现的，这一点不必多说。实物记录也离不开出版活动。1978 年湖北随县擂鼓墩一号墓出土的编钟，使人们对楚国的文化有

了进一步的了解。说明编钟这一实物同样能记录人类文明。凡被冠以"文物"称号的实物，无疑都有着极为特殊的文化存在价值。但实物所记录的人类文明，需要经过研究人员深入研究，并将研究成果撰写成书稿或文章，公开出版或发表之后，才能被人们所了解。湖北随县擂鼓墩一号墓出土的编钟，就是由于大量研究编钟的出版物的问世，才使人们了解其全貌的。从这种意义上讲，出版活动不仅直接形成了大量人类文明的文字记录，而且还能对用实物记录的人类文明做出解读，两种记录人类文明的手段的运用，都与出版活动有着密切联系。

反映人类文明的形式多种多样，但无论哪种形式，其反映的结果最终大都要通过出版物表达出来。以文学艺术与哲学社会科学为例，两者作为社会意识形态，都是反映人类文明的形式，之所以成为两种不同的反映形式，是因为两者反映人类文明的方式有区别。哲学社会科学对人类文明的反映是通过抽象的概念来表达的，而文学艺术则通过对具体生活情景的描写来形象地反映人类文明。尽管这两种文化形式反映人类文明的方式不同，但它们最终都要通过出版活动将反映的结果固定在某种形式的出版物上，才能对社会产生影响。如果说，在中世纪，因为反映人类文明的文化形式大都通过心记口传来为人们所接受，所以出版活动与这些文化形式的关系还不是很密切的话，那么到了今天，离开了出版活动，则任何文化形式对人类文明的反映都将受到极大的限制。

总之，在现代社会，无论是对人类文明的记录，还是对人类文明的反映，都离不开出版活动。出版是记录与反映人类文明的重要手段。

（二）出版是交流传播知识信息的重要渠道

知识信息的交流传播，是人类社会发展进步所不可缺少的条件。21世纪是传媒高度发达的时代，知识信息的交流传播渠道已呈现多元化的态势。在众多的知识信息的交流传播渠道中，出版因其特有的机能迄今为止仍处于不可替代的地位。出版活动的知识信息交流传播机能主要表现在两个方面。

一是出版活动具有使知识信息物化的机能。知识信息是储存在人们大脑中的一种对客观世界的反映与认知，是人们运用大脑进行思维的结果。作者将自己的思维成果写成作品，实现了知识信息的第一次物质化；而要使这种思维成果留存下来，并成为人类社会共同的财富，则需经出版过程进行第二次物质化，即对作品进行筛选、审阅、加工后，运用一定的制作方式批量复制成出版物。这种将知识信息物质化的特有机能的发挥，为知识信息的广泛传播创造了重要的条件。

二是出版活动中的商业化运作能使出版物在民众中普及，使其所蕴含的知识信息得以传播。出版活动的商业化运作过程，除了能使出版物以商品交换的方式广泛地进入消费领域，使知识信息借出版物载体的大量散布而得到广泛传播之外，还能通过普通的商品促销活动直接向读者传播知识信息。沈阳市新华书店一门市部宣传推销《吸烟与肺癌》一书，将该书中的一个戒烟的验方摘抄下来张贴在橱窗里，每天在橱窗下抄录该验方的人竟络绎不绝，出版宣传促销过程中的知识传播意义，由此可见一斑。

（三）出版是促进人类思维创新的重要武器

人类的思维过程是一个对客观世界不断进行认知探索的过程。在这一过程中，一方面，人们通过出版能够将认知成果记录积累起来，启迪后人的思维，后人可以直接在前人认知成果的基础上继续探索，进一步深化与完善对研究对象的认识；另一方面，后人可以从前人的研究方法中吸取精华，使思维本身得以改善，如后人可以从出版物内容中吸收历史上著名哲学家的思想理念与科学家的认知规律，从而使思维变得更为深刻，也更为全面。在文化与出版较为发达的地区与民族中，人类一代比一代聪明，就是这个缘故。

人类的思维创新是一个不断抛弃旧观念、接受新思想的过程。在这一过程中，出版的重要作用在于通过传播先进的思想、文化和科学来解放人们的思想，提高人类对客观世界的认知能力，促使人们认清社会发展的方向，从而努力推动社会朝进步的方向发展。比如欧洲文艺复兴，就是因为大量古代著作的整理出版和一大批富有新思想的作品（拉伯雷的《巨人传》、薄伽丘的《十日谈》和但丁的《神曲》等）的问世，唤醒了民众的人文主义意识，使新兴的资产阶级获得了从思想上战胜教会统治的武器，从而推动了社会进步。

（四）出版是发展教育事业的基本条件

出版与教育事业的联系十分密切。教育产生于社会文明发展的需要，而教育的发展则成了催生出版行业的重要因素。出版作为一种重要的教育手段与工具，在国家教育事业的发展中具有非常重要的作用。正如中共中央、国务院《关于加强出版工作的决定》中指出的那样，从积累传播人类历史的优秀文化成果，到发展社会主义新文化，从扫除文盲到发展尖端科学技术，从教育学龄前儿童到培养各种专业人才，都离不开出版发行工作。

出版从以下三个方面为教育事业的发展创造了重要条件。

1. 出版为学校教育提供了文献资源条件

无论何种类型的学校教育，都需要教材及必要的教学参考资料。这些文献资源作为教育的根据，成为发展学校教育不可或缺的条件。此外，在大学教育中，人们常说的三大支柱，即师资力量、教学设备、图书资料。图书资料能成为高等教育的三大支柱之一，本身就足以说明其在高等教育中的重要地位。

无论是大中小学使用的教材，还是大学图书馆里珍藏着的数以百万计的各种类型的书刊资料，都是出版行业生产出来的产品。如果不将这些办学中使用的文献资源按时地生产出来并及时供应给学校，学校的教学活动就难以顺利开展。学校教育中人才培养目标的实现离不开由出版活动创造的文献资料条件。

2. 出版为教育方式的改进提供技术条件

从手抄复制到雕版印刷，从活字印刷到现在的电子与网络出版，出版技术所经历的一次次飞跃，都可以说是教育发展的结果。印刷术的发展打破了封建士大夫阶层所享有的教育特权，使教育走向社会，实现了职业化；电子与网络出版技术的发展实现了文献传播手段的多元化、电子化、网络化，使社会教育系统逐步突破学校围墙、教室等空间限制，形成了立体式的教育结构。此种新的教育模式的形成及随之出现的各种新的教学手段的运用，没有出版所提供的相关产品与技术的支持是不可能实现的。

3. 出版为社会教育营造良好的自学条件

对于没有机会接受学校教育的人来说，出版物是其自学成才的主要手段。出版物能向他们传播科学文化知识及各种专门技能，不仅能培养人的识字与阅读能力，发展人的智力，而且能够锤炼人的政治品质、道德修养。对于已不再接受学校教育的人来说，出版物则是其接受继续教育的良师益友。随着出版产业的迅猛发展，出版物卖场规模越来越大，陈列的出版物品种越来越多，读书的环境也越来越优良，这就为期望通过出版物继续学习的广大读者提供了良好的自学条件。

（五）出版是推动社会经济发展的重要产业

出版推动社会经济发展的作用，是通过以下几个方面来实现的。

1. 通过出版，提高劳动力素质，促进社会生产力的发展

毛泽东在《必须注意经济工作》一文中指出：“用文化教育工作提高群众的政治和文化水平，这对于发展国民经济同样有极大的重要性。”[①] 随着科学技术的发展，社会对劳动者科学文化水平的要求也越来越高，提高劳动力素质，已成为社会经济发展的一个重要条件。通过出版活动向劳动者提供健康有益的出版物，一方面能够帮助读者提高思想政治水平，提高劳动者的政治素质，另一方面能够向读者传播科学文化知识，提高劳动者的科学文化知识水平。劳动者素质的提高，能直接促进社会生产力的发展。

2. 通过出版，传播科技知识，使潜在的生产力转变为现实的生产力

出版物中蕴含的科技知识是人类的共同财富，是潜在的生产力。通过出版编辑过程，不断地吸收先进的科技知识，使之贮藏于出版产品之中，再通过流通传播，让科技知识能为劳动者所获取，并能及时应用到生产活动中，这就能够使潜在的知识内容转化为现实的生产力。

---

①毛泽东. 毛泽东选集：第 1 卷 [M]. 2 版. 北京：人民出版社，1991：126.

3. 通过出版，传递经济信息，加快社会经济发展的速度

在社会经济领域，无论是从事新产品的开发，还是组织大规模的应用生产，只有在准确掌握有关信息和他人最新经验的基础上行动，才是最有效且经济的办法。在信息不灵通的情况下一切靠自己摸索着去干，不仅不会有高速度的发展，还往往会造成人力、物力和时间的浪费。通过出版，许多含有重要信息的书刊得以大量复制与传播，为信息的传递创造了良好的条件。因此，要想加快社会经济的发展速度，是离不开出版业的。

除此之外，作为一个产业，出版业本身有产品、有产值、有效益，是整个国民经济的一个不可或缺的组成部分。

第二节　出版活动的主要功能

一、出版活动的政治功能

出版作为社会意识形态领域的重要活动，其思想属性、政治属性是客观存在的。出版活动的政治功能，是指出版活动所具有的影响社会政治生活的功用与机能。美国出版学家 J. P. 德索尔（J. P. Dessauer）在《出版学概说》中说，出版要"灵敏地、敏锐地对意识形态的形势作出反应"[1]，就是对出版活动政治功能的初步揭示。出版活动的政治功能包括舆论导向功能、思想教育功能，以及社会整合功能三个部分。

（一）舆论导向功能

舆论导向作为一种传播行为，是运用舆论来疏导人们的意识、左右人们的思路，从而影响、调节、引导人们的行为，使人们按照一定的路线、方针、规范去参与活动。出版是具有广泛、深远影响的传播工具和舆论工具，是重要的思想宣传和理论阵地。在人类社会存在阶级的条件下，每个出版编辑机构和人员都代表社会，代表一定阶级和社会集团。他们直接或间接、自觉或

---

[1] J 德索尔. 出版学概说 [M]. 姜乐英，杨杰，译. 北京：中国书籍出版社，1988.

不自觉地为实现特定阶级和政党的政治纲领而进行着传播活动，通过选择传播内容、控制传播方向，对作者、读者及社会各个方面发挥着舆论导向作用。因此，古今中外各个社会的统治阶级，无不通过出版发行活动来宣传自己的政治主张，维护有利于本阶级利益的政治制度与法律制度，制造按照自己的意志来改造社会的舆论。正如马克思在《德意志意识形态》一文中所指出的那样："一个阶级是社会上占统治地位的物质力量，同时也是社会上占统治地位的精神力量。支配着物质生产资料的阶级，同时也支配着精神生产的资料……"①

早在封建时代，我国的编辑出版工作就体现出其政治导向作用。从编修图书的性质考察，我国封建社会的图书有官修图书和私修图书两种类型。负责编辑官修图书的政府官员（如历代的中官、太史、小史、内史、外史、太史令、秘书郎、枢密院编修等）总是根据统治阶级的利益和意志，编辑各种史书和典籍。以清乾隆年间编著的《四库全书》为例，编者只选录于清廷统治有利的图书，对"违碍""悖逆"统治的图书，或予以文字篡改（如将人民起义诬为"叛乱""盗匪"），或干脆将其删除，清代只存书目的图书就达6700余种。这种编辑出版明显反映了封建统治者的思想观点，体现出专制的舆论导向作用。至于私修图书，虽然多为个人编辑，但其中有不少也是从维护当时统治阶级的利益角度出发而编成的。比如孔子编辑六经，按照"不语怪、力、乱、神"（《论语·述而篇》）、"攻乎异端，斯害也已"（《论语·为政篇》）等指导思想，删去芜杂的篇章，排斥有违中庸之道的议论，在适应封建社会政治、经济需要的基础上，确立了儒家的政治思想体系。后经汉武帝"罢黜百家，独尊儒术"，对大量儒家经典著作进行编辑整理，最终使儒家思想成为封建社会的正统思想，也成为封建统治阶级一切政治活动的准则。

在中外近现代历史上，出版的政治舆论导向意识更为自觉。意识形态上相对立的阶级、政党和社会集团，都将出版发行作为从事舆论工作的重要途

①马克思，恩格斯. 马克思恩格斯选集：第1卷 [M]. 北京：人民出版社，1972：52.

径和方式，作为宣传政治主张、争取群众的阵地。在激烈的社会变革时期，它们更是竞相争夺出版工具来为各自的利益服务。无产阶级革命导师马克思和恩格斯早已认识到编辑出版工作对政治运动和群众革命斗争的巨大作用："报纸最大的好处，就是它每日都能干预运动，能够成为运动的喉舌，能够反映出当前的整个局势，能够使人民和人民的日刊发生不断的、生动活泼的联系。"编辑出版杂志"能够更广泛地研究各种事件"，"可以详细地科学地研究作为整个政治运动的基础的经济关系"。[①] 正是通过创办《新莱茵报》《德法年鉴》等报刊，著述出版《共产党宣言》《资本论》等一系列革命书籍，马克思和恩格斯才得以扩大传播共产主义理论，从而为全世界无产阶级进行革命斗争提供了有力的思想武器。

在我国，旧民主主义革命时期的仁人志士正是通过出版发行刊物来宣传西方资产阶级民主主义思想，引导进步的人们逐步形成反帝反封建的革命意识，最终推翻了清王朝的统治。自五四运动，特别是中国共产党诞生以来，党的早期领导人大多通过兴办书社、文艺社，编辑出版革命书刊和进步文艺书刊来宣传马克思主义、开展革命活动，并在革命斗争实践中将马克思主义与中国的实际相结合，引导中国革命走上了正确道路。可见，出版活动凭借自身的舆论导向作用推动了近现代中国的革命和进步。

当今世界各国的编辑出版工作仍然服务于其所代表的意识形态领域。在西方一些资本主义国家，居于主导地位的是资产阶级意识形态，因而其出版管理所认定的文化思想标准、法规和措施均取决于资本主义的意识形态观、价值观和文化观。西方国家重视利用出版业来广泛传播以资产阶级意识形态为核心内容的各种科学文化，同时限制外资和外国出版物对本国出版业和本国文化的渗透和消极影响，以保持本国出版业政治舆论导向的"纯洁性"。

在我国社会主义现代化建设时期，党和政府十分重视出版发行活动的舆论导向作用。1994 年初，江泽民在全国宣传思想工作会议上说："正确引导

①马克思，恩格斯. 马克思恩格斯全集：第 7 卷 [M]. 中共中央马克思恩格斯列宁斯大林著作编译局，译. 北京：人民出版社，1959：3.

舆论，是党的宣传思想战线非常重要的工作。""舆论导向正确，是党和人民之福；舆论导向错误，是党和人民之祸。"他又说："在大的是非面前，宣传思想文化部门要坚持原则，提倡什么，允许什么，限制什么，反对什么，必须旗帜鲜明。"①宣传阐述马克思列宁主义、毛泽东思想和邓小平建设有中国特色社会主义理论书刊的出版，是对人民群众的思想引导和信念强化；经济类、科技类书刊的出版，是对社会主义现代化建设中经济和科技工作的重视；反映社会良好道德风尚、讴歌时代英雄书刊的出版，是对时代进步思想和高尚情操的提倡和鼓励。

新时期的出版活动，要以党的十六大提出的"三个代表"重要思想为基本指针，坚持"贴近实践、贴近生活、贴近群众"的原则，积极地为社会的繁荣与进步提供有力的舆论保证。

（二）思想教育功能

出版物中有关内容的传播，能对读者的思想观点、立场和行为产生一定的影响，这就是出版活动所具有的思想教育功能，对此，我们可从传播学的角度进行考察。传播学家运用实验和调查统计的方法研究传播效果问题，发现包括各种类型的出版物在内的传播媒介，可以从五个方面影响受传者的立场、观点和行为：一是传播媒介可以为受传者提供支持其固有立场、观点和行为的有关情况，从而增强受传者的固有观念；二是在争议不大而且没有其他势力干预的问题上，传播媒介只要重复传播内容，就能直接改变受传者的行为；三是传播媒介只要善于把一种新的观点或行为同受传者原有的价值观念和需要联系起来，就可以使一些受传者很快地接受这一新观点或行为，而不必改变其原有立场；四是传播媒介可以为受传者提供情况，证明其基于某些需要和固有观念而采取行动的正确性，从而进一步支持受传者已采取的行动；五是传播媒介可以通过提供有关情况，把受传者的固有立场同新发生的事件联系起来，从而对受传者的思想注意力起到一种引导作用。可见，出版作为一种大众传播媒介，其思想教育功能也是十分明显的。

---

①江泽民. 在全国宣传思想工作会议上的讲话 [M]. 北京：人民出版社，1994：9.

思想教育包含着许多的内容，出版活动的思想教育功能，突出地表现在以下三个方面。

首先是科学的世界观教育。中华人民共和国成立以来，《马克思恩格斯全集》《列宁全集》《毛泽东选集》《邓小平文选》，以及老一辈无产阶级革命家的选集和文集等宣传马克思主义科学理论的经典著作和相关政治理论读物广为印行。此外，从普及宣传的角度出发，以马克思列宁主义的立场、观点、方法研究探索实际问题的各种通俗政治理论读物、文艺作品、少儿读物和科技图书等也大量出版发行，如江西人民出版社出版的《画说〈资本论〉》《画说〈共产党宣言〉》，就极为通俗生动地宣传了马克思主义原理。通过对马克思主义科学理论的广泛深入宣传，出版活动有助于引导人们树立正确的人生观、世界观，坚定人们的中国特色社会主义信念，自觉抵御各种错误思潮的侵袭，在社会主义建设的实践中不断提高和发展自身的思想政治素养。

其次是爱国主义教育。爱国主义作为一种精神力量，产生于对祖国悠久的历史和优秀的传统文化的深切了解。出版活动通过深入普及地传播悠久的中国历史、灿烂的民族文化、光荣的革命传统和反侵略斗争传统、可歌可泣的古今爱国名人事迹，进行传统爱国主义教育，使人们产生对祖国悠久历史和文化传统的自豪感，并因此感受到中华民族几千年来爱祖国、爱和平，贫贱不移、威武不屈的爱国主义优秀传统。爱国主义作为一种精神力量，还产生于对祖国政治、经济、科技、文化现实发展状况的清晰认识。出版活动通过真实客观地反映和揭示现阶段我国社会发展各方面的成就和存在的问题，进行现实爱国主义教育，从而唤起人们对国家发展和民族振兴的高度责任心和使命感，为人们以实际行动投身社会主义建设打下坚实的思想基础。

最后是良好的道德品质教育。益智育德读物在先秦诸子百家的著作中已有萌芽。两汉魏晋南北朝时期，东方朔的《诫子诗》、荀爽的《女诫》、颜之推的《颜氏家训》在当时都起到了重要的教育作用。后来的《三字经》《千字文》《童蒙训》等育德读物在元、明、清以至民国时期也极为盛行。到了当代社会，出版物的道德教育功能发挥得更为充分。它们通过宣传古今中外的道德理论和知识、民族传统美德和社会公德，以及历史和现实生活中的道德典型形象，促进人们自身的人格完善，为形成正确的道德行为和良好的道德品质打下了坚实的基础。比如江苏美术出版社的系列画册《童规》，以琅琅上口的三字韵语将做人立世的道理、共产主义理想教育、传统美德教育和现代文明习惯教育融为一体，收到了良好的教育效果。

（三）社会整合功能

人生活在社会中，不能各行其是，不能是一盘散沙，都要按照一定的方式和某些共同的准则来进行相互联系，这就需要整合。社会整合是对社会利益进行协调，促使社会个体或社会群体结合成人类社会生活共同体的过程。简言之，就是人类社会的一体化过程。社会整合的状况，反映着人类社会文明发达的程度。出版物中所蕴含的知识内容能够对社会成员的情感与行为产生影响，是出版活动具有社会整合功能的重要原因。通过出版活动，按照社会整体利益要求对社会成员个体的情感与行为进行引导与规范，就是出版活动所具有的社会整合功能。

出版活动的社会整合功能，具体表现在以下几个方面。

1. 情感交流

出版是交流思想的工具，通过出版物的生产与流通，出版物中的知识内容得到广泛传播。读者在阅读出版物的过程中能实现与作者的思想沟通。比如2003年连续数月位居我国各类畅销书排行榜前列的《我们仨》（杨绛著）一书，作者以非常细腻的文字描述了著名学者钱锺书一家三口在人生旅途中的悲喜哀乐，引起了众多中青年知识分子的情感共鸣。这是读者通过阅读与作者实现了心灵上的沟通。通过阅读出版物，消除心灵上的障碍，加深人与人之间的理解的事例可以说举不胜举。这都说明出版活动的情感交流功能是非常突出的。

2. 舆论引导

前面提到的舆论导向功能，着重说明出版活动对社会发展方向的政治引导。这里强调的则是出版活动使出版物中的思想内容得到广泛传播，从道德上形成一定的舆论压力，迫使社会个体不得不按社会道德规范来改变自己的行为。比如近年来通过各种书刊出版所进行的新的发展观的讨论，就对人们重视生态环境保护进行了积极的舆论引导。这种舆论的引导，无疑对社会个体观念与行为的统一发挥了重要的整合作用。

3. 法制约束

法制约束是对社会成员的言行通过法律法规进行硬性约束来实现社会整合。不容置疑的是，这一机制形成的基本要求是社会成员首先必须知法懂法，才能做到不违法。正是从这种意义上讲，出版活动具有了法制约束的功能。法律法规类出版物的生产与流通，能对各种社会规范直接进行广泛宣传，使社会个体了解社会规范，自觉地用社会规范来约束自己的行为。

二、出版活动的文化功能

文化是社会存在的反映。人类社会实践的发展过程，就是通过各种文化形式记录和反映出来的。我们这里要讨论的文化是从精神层面和心理层面来界定的，其核心内容是人的精神活动及产品。将人类精神活动的成果加以选择加工使之固定化，并进行广泛传播，进而反作用于社会实践，主要靠的是出版活动。因此，出版活动作为社会文化的一个重要组成部分，有着显著的文化功能。

出版活动的文化功能，是指出版活动所具有的影响社会文化生活的功用与机能。它包括文化选择功能、文化创造功能、文化传播功能及文化积累功能四个部分。

（一）文化选择功能

出版物再生产过程中所存在的诸多矛盾，尤其是文化存在的多样性与文化传播的方向性的矛盾、知识生产的个体化与出版物消费的群体化的矛盾，以及精神产品创作的自由性与社会文化生产的计划性的矛盾等，决定着对文化进行选择必然成为出版活动不可缺少的功用与机能。出版中若干环节的运作，能按照既定的原则与标准对出版物的选题和知识内容进行把关删选，选择适合社会传播的文化进行交流，这就是出版活动所具有的文化选择功能。

出版活动的文化选择功能主要体现在以下几个方面：一是选题与组稿过程的文化选择。选择什么样的知识主题作为出版物的选题，组织什么样的文化产品进入出版过程，实际上是一种文化选择。无论是外来文化还是本地文化，无论是传统文化还是现代文化，都有先进与落后、精华与糟粕的区别，编辑在选题与组稿阶段进行"把关"，选择那些代表健康、适用、先进的精品文化进行出版，就为保障出版物的内容质量创造了良好条件。二是审稿加工过程的文化选择。通过编辑加工，对拟出版的书稿中的某些内容进行删改，如观点的订正、材料的取舍等，实际上是对特定知识系统内的具体知识进行鉴别、选择，是一个按照社会文化生产的要求对个体自由创作的作品中的文化内容进行存优去劣的选择过程。三是出版物发行阶段的文化选择。发行工作进货阶段对出版物的选择，主要是按市场需求标准对出版物内容进行鉴别、挑选。由于文化适应性的差异，往往在甲地十分畅销的图书，在乙地未必好销，因此可以说，进货人员对图书的选择，实质上是对图书内容文化适应性的选择。发行工作中的图书外贸业务，也要按照我国的国情及我国的社会价值观对从外国进口的图书内容进行鉴别，对进口图书品种的选择实际上就是一种对外来文化的选择。

出版活动中文化选择功能的发挥，要重点注意以下三个问题。

1. 弘扬与净化传统文化

中国传统文化源远流长、博大精深，但同时数量浩瀚、内容庞杂。历代编辑出版者本着"批判继承、古为今用"的原则，吸收传统文化中的精华，剔除其中消极、落后和具有历史局限性的部分。这种选择功能对于奠定社会主义新文化基础有着重要的意义。

在整理传统文化方面，出版工作者一方面要选择注译历代上层阶级高价值、优版本的经典著作，另一方面则要挖掘整理具有珍贵价值的、面向民间和社会大众的民俗文化作品（如记录民族风情、民间歌舞艺术、宗教、医药和民间文学的作品）。上述文史资料及相关工具书和准工具书的出版，使我国优秀的传统文化得到全方位、多角度的展示，满足了专业工作者研究的需要。

在研究传统文化方面，出版者以马克思主义的立场、观点、方法对古籍中存在的封建糟粕加以批判和否定，对随时代变迁其社会功能和现实意义已有所变异的典籍做出当代解读和价值评估，并从历代优秀传统文化中提炼出与当今社会密切相关、有借鉴意义的思想加以改造，注入新的含义，使其符合当今社会的现实需要。

在普及传统文化方面，出版者以"高品位""系列化"为宗旨，力求深入浅出地介绍传统文化，既深刻挖掘优秀文化的思想内涵，又不拘表现形式来适应当今市场经济条件下多层次读者的生活节奏和审美情趣。这其中既有快餐型通俗文化读物，又有深入研究中国古代文化和著名人物之后创作出的历史传记和长篇小说。

2. 精选与优化当代文化

每个时代的人们都需要了解社会发展的状况，需要解决社会发展过程中提出的种种课题，并适应需要提出新的思想观念，创造新的文化成果。出版活动正是通过对时代精神、时代需要和新的科学文化成果的反映来优化当代文化的。

面对当今社会纷繁复杂的文化产品，出版界要立足现实，本着实事求是的原则进行文化选择，通过出版客观真实地描述和记录现实政治、经济、文化和科研状况的作品，帮助人们加深对我国现阶段社会发展状况的了解和认识，增强人们进行社会主义建设的民族责任感和使命感。

针对当前我国改革开放和现代化建设过程中出现的种种社会热点问题，出版者要从众多文稿中发掘有价值、能表达人们精神状况和社会态度的作品，如北京大学出版社出版的《中国企业批判》、今日中国出版社出版的"中国问题报告"系列丛书，以及多家出版社竞相推出的以"下岗再就业"为主题的理论探讨、操作指导和文艺创作类图书。此类读物对当前社会上各种热点、现实问题进行分析、研究和阐述，并总结出相关的解决途径和方案，有利于引导人们在社会转型时期转变观念、更新思想，促进社会各项改革的顺利进行。

伴随着社会的不断发展，出版者要积极地出版各种适应时代需要、体现时代风貌的实用性读物、专业学科性读物和消闲性读物，从而满足当代社会多层次读者的丰富多彩的精神文化需求，使当代文化不断得到丰富和扩展。

3. 批判地吸收外来文化

在文化发展过程中不能忽视不同民族文化的相互影响。中华民族文化也只有不断接触和解剖外来文化，并吸收其中的优秀成分，才能得到更好的发展。出版者要本着"批判吸收、洋为中用"的原则，有研究、有选择地引进外来文化，使之有机地融合于中国特色社会主义文化之中。

首先，出版者要立足我国社会主义建设的实际和需要，介绍国外先进的科学技术成果和现代生产管理知识的读物。如以电子工业出版社、清华大学出版社为代表的一批出版社对西方计算机等应用科学著作的引进，就为推动我国科技进步做出了积极的贡献。

其次，出版者要通过出版反映国外政治、经济、科技、文化发展动态，以及有一定研究参考价值的书籍，为有关机构和人员提供较为全面、准确、客观的研究资料。

再次，出版者要有鉴别、有选择地引进国外社会科学著作和文艺作品。对于社会科学著作，出版者应主要翻译实用经济学、工商管理、金融、保险、财政等适应改革开放需要的作品；在文艺作品方面，出版界则要着眼于有益读者审美需求的作品，选优汰劣，致力于系统推出世界名家名著，并通过序言和图书评论做好阅读指导工作。近几年出版的巴尔扎克、雨果、高尔基等名家的全集或文集，对我国的民族文学发展就起到了良好的促进作用。

最后，对于内容反动、着力宣传西方政治观和腐朽生活方式、不符合我国国情、不利于社会主义精神文明建设的作品，出版界必须坚决予以剔除和摒弃，使引进外来文化的"纯洁性"得到保证。

（二）文化创造功能

出版活动在组织文化出版物生产的过程中，能按照社会文化生产的总体要求，对众多分散的社会文化创作进行规划、组织与协调，在作者原创作品基础上进行文化再创造，这就是出版活动所具有的文化创造功能。

出版活动的文化创造功能，具体表现在以下三个方面。

1. 构建社会文化体系

面对大量随意分散、以个体劳动形式创作的理论和艺术作品，面对几千年中外文化遗产和各个学科行业的精神成果，出版工作者需要考虑受众的总体需求和社会精神产品的综合平衡，在认真调查研究的基础上进行科学的规划、设计、组合，把独立的个体创作纳入整个社会的精神生产活动中，从而构筑成一个国家、一个民族、一个时代的社会精神文化大厦。

2. 组织精神生产的重点工程

在从事重点精神生产工程，如大型文集、选集、辞书、各类丛书、类书、百科全书等的编纂过程中，出版者不仅要承担总体的设计、规划任务，还需要做大量细致的组织协调工作：组织跨地区、跨部门的大协作；动员成千上万专家学者参与创作；制定统一体例，规范作者的创作；统一编排、组合每一篇文稿……使精神生产工程的各组成部分既有各自的独立性，又有内在的逻辑联系，保证整个工程流程、风格和体例的统一。可以说，如果没有出版者发挥"指挥官"的作用，如果没有编辑大量艰苦细致的劳动，就不可能有这些大型精神生产工程的问世。

3. 对创作原件进行再创造

作者创作的原稿为出版产品的传播提供了内在素质和品格，但要真正成为社会性的、为广大读者所接受的文化产品，则需出版者依据社会和读者的需要对原稿进行再创造，包括：在把握精神生产的实际需要和发展趋势的基础上为作者构思选题；组稿时为作者提供有关的研究资料和社会信息；审稿时严把质量关，帮助作者对有价值的成果进行加工和扩展；整理、加工稿件时校勘资料、弥补疏漏、纠正技术谬误、润色文字；撰写内容提要、序言、后记、编辑凡例、出版说明、资料索引等；设计版式，绘制封面、插图，进行整体的装帧设计，使出版物的内容和形式达到和谐统一；等等。这种文化创造的过程是出版者的目的意识与作者的创作意识共融的过程，作品的价值通过编辑的出版劳动最终得到实现和提高。

（三）文化传播功能

出版活动能使精神文化转化成利于传播的文化产品，并通过商业化运行使文化产品在民众中普及，在普及过程中使文化得以传播，这就是出版活动所具有的文化传播功能。出版活动的文化传播功能，主要表现在以下三个方面。

1. 出版物生产过程使精神产品物化，为文化传播创造了有利条件

出版物生产过程由两个大的阶段组成，一是编辑工作阶段，二是物质产品制作阶段，这两个阶段的工作都是为文化传播创造条件的过程。编辑工作阶段，要根据出版宗旨和市场需求设计选题，组织作者撰写、创作作品，并要按照出版的要求对作者创作的具有个性化的作品进行审查和加工，使其成为社会化的知识（精神）产品。这一过程不仅为出版物产品的大量制作做好了准备，也为文化传播创造了条件。因为只有经过筛选加工的作品，才能较好地适应市场需求，才能顺利地在市场上进行流通传播。通过物质产品制作阶段的设计、制作，这些经编辑过程形成的有利于传播的知识内容具有了合适的外观物质形态，成为可以在市场上进行自由转移的出版产品，这样就使通过出版产品传播文化成为可能。

2. 出版物流通过程使出版产品在社会上广泛流传，使产品中蕴含的文化知识得以广泛传播

出版物以商品的形式通过市场交换进入千家万户，以知识内容构成的使用价值在被读者领悟、吸收、体味的过程中，承担了传播文化的重要任务。广泛流通的各学科优秀书刊及各学术流派的代表作，能帮助读者提高文化素养；大量销售的文艺书籍，能丰富读者的精神文化生活；科普读物的分销，对普及科学知识有着重要的意义；连环画等儿童读物的发行，能开发青少年智力，提高青少年的文化素养；等等。总之，出版物流通过程的文化传播意义是非常突出的。

3. 出版宣传促销过程能直接向读者传播文化

出版者围绕产品的销售而组织的各种各样的宣传促销活动，如发订单、写书评、办宣传专栏、布置橱窗、组织读书报告会、发布新书预告、发征订启事等，在传递商品信息的同时，也大多对出版物的内容特征进行了揭示。正是这种揭示，使出版领域的商品促销也充满了文化气息。广大读者从各种类型的出版物宣传促销活动中也能直接受到文化知识的熏陶。据《图书发行报》载，某市新华书店宣传促销《计划生育宣传手册》一书，写了这样一则简短的海报："生男生女谁决定？男子决定！为什么？请看《计划生育宣传手册》。"这一出版物促销活动的文化传播意义就十分明显。

（四）文化积累功能

出版活动能将各类文化现象与文化活动记录、储存起来，并使记录文化的物质载体大量复制、广泛流传，使文化记录流传的可能性大大提高。这就是出版活动所具有的文化积累功能。

文化的发展具有历史的延续性。新文化不能脱离旧文化而产生。任何一个民族，它的文化，包括民族语言、民族性格、民族传统，以及民族的生活方式等，尽管都有着各自的独特性和时代性，但无一例外都是长期历史发展的结果。人类文明的发展离不开文化的积累，而文化的积累，无外乎两个途径：一是依赖历史遗留下来的实物，如古器物、古建筑；二是依靠各种文献记载。古今中外的出版物，详尽地、理性地记录下了人类文明进步的轨迹。以史书为例，如果把几十部纪传体史书编连起来，实际上就是一部源远流长、根深叶茂的中国古代文化史。我国古代的四大发明能得到世界各国的承认，文明古国的地位得以确立，都依赖于大量古代出版物对历史的翔实记载。据西方学者研究，公元 1500 年以前，中国出版物的数量比世界上全部古籍的总和还多。中华民族的现代文明，就是建立在这种悠久的历史文化积累的深厚基础之上的。

不可否认，积累文化，应该是图书馆、博物馆、档案馆等机构的主要功能。但生活常识同样告诉我们，图书文献能否长期流传，与其复制份数和发行数量是有一定关系的。发行量大的图书，其可能流传的概率就会相对较高。正是从这种意义上讲，出版活动也具有积累文化的功能。我国从西汉到清末，共计出版图书 181 755 部，计 2 367 146 卷（册）；从辛亥革命到 1949 年 9 月，共出书约 10 万种；中华人民共和国成立至 1990 年底，出书 1 265 943 种，印数达 16 631 770 万册。如此丰富的图书文献，为我们了解过去提供了极大的方便，也为中华民族文化的新发展奠定了基础。

三、出版活动的经济功能

出版活动的经济功能，是指出版活动所具有的影响社会经济生活的功用与机能。它包括产值构成功能、经济促进功能及经济服务功能。

（一）产值构成功能

出版发行活动能向社会提供出版物或出售版权，直接创造产值，构成国民经济总产值的重要部分，这就是出版发行活动所具有的产值构成功能。

在一些出版业发达的国家，出版业已成为国民经济的重要组成部分，其产值构成功能非常突出。美、英、法、日四个书业大国，印刷出版业的年度总产值都居该国制造业的前列，高于基本化工、钢铁、石油提炼、橡胶制品、塑料制品、金属制品等其他制造业。在全部 23 个制造业中，印刷出版业的年度产值已经接近或超过平均份额（4.3 %），从而成为国家的支柱产业。1980—1992 年，四国印刷出版业产值普遍持续增长，且年平均增长率几乎都高于整个制造业的水平。从印刷出版业在制造业中的地位可以看出，该行业正以持续高速的发展，逐渐成为世界各国（尤其是发达国家）国民经济的一个重要产业。

我国出版业的产值构成功能也日益突出。1996 年我国新闻出版业的销售收入已达 1360 亿元人民币，在全国制造业中超过烟草、饮料而位居第 14 位，利润 75 亿元，在全国制造业中排名第七。1997 年我国新闻出版业总资产达 1075 亿元，年销售收入达 1123.8 亿元，年利润总额达 99.5 亿元。1998 年仅图书部分的产值即达 748.84 亿元，如把目前还未纳入正式统计范围的十几万家非定点书刊印刷企业，以及集体、个体书商统计在内，出版产业的经济规模将更加可观。根据《中国统计年鉴1998》公布的统计资料，1997年新闻出版业与铁路行业相比，年销售收入高出282亿元，年利润总额高出126亿元；与独立核算的公路、水路和港口企业相比，年销售收入高出161亿元，年利润总额高出85亿元；与建筑业（年利润110亿元）和邮电业（年收支差额总额122亿元）的年利润总额已十分接近。1997年新闻出版业实现的销售收入比广播电视业全年经费总收入多出94亿元，比中华人民共和国文化部（现中华人民共和国文化和旅游部）所属全国文化事业总收入（108亿元）多出1016亿元。出版业已成为我国国民经济的重要支柱产业。

（二）经济促进功能

出版发行活动能使出版物中的知识得到广泛传播，知识的传播使社会生产力水平得到提高，由此促进社会经济的发展，这就是出版发行活动所具有的经济促进功能。

一定社会的经济发展状况，从根本上说，是由生产力水平决定的。在生产力三要素中，劳动力素质的提高、劳动工具的革新与改进，以及劳动对象范围的扩大，都与出版物能为读者所利用有着极大的关系。从这种意义上讲，出版物是一种重要的经济资源。正是由于出版活动具有源源不断地向社会提供此种经济资源的机能，出版活动才具有了促进社会经济发展的功能。

从劳动力素质的提高来看，无论是政治素质的提高，还是文化素质的提高，都离不开出版物的作用。出版物能帮助读者提高思想政治水平，提高劳动力的政治素质；出版物也能向读者传播科学文化知识，提高劳动力的科学文化素质。从生产工具的革新来看，大量的科学技术新成果的应用是生产工具革新所不可缺少的条件，而大多数科技新成果都是首先或主要依靠出版物进行广泛传播的。劳动对象范围的扩大，是人类对客观世界的认识不断深化、发展的必然结果，而人类对客观世界认识的深化，则离不开出版物的作用。出版物的知识传播，拓宽了人们的知识面，使许多过去不为人们所认识的"必然王国"，成为能造福于人类的"自由王国"。

（三）经济服务功能

出版物的广泛流通，使出版物中的知识信息得到传播，能为社会提供经济管理服务与经济信息服务，这就是出版活动所具有的经济服务功能。

出版活动能为经济管理服务，主要表现为：管理者素质的提高及决策水平的提高都离不开出版物所传播的知识；先进的管理思想要通过出版物来传播，先进的管理手段与方法，要通过出版物来介绍；成功的管理经验的总结与交流，也离不开出版物；出版物还要为经济管理部门提供大量的经济运行的数据与信息。总之，出版活动为经济管理所提供的服务，已成为保证社会经济系统科学运行的重要因素。

出版活动为社会提供的信息服务，主要表现为：宏观经济运行状况信息，大多以出版物为载体进行传播，经济工作者可以从中获得大量的信息；市场供求状况信息，也有一部分是由出版物，尤其是报纸、期刊类出版物提供，这对广大人民群众的日常生产经营与消费都能起到信息服务的作用；经济咨询部门是直接提供经济信息服务的机构，此类机构的正常运转也必须以拥有大量出版物信息为前提。可见，出版活动的信息服务功能也是较为明显的。

四、出版活动的社会功能

出版活动的社会功能，是指出版活动所具有的影响社会公共生产与环境的功用与机能。它包括知识交流功能、社会调控功能、社会教育功能及审美娱乐功能。

（一）知识交流功能

出版活动能通过出版物的不断生产与流通，实现个人知识与社会知识的双向交流，这就是出版活动的知识交流功能。

人类社会的知识分为两类：一是个人知识；二是社会知识。个人知识不断地公开出来，转化成可为他人获得的社会知识。社会知识为个人所吸收，又不断地形成新的个人知识。个人知识与社会知识之间的双向交流过程，主要是通过出版活动来实现的。个人知识经过出版过程形成出版物，是个人知识社会化的主要形式。出版物的发行活动，则促使社会知识能为更多的读者所广泛利用，是社会知识转换为个人知识所不可缺少的条件。这种双向交流使得一个人写书，千万人受益；一人求知，可以读千万卷书。

事实上，人类社会的知识交流，除同时代人之间的横向交流之外，还包括不同时代人的纵向交流。正是各个时代的出版活动，使得大量反映前期社会生活的各种出版物得以保留，后人从这些出版物中可以了解前人的文化，由此人类文化通过纵向交流能够不断延续、发展。设想一下，如果没有发现古巴比伦宫殿遗址中的泥板书，没有发现出土于埃及的纸草文献，我们对这些世界古文明的认识要如何实现？如果没有长沙马王堆书简的出土，我们对战国时期楚文化的认识又该如何深化？可见，出版活动的纵向文化交流的机能也十分明显。

（二）社会调控功能

出版物的传播，能帮助人们界定、适应社会环境，使人们能按照社会规范要求来约束、调整自己的思想和行为，这就是出版活动所具有的社会调控功能。

出版发行活动的社会调控功能具体表现在以下几个方面：一是社会教化。出版物的知识传播，能帮助人们界定社会环境，确定行为方式，接受社会教化。人类社会化的过程，就是通过广泛的知识信息交流，人类逐渐打破了生活的孤立、独处和疏远状态，而不断适应社会环境的过程。二是社会调适。通过出版物进行的信息传播，能够实现人与人之间的相互理解与沟通，并可使人们能自觉地调整自己的行为以适应公共利益的要求。三是社会控制。出版物传播的伦理、道德、宗教、信仰、哲学、法律等文化信息、思想观念和理论学说，不仅影响人们的心理活动、思维方式和价值观念，而且向人们提供行为规范，从而对人类社会行为进行引导与控制。出版活动所具有的社会调控功能，对于保持社会的平衡和稳定，有着非常重要的意义。

（三）社会教育功能

教材及教辅读物的出版发行，能为学校教育创造物质基础，书店经营能为读者自学提供方便，这就是出版活动所具有的社会教育功能。

出版活动的社会教育功能具体表现在以下几个方面。

1. 出版为教育提供物质技术条件

随着社会生产力的发展，出版的技术手段不断改进，由最初的手抄复制发展到雕版印刷、多种活字印刷和现在的电子技术出版。每种新出版技术的出现，可以说都是教育发展的一种结果，更重要的是它为教育在全社会的普及和推广提供了物质技术基础，降低了成本，极大地推动了教育的发展。印刷术的发明打破了少数贵族享有教育的特权，使教育走向职业化、社会化，大大普及和提高了民众的知识素养。高科技电子出版技术实现了文献传播手段的多元化、电子化、网络化，使得社会教育系统逐步突破了学校围墙、教室等空间限制，从而形成一个文献传播的大众教育网络。可见，出版物载体的多样化丰富了教育手段，增加了教育的信息含量，开创了新的教育模式，从而有利于教育质量的提高。

2. 出版为教育提供精神动力和智力支持

从学校教育来看，各类教材及参考资料是教学的必备工具，它直接参与教学过程。作为教育事业的三大支柱之一，图书资料在很大程度上影响着学校的教育质量。在现代出版业中，各级各类教材、教辅读物的出版发行成为众多出版社和书店争夺的市场，一些发展中国家的教育书籍已占其出版书籍总量的 80 % 以上。而且，以能力培养为目标的现代学校教育也开始将课外图书的阅读作为一项重要的教学内容。

从社会教育来看，出版的教育功能更为广泛而深远。对于没有机会接受学校教育的人来说，出版物是其自学成才的主要手段。它不仅培养人的认字和阅读能力，发展人的智力，教给人科学文化知识和多种专门技能，而且还是能够在政治品质、思想观念、道德情操、文化修养等方面影响人们的最具感染力、最富社会效果的工具。对于已不再接受学校教育的人来说，出版物是其接受继续教育的良师益友。利用出版物进行知识更新和补充，人们能够更加自信地从事专业工作和参与社会活动，并使自身得到完善与全面发展。正如林语堂所总结的，读书可以"开茅塞，除鄙见，得新知，增学问，广识见，养性灵"。

3. 出版培育出有教育意味的环境

出版一直致力于人类优秀精神成果的全面整理、积累和传播，不仅极大地充实了社会教育的内容（包括思想、道德、法制、业务、知识、技能等教育），而且为教育的优质高效提供了物质和精神保证。现代社会的新知识、新信息、新技术层出不穷，这就促使社会成员迫切希望通过出版物学习技术及训练技能，以适应不断发展的社会需要。出版活动在现代社会的普遍存在也因此营造出一种全民教育的环境和氛围，承担着潜移默化的教化作用，从整体上促进人类社会的文明与发展。

对数量庞大的精神产品原稿，出版编辑可从有价值的高水平作品中发现真正有才华的作者，通过发表其研究成果为该作者提供发挥聪明才智、实现自我价值的机会；出版编辑也可从"瑕不掩瑜"的作品中发现潜在人才，对其给予具体的支持和帮助，将其逐步培养为成熟的作家。在中外编辑史上，编辑发现和培育作家的例子不胜枚举。我国出版家叶圣陶早年编《小说月报》时，及时选择发表了从废稿堆中发现的巴金、丁玲等人的作品，使中国文坛升起了几颗巨星。苏联名著《钢铁是怎样炼成的》的原稿，因结构和语言混乱差点被出版社当作废纸扔掉，幸经一位独具慧眼的编辑精心加工，最终成为一部名著。其作者亚历山大·尼古拉耶维奇·奥斯特洛夫斯基（Александр Николаевич Островский）也因此被培养成一位成熟的革命作家。由此可见，作家的成才在一定程度上得益于编辑出版工作者的教育和培养。

（四）审美娱乐功能

出版活动能使社会成员在紧张劳动之余，通过出版物内容培养审美情趣和获得娱乐享受，这就是出版活动所具有的审美娱乐功能。

各种文学艺术类出版物，如小说、诗歌、散文、戏剧、电影、电视、音乐、曲艺、绘画、雕塑等作品，容易通过艺术感染力引发读者的审美欣赏活动，从而唤起读者美感和情感上的共鸣。这既是一种审美享受，也是一种审美教育。它有助于培养和提高人们对现实世界及文学艺术作品的鉴赏和创造能力，陶冶人们高尚、积极的情操，美化人们的精神境界，丰富人们的精神文化生活。出版物在满足人们的娱乐需求方面也发挥了重要作用。出版发行活动通过各种载体形态的出版物如书籍、报刊、录音带、录像带、唱片等的传播，可以使人们得到娱乐、消遣和享受，增添人们的生活情趣，使其在紧张的劳动之余和面临精神困扰时能转移注意力，消除身体疲劳，有益于人们的身心健康。

第三章 我国传统出版业数字化发展面临的机遇与挑战

第一节 我国传统出版业数字化发展态势分析

一、数字化背景下我国出版业发展概况

传统出版泛指书刊、图画等的编辑、印刷、发行工作。出版业的构成包括出版单位、制作单位、复制印刷单位、出版专业教育单位及科研单位。出版单位一般指出版图书、报纸、期刊、音像制品及其他电子出版物的单位。本书所讨论的传统出版企业，即在新型出版方式——数字出版出现之前进行出版活动的单位。我国目前有这类出版单位 30 多万家，其中图书出版单位 500 多家。

出版是一个国家文明的基石，集中了最优秀的智慧结晶。在传统出版的产业链中，报刊社、出版社往往处于重要地位。前端掌握着作者资源，后端对接印刷、发行和读者等各环节。左手握着内容版权，右手拿着印刷订单，出版单位处于主动的核心地位。然而，随着全媒体时代的到来，这种不可撼动的地位正在悄悄改变。一批批网络运营商、电商悄然出现并迅速崛起，它们借助现代技术的力量，不断地争夺内容和版权资源。与此同时，数字出版运营商又省去了传统的印刷与发行环节，直接将数字产品投放给终端用户，导致目前传统的出版产业链被打断。面对数字化出版及读者阅读方式的改变，我国传统出版业受到很大的冲击和影响。目前，我国出版业发展的总体情况呈现以下特点。

（一）传统纸质出版增幅趋缓，数字出版发展加速

2012 年 12 月 31 日，美国老牌周刊类杂志《新闻周刊》出版了最后一期

纸质印刷版的杂志，并宣布停止纸质刊物的出版，2013年全面转向数字出版。在过去几年中，全球范围内出现了一波报刊的"停刊潮"，很多全球有影响的报刊相继结束了纸质印刷出版，或停办或转向数字出版。

其中的原因有很多，最重要的一个因素是数字化出版对传统纸质印刷出版造成的冲击。《新闻周刊》的数字化转型告诉我们一个现实：传统纸媒出版机构遭受了严重打击，主要原因是大批读者和广告客户流向网络数字出版。

在中国经济全球化的今天，"停刊潮"开始波及中国的新闻出版业。2015年，国家新闻出版广电总局（现国家广播电视总局）发布的《2014年全国新闻出版业基本情况》显示，2014年，全国共出版图书448 431种（初版255 890种，重版、重印192 541种），总印数81.85亿册（张），总印张704.25亿印张，折合用纸量165.51万吨，定价总金额1363.47亿元。与上年相比，图书品种增长0.90%（初版下降0.04%，重版、重印增长2.17%），总印数下降1.51%，总印张下降1.17%，定价总金额增长5.75%。最近几年，我国的报纸、期刊发行量明显下降，总体走低。纸质图书的发行量虽然还没有出现明显的下降，但增长非常缓慢，进入发展的停滞期。

与传统纸质出版所面临的困境相反，数字出版正在崛起。同期，数字出版产业营业总收入不断提升，规模以平均每年超过35%的惊人增速发展。随着互联网技术的快速发展和广泛应用，以手机为代表的各种移动阅读终端迅猛发展，智能手机、平板电脑和手持阅读器等各种移动阅读终端得到普及，使得数字阅读的发展成为趋势。

中国互联网络信息中心2016年1月发布的《中国互联网络发展状况统计报告》显示，2006年始，我国网民规模以每年10%以上的速度增长，截至2015年12月，我国网民规模达6.88亿，互联网普及率达到50.3%；使用手机上网的网民规模达6.2亿，占网民规模的90.1%。人们的阅读习惯随着网民规模的扩大正在悄悄地发生革命性的变化，越来越多的人开始通过互联网进行阅读。而智能手机和平板电脑的普及，更迎来了基于互联网的"移动阅读"时代。"网络阅读"正在挑战传统的纸质阅读。数字出版的规模继续以每年30%以上的速度增长，而纸质出版领域的市场已经出现萎缩，需求正在被数字出版蚕食，传统纸质出版产业的发展面临严峻考验。

《2014—2015 中国数字出版产业年度报告》发布的相关数据显示，2010—2014 年我国数字出版产业年增长率一直保持在 30 % 以上。2014 年我国数字出版产业总收入为 3387.7 亿元、比 2013 年增长 33.36 %，数字出版产业收入占新闻出版产业收入的总比由 2013 年的 13.9 % 提升至 17.1 %。

在全球范围，包括中国在内的出版行业都出现了这样一个趋势 —— 传统出版产业的增速趋缓和新兴数字出版产业的加速发展。

（二）传统出版物销售收入增速下滑

网络出版改变了人们的阅读模式，使人们可以根据阅读和思考的需要自行确定阅读的进程，进一步扩展了阅读空间。数字出版产业中的手机出版越来越受到大众的青睐，手机从一种通信工具转换为终端媒体，人们不受时间、空间的限制，可以随时随地对手机上的各种业务进行浏览，人们的阅读方式和阅读习惯随着数字出版的发展也在发生着改变。数字化环境改变了人们的阅读习惯。随着信息技术的不断发展，阅读的娱乐化倾向不断增强，人们希望可以通过文字之外的媒体获得信息。传统的纸质出版物已经不能满足读者多样化的需求，而数字新媒体可以在最大限度上使其需求得到满足。"80后""90后"把网络作为接收信息与知识的主要途径，他们受学校教育的时间更长，从小就在开放的环境中成长，更勇于接受新生事物，乐于接受和适应网络、电子图书、手机阅读等新阅读形式。他们更倾向于一种浅阅读，网络资源的海量性与便捷性正迎合了他们的需求，其通过各类搜索引擎可以快速地找到需要的各类信息。有媒体报道，与 2010 年相比，2013 年新华书店的一般图书（课本除外）的零售额下降 17.46 %。但从近几年的出版物市场总体情况来看，传统出版物的销量跟过去相比虽然没有明显下降，但是相对于国民总收入、社会总需求与消费者购买力来说，迅速扩容的阅读市场正在被数字出版物所占领。根据近五年我国新闻出版业营业收入的规模分析，收入增速下降较为明显，而从各细分行业收入规模来看，报纸、期刊收入下降较大。

（三）传统出版物的读者大量流失

随着网络普及率的不断提高，读者获取信息的途径不断拓宽。在数字化环境下，互联网有海量的信息资源，一些免费阅读内容对消费者来说更具有吸引力，这对靠卖内容获益的传统出版业来说无疑是巨大的冲击。在某些特殊的领域，如工具书和信息服务领域，数字出版由于检索便捷、价格低廉等特点赢得了众多的消费者。现在生活节奏快，越来越多的年轻读者倾向于网络阅读，可以在最短的时间内获得想要的信息，这是传统出版无法比拟的。人们大多在消费一种快餐式文化，追求快速、快感，不会花较长时间阅读纸质的书籍，而更多地选择了手机阅读或者网络浏览。因此，人们对于传统出版物的消费在不断减少。"在新闻出版总署的阅读调查中，阅读传统出版物的人数在以每年 12 ％ 的速度减少，而阅读新媒体的人数则以 30 ％ 的速度在增加，特别是年轻人和知识人群表现尤为明显，他们是数字出版市场未来消费的最大主力"[①]。第十三次全国国民阅读调查数据显示，2015 年我国国民数字化阅读方式的接触率为 64.0 ％，较 2014 年的 58.1 ％ 上升了 5.9 个百分点。数字阅读首次明显超过纸质阅读。其中，成年国民网络在线阅读率首次过半，达到 51.3 ％，同比增长 1.9 ％；成年国民手机阅读率最高，达到 60.0 ％，同比上升高达 8.2 ％ 个百分点，电子阅读器阅读、平板电脑阅读及光盘阅读等都呈增长态势。在数字阅读中，微信阅读最为普及，据统计，有 51.9 ％ 的成年国民在 2015 年进行过微信阅读，同比增长 17.5 个百分点，增幅超过 50 ％。[②]

从 2009 年到 2015 年国民数字阅读率的统计数据来看，国民的数字化阅读率在不断提高；在各类数字化阅读载体中，通过手机阅读的人数增长较快。

（四）传统出版的业务流程发生改变

数字技术使得传统出版业的生产流程发生革命性的变化。传统出版主要

[①] 张莹. 我国数字出版产业发展现状及趋势 [J]. 新媒体研究，2015，1（12）：47-48.

[②] 中国新闻出版研究院. 第十三次全国国民阅读调查 [R]. 2016-04-18.

包括三个流程，即编辑、印刷和发行。传统出版各个环节间隔时间长，彼此之间是独立的，长期以来形成了编辑、印刷、发行各成系统的出版模式。而数字技术应用之后，从约稿、编辑、印刷到发行销售环节都纳入了网络化管理的范畴，使得传统出版的编辑、印刷、发行变为"三位一体"，出版速度加快了，三个环节之间联系更加密切了。

数字出版技术使得选题和组稿更加及时、便捷。传统出版选题时往往耗费大量的时间进行筛选，而网络技术等数字技术在出版领域的广泛应用，使得选题和组稿不再受时间和空间的限制。互联网是一个具有海量信息的平台，数字出版可通过对网络书店、网络原创网站等网上出版市场进行分析，产生独特的选题。因为网络的便捷，作者可以跨地域、跨时间，同步对出版的内容进行编写和修改，这样大大缩减了传统出版在选题和组稿环节上所耗费的时间。数字技术的应用改善了原有的出版环节的弊端，为出版带来了一定的变革。数字技术改变了印刷流程，提高了产品质量和生产效率。数字出版技术可以在确保生产质量的前提下快速、便捷地根据读者和市场的需求进行印刷。而传统出版都是采用先生产再销售的模式，先把出版物印刷出来，没有一定的数量限制，结果很有可能造成出版物的滞销，耗费了印刷资源，加大了成本，也不利于环保。而数字出版则可以根据前期的市场调查，分析出读者的需求量从而确定合理的出版数，这样就不会存在滞销的问题。

这种科学合理的模式冲击着传统出版的印刷流程。数字技术改变了传统出版业的发行流程，对原来的发行销售环节造成一定威胁。传统出版业的发行流程基本上都是出版产品经过批发商批发到零售商，最后由零售商出售给读者，而现在数字技术在一定程度上简化了发行流程。1995年出现了网络书店这一销售渠道，著名的网上书店有亚马逊中国、当当网等。网上书店可以使消费者与商家直接进行联系，缩短了发行流程。而现存的实体书店面临着经营困难，甚至倒闭的危险。中华全国工商业联合会书业商会2014年的调查显示，过去10年有近五成实体书店倒闭，特别是一些民营书店，如第三极书局、风入松书店、三联书店、光合作用书店等。

（五）传统出版单位的生存空间受到挤压

在我国数字出版发展的最初阶段，传统出版社大多是把自己的部分内容版权或者全部的版权出售给一些技术提供商，获取很少的利润。传统出版社与数字出版企业相互合作的模式还能为传统出版带来一些利益，可是随着数字出版的发展，越来越多的数字出版企业在掌握了一定的经验与资源后，开始着手自己做内容，不再去购买传统出版单位的内容资源，形成一体化的产业链。"例如较早进入电子图书领域的北大方正、中文在线等几家企业，虽然不是传统出版单位，也不具有图书资源的原始积累优势，但是他们已经将全国 500 多家图书出版社的 120 多万种图书资源进行了数字化的整合集成，占据了中国电子图书市场 90 % 以上的份额。而清华同方的中国知网，目前收集的期刊已经达 7600 多种，占中国所有期刊数的 75 % 和所有学术类科技期刊的 98 %，成为国内最大的传统期刊的网络出版平台。"[①]

盛大公司建立并且开放自己的"内容 + 渠道 + 终端"的电子书产业链，全面布局规划电子书产业链中的各个环节，不需要借用传统出版单位的内容资源。这样一来，那些还未主动开发数字出版产品的传统出版单位面临着巨大的威胁。传统出版在发展数字出版业务方面没有掌握技术进步的主动权，传统出版单位对于数字出版的发展还大多停留在建网站推荐出版社的新书这种初级形式上，建网站只是在原有出版模式上的拓展，并不是数字出版真正的商业运营模式；或者是与其他数字出版企业签订委托协议书，通过与硬件服务商分成获得收益，在这样的盈利模式下，传统出版企业永远处于被动地位。传统出版业没有真正地深入发展数字出版业务，数字化水平远远低于数字出版企业，因此，利润空间也受到影响。

（六）一批传统出版单位开始拓展数字出版业务

"截至 2008 年底，在我国 579 家图书出版社中有 90 % 开展了电子图书出版业务"[②]。目前，我国上网人数和手机拥有量居世界第一，数字出版代

---

①苗卉. 大数据时代编辑理念的更新 [J]. 新闻爱好者，2013（07）：80-82.

②熊玉涛. 论数字出版产业的运作与发展 [J]. 编辑之友，2010（07）：72-74.

表着未来出版业的发展方向。随着世界经济的高速发展，以及全球范围内互联网用户水平的不断上升，大众的阅读习惯开始发生变化，人们从纸质阅读逐渐转变为电子媒介的阅读，这样的现实情况促使传统出版业进行数字出版的开发与转型。商务印书馆、中国出版集团、四川出版集团等传统出版企业正在加快数字化的转型。

中国出版集团全面设计实施全集团信息化建设工程，加快推进中国数字出版网——大佳网的建设工作，研发自主品牌的电子阅读器等数字产品。2010年上海世纪出版集团推出了全球首款由出版机构出品的电子阅读器"辞海悦读器"。这是上海世纪出版集团突破行业壁垒，以内容优势打通行业产业链，从传统出版迈向数字出版领域的一个新的里程碑。此外，凤凰出版传媒集团成立数字传媒公司，开发电子书包业务等；读者出版集团有限公司推出自主品牌电子书等。这些有实力的传统出版机构叩响了数字出版的大门。

随着数字技术和互联网的应用，传统出版业生存和竞争的环境发生了根本性的变革。新媒体、新业态给传统出版业带来了巨大的冲击和压力。国民纸质图书阅读率逐年下滑，而数字化阅读率不断提高，致使传统出版业现有的出版形态和业务模式无法满足读者的需要及竞争和发展的需要。因此，面对数字化的冲击和影响，传统出版业必须走数字化道路，不断探索传统出版业务与数字出版业务的融合发展，才能最终找到生存的空间。

二、传统出版企业数字化发展的进程

我国传统出版单位的数字化发展起源于电子图书。到目前为止，电子图书仍然是我国传统出版社实现数字转型的主要形式。因为对于传统出版社而言，在整个数字出版业务中，电子图书的经营成本是最少的，而利润成效是最快的。但是在整个电子图书出版销售产业链中，传统出版单位的角色定位只是内容提供者，而真正的主角却是北大方正、中文在线等电子图书运营公司。

进入数字时代，随着科技的发展及数字出版技术的不断升级，传统出版单位已经慢慢意识到简单的电子书业务并不是真正意义上的数字出版，因此，多媒体课件、数据库及按需印刷等数字出版形态渐渐出现，同时，各种电子阅读器终端，如 MP4、MP5 及手机等，也不断丰富，促进了数字出版的长远发展。我国三大出版领域（专业出版社、教育类出版社和大众类出版社）纷纷利用各自的出版资源，根据不同目标读者的个性化需求，提供有针对性的内容资源和个性化服务，如商务印书馆的工具书在线、社会科学文献出版社的皮书数据库及外语教学与研究出版社开展的数字业务。我国传统出版企业的数字化发展大致经历了四个发展阶段。

（一）出版企业数字化的尝试期

20 世纪 90 年代以来，计算机与网络技术应用于出版的某些环节，并为我国出版企业强化决策准确性、改善管理，进而提升竞争力提供了强大动力。一些出版社开始尝试信息化管理，上线出版信息管理系统和企业资源计划（enterprise resource planning, ERP）系统。通过数据共享来实现数据的完整性、一致性，减少因信息流通不畅而造成的盲目性工作及重复工作，实现科学管理，提高出版的效率和质量，从而提高市场竞争力。这也成为许多出版企业信息化建设的着力点。

这一时期我国的出版产业经历了电子图书的滥觞。声势浩大的电子图书席卷全球，以电商网站为主导，面向大众市场，美国作家斯蒂芬·金（Stephen King）的《驾驭子弹》的巨大成功引来读者对电子图书的热捧，我国的人民网也同步推出了"人民时空图书平台"。但是，伴随着互联网泡沫的破裂和电子图书盈利模式不明及资金匮乏等情况，电子图书热一度走向了尽头。

（二）出版企业数字化的推进期

进入 21 世纪，我国出版产业数字化进入推进期。计算机应用技术所带来的数字技术已逐步渗透到传统出版业的各个环节。首先，传统出版企业运用数字化手段建立了远程采编系统，从形式上实现了传统图书纸质出版内容的资源数字化及出版印刷环节的流程数字化。其次，传统图书出版单位尝试将电子书出版技术引入进来，实现了无纸化出版，并根据自己原有的资源特点建立了专业的出版资源数据库，特别是以高等教育出版社和商务印书馆等为代表的一批老牌传统出版社加快了数字化的步伐。高等教育出版社整合企业内部资源，提供增值服务，开通门户网站，上线数字业务，这一部分的产值比例正在不断上升。商务印书馆推出了"工具书在线"，是集文字、图像、声音、动画、视频于一体的多媒体数字出版平台。

这一时期，随着数字出版技术在传统出版业中的运用，数字版权等一系列问题被出版者提上了议事日程，方正数字版权保护技术为出版产业界所认可。方正作为最早进入数字出版领域的企业，以其具有自主知识产权的方正阿帕比数字版权保护系统、版式文件技术、数字版权保护技术、阿帕比电子图书整体解决方案等一系列核心技术，妥善解决了图书资源数字化、数字版权保护、电子图书安全分发与数量统计三大关键问题。

（三）出版企业数字化的发展期

2011 年以来，数字技术全面应用于出版业，并彻底改变了出版产业的经营模式，数字革命由边缘走向中心，无论国外还是国内的数字出版都进入了快速发展期。从国外的情况看，数字出版业态进一步扩张，电子图书销售快速增长。2011 年 5 月，亚马逊公司宣布电子图书销量持续 3 个月超过纸质书，网站每卖出 100 本纸质书，就可以卖出 105 本电子图书。传统出版业加快数字化转型，网络新闻读者数量首次超过报纸读者数量，按需出版、自助出版越来越多。

电子图书销售平台化、集成化渐成趋势。数字终端不断推陈出新，终端技术的发展再次印证了摩尔定律——"每隔 18 个月，电脑性能提高一倍，价格降低一半"。销售商介入内容生产，以亚马逊公司为代表的图书销售商直接出版图书，作者绕开出版社与销售商直接签约。数字出版产业链竞争的边界日益模糊。我国出版企业的数字化发展在 2011 年以后逐渐步入良性发展轨道。政府主管部门主动部署，出台相应的产业政策，充实产业发展的标准体系建设，基本完成数字出版基地布局。

具体表现在以下几个方面。

1. 传统出版产业走向内容的深入加工，尝试定制化、多终端的内容开发

2011 年网络连载小说《斗破苍穹》获得高点击率后，这部小说被开发应用于各类手机操作系统、手机网站、云中书城及个人计算机等多个终端，并被改编成网络游戏、电视连续剧，实现立体复合出版。

2. 数字出版投送平台竞争加剧

2011 年 2 月，盛大文学运营平台云中书城脱离盛大电子书官方网站独立运营；3 月，京东商城上线读书频道，搜狐原创频道试水付费阅读；4 月，淘宝旗下淘花网推出数字杂志；9 月，百度阅读上线；10 月，苏宁易购图书馆上线；12 月，当当网开始售卖电子图书。

3. 数字出版技术升级换代

2011 年 8 月，国内最大的数字出版云计算中心在天津上线运营，中国知网、北大方正推出云战略。卫星通信公司涉足出版传媒领域。2011 年 8 月，中国卫星通信集团公司等三家大型国有企业共同出资组建的直播星数字信息技术有限公司更名为"航天数字传媒有限公司"，创新了出版传播渠道。

4. 数字版权保护多管齐下

2011 年 3 月，最高人民法院、最高人民检察院、公安部颁布相关意见，明确了侵犯著作权犯罪案件的认定问题和通过信息网络传播侵权作品行为的定罪量刑标准；国家知识产权战略实施工作部际联席会议将知识产权保护工作提升到国家战略高度；2012 年 3 月，《中华人民共和国著作权法》（修改草案）公布，向社会公开征询意见，修正后的法案更加适合数字出版和网络技术发展的需要。数字技术研发步入关键领域，2011 年 7 月，新闻出版总署启动"数字版权保护"技术研发工程，并确定了最终版本的电子出版格式标准细则。

（四）数字化盈利模式探索期

目前大多数出版企业陷入了该阶段的困境中，尚未找到合适的解决办法。虽然国内许多传统出版单位已经纷纷涉足数字出版业务，也获得了一些成果，但是与传统出版物相比，数字出版物无论在产品质量还是产品盈利方面都存

在着很大的差距。传统出版观念的转变、产业链与商业模式的缺失、数字版权的界定、数字内容标准的模糊、阅读方式的转型等一系列问题成为制约传统出版单位数字化发展的关键因素。寻求一套合理完善的数字出版盈利模式并找到一条普遍适合我国传统出版单位的转型路径已经成为传统出版社开展数字业务的当务之急。

三、传统出版企业数字化转型现状

我国传统出版业正在加速向数字出版转型，转型的动力来自全球数字化浪潮的冲击，以及出版业自身和社会发展的需求。正如中南出版传媒集团董事长龚曙光所说："上不上市，决定出版企业的兴衰；做不做数字出版，决定出版企业的生死。"2010 年 8 月，《关于加快我国数字出版产业发展的若干意见》出台，把传统出版单位完成数字化转型的最后期限规定在 2020 年，并提出到"十二五"时期末，我国数字出版总产值力争达到新闻出版产业总产值的 25 %，整体规模居世界领先水平的愿景。自此，我国传统出版业加快了产业结构调整、升级的步伐，加快了传统纸介质出版物向多种介质形态出版物的转型。2015 年 4 月，国家新闻出版广电总局与财政部联合发布《关于推动传统出版和新兴出版融合发展的指导意见》，对新闻出版业融合发展提出明确路径和发展要求。同时，国家新闻出版广电总局于 2015 年 7 月公布了第二批 100 家转型示范单位名单，至此，传统出版数字化转型示范单位总计已达到 170 家，这表明我国传统出版企业数字化转型取得了实质性进展。部分传统出版企业在数字化转型过程中首先就是确定自身在数字出版产业链中的定位和目标，目前，主要表现在以下几个方面。

（1）转型成为内容服务提供商。在数字出版产业链中，作为上游内容提供商的传统出版单位，抓住电子阅读日益普及的市场机遇，开始向内容服务商转型，如上海世纪出版集团。2010 年 5 月，全球第一款由传统出版机构自主研发和设计的移动终端阅读器"辞海悦读器"成为众人关注的焦点。阅读器由上海世纪出版集团出品，内置《辞海》、泱泱巨著《中华文化通志》十典百志 101 卷，拥有上海世纪出版集团旗下 27 家图书编辑出版机构和全球众多华文出版集团的正版图书资源，以及 44 种期刊和 5 种报纸的电子版。同时，"辞海悦读器"还是全球第一个真正实现用手指直接触屏翻页、书写的电子阅读器，可在线写作、发表、出版。

（2）转型成为全媒体内容服务提供商。数字出版业务最显著的特征就是全媒体出版，因此，部分音像出版商已从原来的以音像制品为主的光盘出版方式迅速向提供视频教学、网络课程、课件等在线内容和服务的方向转化，以期在数字出版领域抢占市场份额。2012 年 4 月 7 日，安徽电子音像出版社更名为时代新媒体出版社，宣告以新媒体、新技术、新业态、新产业链为经营方向，以手机出版、网络出版和应用出版为三大主攻方向，立足多媒体教育，实施立体化出版，跨媒体、多元化经营，从而成为我国首家主动战略转型至新媒体出版领域的音像电子类出版机构。同年 10 月，时代新媒体出版社与安徽电信共同组建的 iTV "健康频道"上线。该平台由时代新媒体出版社自主搭建，通过互动点播向观众播放健康养生节目。这意味着新时代的媒体出版社已从传统内容提供商转型为内容服务商。

（3）转型成为平台提供商。国内一些实力较强的技术提供商、发行中盘等从 2008 年开始逐步增加投入，采用兼并、重组等手段加大跨系统、跨区域、跨行业的整合力度，以打通产业链，进一步强化在各自领域的领先地位。比如，以图书发行、报刊经营为主业的新华传媒与解放日报报业集团于 2010 年 4 月携手上海易狄欧电子科技有限公司（以下简称"易狄欧"），三方共同投资成立全新的数字内容出版、发行平台公司，打造完整的阅读器产业链。新公司以手持移动阅读器终端为切入点，其中，易狄欧主要负责提供阅读终端产品，新华传媒提供旗下新华书店的渠道资源和内容资源，解放日报报业集团则提供旗下多家报纸的内容资源，并在宣传推广上为新公司提供帮助。成立伊始，新公司就与全国 100 家出版社签署了合作协议。其他如北京报刊发行局、四川文轩书店、深圳书城等也纷纷进入该领域，搭建数字内容分发平台，开展数字出版产品销售业务。

（4）转型成为教学服务提供商。在数字化转型过程中，教材出版单位改变原有的纸质教材销售模式，在提供教材的同时通过网站提供互动、全媒体的综合教学服务，以及音频、视频数字出版物等，降低了成本，拓展了市场。例如，人民教育出版社开发的在线学习平台"人教学习网"于2010年6月开始正式上线运营。该网为全国范围内的中小学师生提供方便、快捷、高效的网络学习平台和网络学习产品，以先进的信息化互联网测评手段对学生的学业水平进行诊断，制订科学的学习计划并高效地进行综合辅导，积极推进我国教育信息化和优质教育资源的共享。这种产品、服务领先的战略已经显示出良好的发展前景。

由此可见，数字化转型工作已经启动，并取得了实质性的成果。但是，多数传统出版单位仍处于数字化转型的基础阶段，只有少数单位结合自身特点开发了数字化产品。特别是一些规模较大、经济实力较强的出版单位，基本完成了内容的数字化加工工作，如中国外文出版发行事业局、中南出版传媒集团、人民邮电出版社等，都根据自身的业务需要上马了内容管理（CMS）系统，为整个数字化转型工作打下了基础。科学出版社、人民卫生出版社、社会科学文献出版社或自身独立开发，或与技术企业合作，推出了具有自主知识产权的数字化阅读和服务产品。

四、三大出版领域数字化发展模式探析

在全媒体和数字技术的不断冲击下，我国传统出版企业纷纷融入数字化的浪潮中积极探索，在传统业务发展的基础上，大力发展数字出版业务。但由于出版企业本身的功能、规模、资源、实力的差异，传统出版企业的数字化情况差异很大。在我国三大类出版领域中，专业出版的数字化程度最高，居于领先地位；教育出版次之，正在孕育突破；大众出版最低，正在积极探索。这是由出版物的内容特征和读者的需求强度决定的。在众多的新技术中，对出版业影响最大的是数字化技术及与之相关的网络技术和通信技术。新技术给出版业带来的最大好处是使得内容的加工存储和营销变得高效、快速、成本低廉。下面主要从三大出版领域的数字化模式来分析我国传统出版业的数字化发展态势。

（一）专业出版领域

专业出版是数字化技术的最大受益者。目前，我国传统专业类出版企业所开展的数字业务主要集中在建立专业的数据库上。建立在海量内容基础上的数据库产品具有大规模定制及针对性服务等特点，而这些特点恰恰充分体现了数字出版的精髓。大多数专业类出版企业已经拥有了细分的目标读者及固定的目标市场，专业出版已经成为我国最为成功的出版数字化领域。但是这种出版形式的初期投入成本较大，技术平台的开发周期较长，数据加工制作的时间较长，且对产品功能的设计要求较高。

专业出版的目标受众主要为该领域的行业从业人员，专业出版为他们从事专业技术工作提供知识储备和技能服务。这类出版物功能性强并提出了解决问题的方案方法，因此这类出版物的受众定位清晰、需求固定、产品针对性强，相对于其他领域的出版社具有很好的统一性和可协调性。目前，我国专业出版领域的传统出版企业经过几十年的从业积累，已经拥有了大量的出版内容资源，并且在各自的专业出版领域整合了大量的作者资源，因此在开展数字出版业务方面相比其他两类出版社具有一定的行业基础。目前在我国专业出版领域，数字化发展比较突出的出版单位主要有电子工业出版社、知识产权出版社等。其发展模式可以归纳为以下几种。

1. 定制化按需出版

专业出版社的特点及性质决定了其受众具有特定性，如科技单位、学术团体、图书馆及个人等。专业出版社在开展数字出版时可以根据上述客户的不同需求进行出版，包括数量、形式、内容等，更加突出出版物的个性化特点。该模式不仅能与传统出版业务有机结合，更能充分发挥其品牌优势。中国标准出版社就在逐步推广该项业务，不断地总结经验，探索出了基本模式及方法。

2. 网络出版

随着网络技术的不断发展，网络出版作为一项新兴事物，是以传统出版产业为基础发展起来的。网络出版的内容兼容性较强，原创内容或纸质图书的数字版本均可，其优点在于不需要实体的纸张。内容可以及时更新，节约资源，且不需要印刷，没有库存，因此，也不需要店面，成本较低。出版者可以把信息发表到互联网上，或者利用互联网将信息传送至客户端，读者可以通过网络或者客户端阅读、使用或下载各类信息。读者还可以利用网络的强大功能，如搜索、查询等，快速地找到需要的书籍或者内容，使其阅读效率更高，需要花费的费用也更少。

3. 构建数据平台

各类专业工具书的信息内容十分丰富，专业数据库的主要功能则是对该类资料进行相应的组装、深化处理及资源整合，即根据各个专业知识点、条目、图片对其实施分类，并把文字、图片、音频、视频等文件进行集合、整理，建立具有搜索、查询功能的信息数据库，使信息更加具体化，进而形成系统性强、技术先进、搜索简便的大容量专业资源数据库。中国建筑工业出版社建立的中国建筑全媒体资源库与专业信息服务平台就是一个较为成熟的案例，其专业数据资源库平台能够对专业书籍、图片资源等进行类别化管理，同时可以提供大量图书的免费阅读及在线营销。

4. 互动出版

目前，大多数出版社均建有读者交流社区，以便人们在阅读的同时可以进行思想的交流。为了让读者能够更好地在该平台上表达自己的观点，可以对原有的读者社区进行改造，构成互动交流的系统模式。

读者可以就已出版图书进行过论、研究和探索，同时也可以对图书中的不足之处进行意见反馈，以便出版社在日后的出版工作中进行调整，使得出版内容更加完善，也能有效克服纸质图书无法及时修订和改版的缺点。另外，多媒体资源也可以进行整合，使其与互动交流平台有机结合，使读者能够更加高效地利用资源，获得更佳的阅读体验，这也是专业出版在数字出版方面未来可以发展的盈利模式之一。

5. 在线服务

社会的发展日新月异，知识的更新迫在眉睫，许多人在工作之余需要进行相关知识的补充，还有许多人出于兴趣爱好想要掌握某些方面的知识，但没有更多的时间用于课程的专业培训学习。专业出版社可以充分利用现代发达的网络环境，将数字化的专业课程内容上传至网络，提供在线学习、下载等有偿服务。例如，许多专业出版社开展的职称考试培训在线服务、技术等级考试资料下载等，客户可以使用电脑或手机进行在线学习，或者下载，利用零碎的时间随时学习各类知识，实现自身能力的提升。

（二）教育出版领域

由于教育类出版物具有对产品自身质量要求高的特性，虽然数字出版拥有海量的信息资源，但是质量却难以保证，因此，在数字化发展的初期，数字出版在教育领域并未像专业出版领域一样发展迅猛。但是，随着中国教育硬件配置和软件设备的不断发展，教育出版领域也逐渐表现出了对数字出版物的极大兴趣，如多媒体课程、在线测试、远程教育等基于数字技术发展起来的方式越来越得到师生的青睐和肯定。

然而，目前我国传统教育类出版行业竞争异常激烈，"教辅图书同质化严重，很多出版社为了增加发行量，纷纷大打价格战；大量图书滞销，退货现象日益失控，恶性循环，造成传统出版社利润低下"。在这种大环境下，许多规模较大的教育类出版单位纷纷着手开发全新的数字产品，迈出了从传统出版向数字出版转型的第一步。

目前国内已经开展数字业务的教育类出版社，大多从搭建网络学习平台、建设相关数据库入手，如外语教学与研究出版社（以下简称"外研社"）早在十年前就开始进行数字化建设。到如今，外研社已经建立了约 10 个分社网站，开发出相应的 app，并开设社交平台的公众账号，将整个出版社从产品到服务都朝着数字化之路转变。最重要的是，外研社的数字化转型已经取得显著成效，真正地迎合了数字化浪潮，成为教育类出版社数字化道路上的表率。还有浙江教育出版社，细分了传统课程资源，借助数字出版自身的互动性、及时性、个性化与多媒体化的优点，建立了相对应的数据库及专有类题库，并且实现了在线查询、在线组卷。随着数字技术及计算机技术的高速发展，智能手机越来越普及，移动学习成为一种全新的学习方式，而教育类出版社将会成为开展此类数字出版的最佳场所。教育出版领域发展数字业务的模式可以归纳为以下几种。

1. 门户网站模式

电商模式是门户网站的基本模式。网站的定位是立足教育出版、服务和服从于教育改革发展，通过网站平台与编辑的对接，不仅能为教育出版社注入新观念，还能提高用户的黏合度。出版社与电商服务平台的"无缝对接"，逐渐摆脱了以往内容陈旧、服务落后的局面，形成了线上销售和线下服务的O2O模式。

2. 数据库模式

数据库模式是基于"用户＋平台"的使用模式。用户主要分为机构用户和个人用户两种：机构用户多为高校和政府部门，其支付能力较强，机构用户付费模式可通过IP地址、账号等方式实现资源共享；个人用户付费模式，主要是下载期间对版权有期限的数据库资源使用，个人用户付费模式是对机构用户付费模式的补充。而平台合作模式，主要是建立数据库平台资源，通过数据库资源的共享、互动、交流，方便用户的使用，提高数据库资源的使用率和品牌效应，实现数据库内容的推广和盈利。例如，中国基本古籍库是由北京大学中国基本古籍库工作委员会和北京爱如生数字化技术研究中心、安徽黄山书社联手推出的中文古籍数字化产品，被列为国家重点电子出版物。该数据库共收录上自先秦下迄民国的历代名著和各学科基本文献1万种，其内容总量相当于3部《四库全书》，每种均提供1个通行版本的数码全文和1～2个珍贵版本的原版影像。该数据库总计收书约17万余卷，版本12 500多个，全文约17亿字，影像约1000万页，数据总量达320 G。全国100多家图书馆装备了该古籍库，在馆内可以浏览。

3. 手机终端模式

手机是基于移动终端的使用模式，手机具有即时性、互动性、碎片化传播等特征。手机终端模式有两种：一种是内容订阅服务的盈利模式；另一种是广告付费模式。用户可以根据需要，订阅、下载独具特色的、个性化的信息服务产品，通过手机终端付费下载游戏、彩铃、客户端等。而广告付费模式，主要是在用户使用手机出版物的过程中，向手机用户推送的个性化、多样化的广告信息。借助手机短信、彩信、app、微信公众号等实现内容的精准定位，将休闲化、娱乐化、碎片化的浅阅读呈现在受众面前。伴随着 3G、4G 时代的相继到来，手机移动终端凭借着庞大的处理器，几乎实现了与电脑等同的地位，并实现内容与个人计算机互访的功能，还能够实现多媒体的功能，使其具备传统媒体不具备的功能。因此，内容决定着手机出版的对象，不仅包括电子图书，更包括动漫、视频、音乐、网游等内容。

4. 教育平台模式

教育平台模式多见于发达城市，优质教育资源经过平台的共享和互动，有助于弥合人才培养中的"知沟"差异，从而汇聚全社会优质的教育资源，构建一个实时互访的数字教学超市和学习圈，实现市、区、县教育资源的多向流通，有利于打破地区间教育的壁垒，实现教育的公平公正和可持续发展，确保优质教育资源的纵向流通。以微课、慕课、网易公开课等为典型代表，通过建立多层次、多类型的学习平台和数字服务标准体系，形成集文字、视频、图片等于一体的全媒体学习格局，实现"一次付费，多次使用"，达到个性化教学和学习服务的目的。

（三）大众出版领域

大众出版类图书的出版主题较为广泛，既可以与娱乐相关，又可以涉及人们的日常生活。正是由于大众类图书内容宽泛、即兴，读者的图书阅读与购买呈现随机性和或然性。相比教育出版和专业出版，大众出版则具有更强的市场属性和商业属性，竞争也最为激烈，这使得大众类出版企业的业务模式以内容和品牌建设为主。好的内容或品牌是大众类出版企业发展壮大的基础，而内容和品牌建设恰恰是传统出版最为擅长的，所以大众类出版企业的读者特点和发展模式决定了其数字化程度目前还处在初级阶段，尤其是在技术运用方面跟不上数字出版发展的步伐。大众类出版企业大多只是进行了企业内部初步的信息化建设，如 ERP 系统、办公自动化（OA）系统等，数字化发展的核心——数字出版业务流程的数字化建设还处于起步阶段。

在我国，网络从最初的萌芽到后来的高速发展都是基于"免费"这一大前提的，虽然其对于网络在中国的普及起到了巨大的推动作用，但是却在一定意义上使得受众的意识中形成了"网络信息免费使用"的观念。再加上大众类图书购买的随机性与或然性，就更加阻碍了电子支付在大众类图书数字出版中的运用，一时难以形成理想且行之有效的商业模式。目前，大众类出版企业还没有摸索出一套适合企业特征的商业盈利模式。

大众出版需求是一种或然需求，人们对大众出版内容的要求是视听的享受。消费者希望得到与内容整体匹配的体验式效果，如旅游信息配上丰富多彩的照片，艺术类、少儿类的作品配上相应的音乐或视频等，但大众出版企业目前仍是以单一的电子书出版为主。这在电子书发展的早期无疑是符合市场需要的，但随着近年来数字出版的快速发展，数字出版产品早已不局限于简单地把纸质图书内容以电子化形式呈现，而是要实现视听结合，丰富的内容样态、便捷的获取方式等是大众出版领域的数字出版满足消费者需求的基本要求。显然大众出版目前仅仅依靠电子书销售的商业模式无法满足消费者日益提高的消费需求，这就需要大众类出版企业的注意力不仅要放在内容和品牌的建设上，还要对选择、创新合适的商业模式给予足够的重视。由于整体的数字化程度不高，尤其是技术方面滞后，处在数字化转型初级阶段的大众类出版企业在数字出版标准的研制和贯彻执行，以及人才队伍的建设上都没有取得理想的进展。与教育出版和专业出版领域相比，大众出版领域的数字化出版开展得很缓慢，主要是因为尚未找到适合的盈利模式，但是，大众类图书出版社仍然在数字出版领域做了一些尝试，而电子书是此类出版社主要的发展模式。随着时间的推移，完全复制传统图书内容的电子书已不能满足读者的阅读需求，只有基于超媒体技术开发的电子书对读者，尤其是青少年读者具有很大的吸引力。在教育类出版社萌芽发展的移动阅读也逐渐成为大众类图书流行的阅读方式，成为享受即时阅读的年轻读者的新宠。

综上所述，在三大出版领域中，专业出版单位的转型工作相对领先，主要以数据库平台建设为主进行探索，如人民卫生出版社、人民交通出版社、中国水利水电出版社等一批专业出版社都采取政府项目带动的方式开启了转型之旅。相对而言，教育类出版单位的转型较为迟缓，除了人民教育出版社、高等教育出版社等个别单位外，多数教育类出版社并未有实质性的转型方案。大众类出版单位主要是基于内容授权合作而进行的探索，三大通信运营商的阅读基地是它们最主要的获利渠道，但是目前还没有找到成熟的发展模式。

五、传统出版企业数字化发展的国际比较

数字出版实际上是技术革新带给出版业的又一进步，是出版传播途径的扩大和延伸，大大提升了传统出版的传播力与影响力，从而延伸了整个产业链，但并不是一个新产业的诞生。从根本上讲，数字出版的基础就是传统出版，传统出版是数字出版的内容提供商，数字出版是传统出版传播介质的发展。从国内各大出版集团的纷纷试水到传统出版业和技术商的合纵连横，处处显示出我国传统出版业正步入数字出版的新征程。近几年来，我国数字出版产业呈现出高速发展的态势，总产值连年上升，已经成为出版产业发展新的增长点。但是，从目前数字出版的总产值构成、规模及参与主体来看，与发达国家相比，我国传统出版业的数字化发展还存在很大的差距。

（一）传统出版企业在数字出版竞争格局中处于弱势

在欧美等发达国家，传统出版企业是数字出版的先行者，如汤姆森集团、励德爱思唯尔集团、培生教育集团等在 20 世纪末就已基本完成了数字化转型，拥有海量内容的数据库，数字出版业务比较成熟，并能够根据读者需求提供多样化的数字产品和服务。国外的传统出版商拥有着内容资源优势，在数字出版竞争中处于绝对的优势地位，而我国的数字出版几乎完全是从技术领域、非传统出版企业发展起来的。在数字出版领域，传统出版企业竞争力还比较弱，所占比例很小。在学术期刊领域，数字出版业务基本被中国知网、维普资讯、万方数据和龙源期刊网等数字出版企业所垄断；在电子图书领域，北大方正、超星、汉王等企业占 90 % 以上的市场份额；手机出版业务则被两大电信运营商（中国移动和中国联通）所控制；网络出版方面的主力军是

原创文学门户网站，主要包括起点中文网、潇湘书院、晋江文学城等。因此，在数字出版竞争格局中，传统出版企业依然处于弱势。

（二）传统出版的产业集中度较低

在西方发达国家，传统出版产业的集中度一般都很高。美国排名前 20 的出版单位占到 85 % 的市场份额，英国 7 家大型出版集团占有英国的大部分市场份额，俄罗斯最大的出版集团 EKSMO-AST 集团一家就占据了该国 20 % 的市场份额。这些国际媒体巨头具有较强的资源整合能力，并且垄断了所有的出版信息资源和信息传播渠道，因此，它们在出版业务数字化发展的进程中具有独特的优势。而在我国，出版企业一般规模都比较小，产业集中度较低，资源处于高度分散状态，"任何一家出版单位所拥有的资源都不足以维持数字传播所需的规模经济的要求，形不成海量信息，更形不成对海量信息资源的整合力量，从而在根本上制约了从传统出版向数字出版的转型过程"[①]。

（三）传统出版企业对数字版权的控制力缺失

著作权是作者对其创作的作品依法享有的所有权和控制权，而数字版权是作者对其作品的数字载体具有的所有权和控制权，是著作权的一种延伸。数字出版是以技术开发与版权增值为核心的产业，只有获取作品的数字版权，数字出版单位才能获得收益。在传统出版模式中，出版社只拥有在一定期限内对内容资源的专有使用权，而且只是针对纸质载体的，出版社得不到作者更多的授权（包括数字版权）。而在国际上，一些大的传媒集团一般与作者签约时就约定与作者共同拥有著作权，出版者有权对作品进行整体开发或部分开发。因此，对数字版权的获取和保护是出版企业在数字化过程中获得收益的前提条件。

---

①周蔚华. 通过加快改革解决我国数字出版转型中的制约因素 [J]. 出版发行研究，2010（12）：21-25.

（四）传统出版业发展数字出版的治理结构存在问题

国外出版集团的高层管理者和经营者大多是职业出版家和企业家，而且出版集团自身有很完善的股权、期权等激励和约束机制，出版集团的长期业绩和他们本人的利益息息相关，所以只要经过股东授权，他们就会按照市场逻辑去运作。而我国传统出版业无论是出版社还是杂志社、报社，多是事业单位或刚从事业单位转制的国有企业，高层管理者仍由主管单位任命，数字化转型动力不足，仍习惯用纸质出版的经营模式来经营数字出版，还不适应数字时代灵活多样甚至瞬息万变的经营方式。

六、影响传统出版企业数字化发展的因素分析

传统出版企业的经营活动与新型数字出版单位的经营活动，本质上都是为读者提供优秀的精神读物，满足读者多元化的需求，但在具体的出版活动中，出版方式和流程及要求又存在巨大差别。传统出版单位在数年到数百年的出版活动中，拥有大量的资源，包括优秀的作者、编辑队伍及完备的发行渠道。对这些企业来讲，数字化转型的需求主要是希望通过转型来巩固和扩大资源的优势，获取更多的利润及扩大企业的发展版图。目前，我国传统出版业正在向数字化出版转型。转型过程中还存在着一系列影响出版企业数字化发展的因素。这些因素归纳起来，可分为三个层面：战略层面、产业层面和企业层面。

（一）战略层面

从上面的分析我们可以得到这样的结论，尽管我国数字化出版发展增速很快，但传统出版企业的数字化参与度并不高，主要原因可以从企业数字化发展的战略层面一窥究竟。这里主要选取我国 584 家出版社为考察对象，通过对其官网上提供的信息进行搜索和研究，可以发现以下问题。

1. 领导重视不足，战略定位模糊

尽管大多数出版社在战略层面上是重视数字化转型和发展的，但从 256 家出版社官网提供的组织机构设置说明中，只看到 102 家设有独立的数字机

构。从这一点就可以看出大部分出版社领导对数字化重视程度不够。因为，战略的制定在一定程度上反映了领导班子对数字化的态度及对市场的认识深度。另外，由于我国目前还没有形成成熟的数字版权保护机制，传统出版社以内容收费为主的商业模式无法得到保障，导致一大批出版社对数字化出版热情不够，积极性不高，甚至一些已经进入数字出版领域的出版社也停滞不前。在已设有独立数字出版机构的出版社中，大部分都没有实现全流程运作的数字出版业务，在没有弄清市场需求的前提下盲目投入搭建数字出版平台，忽略了与技术提供商和平台运营商的合作，从而导致数字化效率低下，效果不尽如人意。

2. 出版思维传统，产品定位模糊

数字化转型有两种方式：一种是由传统出版介质向数字化介质转型，比如多数出版社开展的电子书出版和网络数据库出版；另一种是出版社自己投资建设数字出版公司，对原有资源进行开拓。这种方式一般只有大型出版集团才有实力去做。但不管是哪种方式，大多数出版社依然沿用传统的出版思维模式，仅仅对现有内容资源进行简单的数字化或电子化加工。这种"平移"方式完全没有发挥信息技术的优势，没有对内容资源进行多媒体呈现与集成化。另外，面对数字阅读者，缺乏对读者阅读习惯和阅读倾向的了解，也就无法明确产品定位。此外，数字出版仍处于发展初期，出版企业没有形成自己的数字产品品牌，通常还是借用传统出版业态下形成的品牌和出版策略开展数字出版业务。进入数字时代，出版企业要以互联网思维开展数字出版业务，做 IT 产业的内容提供者，生产的数字化产品要能够满足读者的个性化需求和多元化需求。

3. 产业链发生改变，角色定位不清

传统出版产业链由作者、出版社、发行商、书店、读者构成，出版社在产业链条上定位非常明确。数字化改变了传统出版产业链，传统出版企业在数字出版产业链中的地位也发生了改变。数字出版依靠单个企业的单打独斗无法适应发展的需要，海量的内容资源要依托技术提供商和平台运营商，共同开展数字化业务。但是，目前出版企业在数字出版产业链中还没有找到自己合适的位置，造成利益分成不均。传统出版企业在产业链中的角色有可能是内容提供商、数字发行商、数字内容服务商或数字出版商，到底充当什么样的角色决定着企业的盈利能力。由于产业链上企业利益的分割问题，一些出版企业就自建分销平台。但由于能力和实力有限，企业不仅不能专注内容资源的精深加工，还受到技术缺乏的困扰，往往收益欠佳，甚至亏损。

4. 数字化并没有纳入企业发展战略之中

数字化发展和转型是传统出版企业的战略选择。数字化改变了阅读方式、出版方式和传播方式。出版数字化的本质是数字内容的整合，其基础是流程化，核心是内容数字化，关键是传播方式数字化。对传统出版企业而言，数字化是一个系统工程，需要企业各级领导及相关参与者的共同努力，相互配合和协调，在达成共识的基础上明确数字化发展过程的企业定位、发展目标等。而且，企业的数字化发展战略还必须与企业总体发展战略保持一致，成为企业总体发展战略的一个重要组成部分，这样才能得到足够的重视及资源配置支持，形成统一的规划，有计划、有步骤地进行数字化转型。然而，目前大多数企业都没有制定数字化发展战略，只是一时兴起，迫于大环境及自身的种种压力，走上了数字化之路。这也是目前传统出版企业数字化成效不显著的主要原因。

（二）产业层面

根据目前我国传统出版企业数字化的现状分析，传统出版企业的数字化收入在整个数字出版产业总值中的比例依然很低，与国外相比，差距还很大。分析其原因，在产业层面主要存在以下问题。

1. 行业标准缺失，没有形成有效规范的监管体系

出版业的发展离不开标准化，数字出版产业的发展同样需要统一的技术标准。在互联网领域，中文标准严重缺失，4000 项国际标准中只有 3 项由中国制定。数字出版产业的标准化包括出版元数据的标准化、网络出版的标准化、出版物流系统的标准化等。标准化的问题如果得不到解决，就会成为我国数字出版产业发展的瓶颈。由于数字出版在我国的发展尚未成熟，整个产

业形态还没有完全形成，对数字出版标准的制定也未形成统一。如果没有摸清数字出版标准体系脉络，在对数字出版标准体系的层次框架还未认识清楚之前就盲目制定数字出版标准，会对数字出版的发展造成不利影响。

目前，我国出版产业链各方参与标准化建设的积极性增强，但仍然存在明显差异。传统出版社如中国出版集团、凤凰出版传媒集团、人民出版社、人民教育出版社、高等教育出版社等都参与到数字出版标准化的建设当中。主要的数字出版技术提供商，如方正、中国知网、万方数据、龙源期刊网等也投身到中国数字出版标准化建设的队伍当中。但是，由于我国的数字出版体系尚未成熟，统一标准的制定也不是短期内能够实现的。

因为缺乏行业乃至国家标准而带来的问题主要表现如下：①数字出版物的存储格式多种多样，比如 Adobe 的 PDF、方正的 CEB、超星的 PDG、中国知网的 CAJ 等，由于功能差别大，行业也缺乏统一的标准，很多阅读软件无法满足所有读者的阅读习惯。②不同数字图书出版商的技术标准不同，制作的电子书格式有差别，用户要用不同的阅读器阅读不同格式的电子书，给用户的选购带来困难并造成资源的浪费。③不同的技术提供商为了垄断市场、增强自身竞争力，依据自身的技术优势推出不同的标准，传统出版单位在与不同的技术提供商合作时，为了适应不同的标准，就必须将同一内容进行多次加工。这些文档很多是不能自由转换的，必须进行再次加工，在这个过程中不仅耗费了大量的人力、物力，还增加了数字出版物的成本。④数字出版平台不统一也给数字出版产业的发展带来了极大的制约。数字出版包括 ERP 系统、OA 系统等信息管理平台，还有 CMS、内容发布系统及其他系统平台。但是数字出版产业没有有效地进行系统整合，使数字出版之间沟通困难，导致信息资源的浪费与搁置。

数字出版物的行业标准难统一，导致了一个问题：技术提供商无法准确地满足产品购买者的需求，而技术提供商之间又缺少统一的技术标准，彼此难以互联互通、实现强强联合并共享客户资源。另外，由于数字出版物具有海量信息，现有管理制度和措施具有很大的局限性，难以实现及时而又全面的监控，因此，要想实现实时监管，制定统一而有效的出版标准势在必行。

由于技术标准不统一，传统出版社在开展数字出版工作时，面临着巨大的生产成本困扰，对于整个行业来说，也不利于内容资源的交换和整合。多种电子图书格式，要求用户必须使用不同的阅读器，这使得用户进行数字阅读的成本增加，无形中提高了用户的阅读门槛，阻碍了数字出版业务的健康发展。正是由于行业出版标准不统一，在行业监管环节，数字内容的制作、质量、导向、数字版权保护等尚未形成有效、规范的监管体系。消费者不习惯为无形的精神商品付费。我国的数字出版产业在发展初期，硬件厂商将内容视为硬件的附属，而电商企业将电子图书视作占据市场、拓展业务的手段，一直在不顾成本地大打价格战，这对用户形成付费习惯造成极大的阻碍。价格战只能导致恶性循环，用户越来越难读到好的内容，更谈不上花钱购买，价格越来越低则导致内容提供商和技术提供商不愿意在提升内容和技术服务品质上投入更多的资金和精力。同时，行业标准的缺失也降低了数字出版行业的门槛，影响了数字内容的质量。目前，有相当数量从事数字出版活动的企业没有取得数字出版资质，但也有一批取得了数字出版资质的企业尚未开展数字出版业务，数字出版尚未建立有效的市场准入和退出机制，留下了管理空白和社会风险。

2. 数字出版产业版权制度不完善，造成侵权案件的发生

数字出版产业的快速发展在为作品的传播和读者的阅读带来方便的同时，也使得传统出版企业、作者、网络服务商及网络内容提供商等在作品版权的归属上出现了更多的纠纷。数字出版产业在发展中还未建立完善的版权保护机制，主要表现为授权模式、技术手段及法律保护体系等不完善，从而导致侵权现象时有发生。由于许多作者常常采用匿名的形式在网络上进行作品传播，使得许多作品的作者身份并不明晰，从而为网络原创作品的任意盗用和肆意转发提供了契机，如发生在 2010 年的龙源期刊网侵权案例就是因为版权问题引起了社会各界的广泛关注。

版权保护是与数字出版伴生而出的关键问题。相较于发达国家，我国数字出版起步较晚，版权保护滞后。目前，我国关于数字出版的法律法规主要有《中华人民共和国著作权法》（以下简称《著作权法》）、《信息网络传

播权保护条例》等，对超出《著作权法》规定的版权保护期的作品的数字版权归属问题、纸质版本与数字版权分离问题、手持阅读设备预装数目的版权和付费问题等都没有明确的界定。法律法规滞后会引发有关版权、利益分配等一系列问题，使得管理模式、运营模式、收费标准、利益分配都无据可依。数字版权保护可以通过技术来实现，但是《著作权法》对网络版权、网络传播权等仍难以界定，诸多版权纠纷制约着数字出版物的销售及整个数字出版产业的发展。而且我国对于侵权行为约束不力、惩罚不当的现状容易造成"恶性循环"，对于侵权方来说，侵权行为是低风险、高收益的，版权纠纷需要耗费大量的人力、物力，很多单位或个人即使提出诉讼并胜诉，但判赔金额较小，并不能弥补盗版给他们带来的损失。另外，传统出版企业在数字出版的定价、收益分配机制中没有话语权，处于弱势地位，出版企业和著作权人的利益难以得到有效保障，版权关系模糊，致使版权引发的纠纷屡有发生。

3. 产业链不健全，尚未形成有效的盈利模式

一个产业的健康发展，需要产业链条上的每一个环节形成合理的分工。完善的产业链条是推动出版产业数字化快速发展的重要内容支撑。数字出版行业需要内容提供商、平台服务商、电信运营商和终端提供商的合作才能实现规模化发展，但是目前行业分工不明确，产业链各环节都在做综合型数字出版企业，涉足各自并不擅长的领域，从而无法形成强烈的凝聚力和竞争力。

产业链的完整，需要每一个环节都得到合理的回报。传统出版单位在与数字出版的技术提供商或运营商的合作中，只是作为内容提供商，将版权授权给技术提供商或运营商而实现利润，传统出版单位在产业链中处于被动地位。然而，数字出版产业链条上的技术提供商、内容提供商、版权代理商及运营商等在收入分配方面也存在着较为严重的不平衡现象。一般来说，内容提供商在整个产业链条中处于被动地位，其获得的收入也相对较少，而技术提供商和运营商等则在运行中能够获得较多的收入，这种不平衡的收入分配也在一定程度上影响了数字出版产业的健康发展。例如，在手机出版产业链中，内容提供商主要负责组织与提供阅读内容，运营商负责阅读平台建设、

产品开发、内容整合、运营推广、网络建设与计费系统，内容提供商与运营商之间的收入大约为四六分成。之后，传统出版单位再从得到的销售收入中拿出 6%～8% 的版税分给作者。目前数字出版的运营模式尚未成熟，产业链尚不健全，涉及收入分配的销售数据不透明，缺乏第三方监管，导致产业链的各个环节一直无法形成成熟的合作经营模式，严重阻碍了数字出版市场的规范化和多元化发展。

找到合适的盈利模式是一个产业能够长期发展的前提。虽然传统出版单位纷纷涉足数字出版，但调查数据显示，真正形成成熟的商业模式并且从中盈利的出版社占比还不到 8%。正是商业模式不明确，使得传统出版业在数字化的进程中举步维艰、举棋不定，不敢大规模地投入，不敢进行全面的数字化转型。在整个数字出版的产业链上，"数字技术提供商与传统出版单位处于产业链的上中游；数字技术提供商专注于向传统出版单位要内容，而传统出版单位专注于自己的企业发展和产品转型，并没有形成传统出版单位与数字技术提供商合作，并携手向数字出版进军的局面"[①]。

在整个数字出版的产业链上，传统出版单位处于弱势地位，没有话语权。"销售渠道对电子书的低价倾销、电子书定价机制中对内容商发言权的忽视、电子书销售数据第三方监管的缺失，使内容提供商很难与平台运营商建立真正的信任关系。"[②] 在莫言获得诺贝尔文学奖之后，中国移动手机阅读平台首页 14 本莫言小说打包销售，售价仅为 8 元钱，每本平均下来只有 5 角 7 分钱，还不到 6 条短信的价钱。

还有像当当网一样的电商网站不定时地推出电子书全场免费下载的活动，极大地伤害了内容提供商的积极性。国内的出版社大多还处于观望状态，多是在摸索和试探，并没有与网络商全面合作进行数字出版。三联书店总编辑李昕曾表示，三联书店掌握数字版权的图书有 2500 种以上，但只拿出其中不足 200 种做数字出版尝试，比例不足 10%。绝大多数传统出版社的数

①曾伟明. 构建健康合理的数字出版产业链 [J]. 科技与出版，2011（03）：7-9.
②汤雪梅. 踟蹰中前行：2012 年中国数字出版产业发展与趋势综述 [J]. 编辑之友，2013（02）：52-55，86.

字化转型仅仅停留在最初的内容资源数字转换阶段，并没有真正实现按需阅读，更谈不上跨媒体阅读了。

（三）企业层面

根据我们的考察、调研及个案分析，在企业层面，影响传统出版企业数字化发展的因素主要包括以下几个方面。

1. 观念落后，数字出版意识不强

传统出版企业拥有强大的人力、物力资源，同样具有大量的内容优势，在相当长的一段时间内，传统出版企业都将自身的优势定位为"内容为王"。事实上，多数出版企业并不真正拥有内容资源优势，真正的资源其实掌握在作者手中。进入数字出版时代，作者手中掌握着真正的内容，作者要出版作品只是一个选择的问题，出版企业只是进行一个加工和包装的过程。内容提供商（作者）—数字出版商（网络原创平台）—读者，这一条产业链的形成完全省略了传统出版的环节，使得传统出版企业的地位发生了转变。因此，数字化转型的今天，需要出版人具有敏锐的嗅觉和卓越的市场观察能力。

在调查中发现，大多数人认为许多传统出版企业不敢轻易尝试数字转型的主要原因在于软件与硬件的要求高，耗资巨大。尽管传统出版的数字化转型已经得到了全行业的普遍赞同，但是，数字化发展的路径和盈利模式仍在摸索之中，因此，传统出版企业对数字出版的认识仍然处于表层，未能认识到数字出版的本质。大多数传统出版企业认为数字出版只是传统出版的一种简单模式化的机械转变，很多传统出版企业仍然停留在建设网站或者与运营商签订委托数字化协议的表层阶段，几乎找不到实质性的盈利点。

2. 数字化资金投入不足

依托高新技术建立的数字出版产业属于资金密集型产业，尤其是在起步阶段，核心的技术研发需要大量的资金投入。资金投入的情况在某种程度上决定着数字出版技术的发展速度及发展水平，数字出版技术的发展情况是影响我国出版企业数字化进程的重要因素。我国各出版单位由于规模、资源等各方面条件的差异，发展数字出版的步伐有很大差距。

　　一些资金实力雄厚、内容资源丰富的大型出版集团加快数字出版的发展，也从中获得了较大的收益。然而部分传统出版企业由于资金有限，缺乏融资渠道，内容资源也相对缺乏，无力完成传统出版的数字化转型。根据我们的调查结果，60％以上的传统出版企业每年投入数字出版技术研发及数字化建设的资金不足本单位总投资的10％。目前，传统出版企业由于库存及回款滞后等情况，资金流转跟不上，无法补上数字化技术研发的资金缺口，使得整体数字化技术水平较低，自主开发优秀数字出版物的能力较弱。

　　3. 数字出版人才缺乏

　　数字出版的核心竞争力是技术创新能力和管理能力，而提升技术创新能力和管理能力的关键是人才。数字出版对从业人员的知识结构、能力、专业素养等都提出了更高的要求，其不仅要掌握出版、编辑等方面的理论知识，还要掌握数字化的出版、编辑技术，还要懂得利用网络策划产品和推广营销。根据我们的调查结果，对于出版从业人员应具备的基本素质和能力，出版企业及从业人员基本上已经达成共识，但由于这些技能的获得还需要时间的积累，因此，人才培养成为一个值得重视的问题。

　　传统出版企业的工作主要集中在出版和编辑的过程，在传统出版企业的数字化转型过程中需要引进大量的专业人才，尤其是既懂出版又懂技术研发的复合型人才。目前，很多出版企业虽然设立了数字出版部门，但是从业人员大部分是学习计算机技术的人员，缺乏编辑、出版理论知识，无法为企业提供全面的技术支持。我国高校的专业设置中涉及数字出版专业的少之又少，而且师资力量不足，造成人才培养与数字出版的发展不同步。出版单位改制后，人才管理体制不健全，不利于人才的引进，并造成人才的流失。

　　传统出版企业在编辑人才方面与新兴数字出版企业相比有明显优势，但是一些传统出版企业在已有优势的基础上，并没有紧跟数字技术的发展步伐，既懂技术又懂管理的新型复合高级人才极为缺乏，加上数字出版产品的研发、营销、管理人才也奇缺，就更增加了传统出版企业与新兴数字出版企业之间的竞争差距，严重束缚了数字出版的快速发展。

第二节　我国传统出版业数字化发展面临的机遇与挑战

传统出版业数字化是我国出版业发展的唯一出路和必然选择，对于这一点，政府与出版企业已经达成共识。国际上以英美为代表的发达国家在依托高新技术的基础上，基本完成了传统出版业的数字化转型。加快实现我国传统出版业的数字化转型和升级，是时代赋予我们的义不容辞的历史使命与重任。因此，传统出版企业必须了解企业所处的行业环境变化，一方面对自身数字化发展面临的有利条件和制约因素进行全面分析；另一方面，既要抓住数字化浪潮所带来的良好发展机遇，又要勇敢面对数字化带来的一些困难和挑战。只有这样，才能保证传统出版企业的数字化战略具有一定的科学性和有效性，加快传统出版企业数字化转型的成功与健康发展。

一、传统出版业面临的行业环境变化

进入全媒体时代，媒介融合不断加速，传统出版业如何发展成为数字化转型首先要解决的问题。要解决这一问题，出版企业必须全面认清我国出版行业发展的大环境，了解自身所处的行业环境。

（一）出版主体多元化

在全媒体时代，各种新型出版形式层出不穷，出版业不再是传统出版业独树一帜。出版者的行列中有了一系列新成员，如曾经为传统出版提供服务的内容提供商、技术提供商及渠道运营商等。它们在出版业中相互竞争，力争从出版市场中分一杯羹。

随着社会与科技的发展，人们由于工作繁忙、学习或生活压力大，阅读传统的纸质图书的时间越来越少，使用电脑、手机等电子产品的时间越来越多。许多非传统的出版企业利用自身的技术，抓住读者的阅读需求与习惯变化，发展速度迅猛，早已超越了传统出版业。例如：在学术文献数据库出版方面，中国知网、维普资讯、万方数据库和龙源期刊网已经基本垄断了我国学术期刊的数字出版业务；在电子图书出版方面，北大方正、超星、汉王等企业由于较早进入这个领域，经过多年努力，占据了 90% 以上的市场份额；在手机出版方面，我国两大电信运营商中国移动和中国联通早已推出了手机报等增值业务，站在了制高点上；在网络图书出版方面，起点中文网、潇湘书院及晋江文学城等原创文学门户网站成为主力军。

在媒介融合时代，为了成为竞争中的胜者，传统出版业与非传统出版业开始从曾经的竞争关系转向了相互合作的关系，力求整合最好的技术与资源，谋求自己的市场地位。以方正阿帕比、书生公司等为代表的技术提供商积极寻求与传统出版社的合作，积累内容资源。传统出版社也开始倾向于原创作品网站的资源，出版自己的纸质图书。

总之，各大出版主体不仅在相互竞争，而且还伴随着相互的合作。非传统出版业与传统出版业的相互渗透与转变正在改变着我国图书出版业的环境。目前我国的图书出版业向数字化转型应该充分考虑利用好技术与资源，积极应对媒介融合时代的要求。

（二）出版物发行模式多元化

传统出版需要把内容复制在纸介质上，以图书、期刊、报纸等形式作为媒介进行传播，印刷是其关键环节。随着数据库、人工智能、数据挖掘等技术的发展，新的出版方式不断出现，国内外的出版集团积极组建网络出版部门，纷纷向数字出版转型。例如，美国亚历山大·斯特里特出版社（Alexander Street Press）正在与高校出版社和图书馆进行电子版本的合作，倡导出版社要加强合作而不要相互抗衡。它们通过谷歌、雅虎和微软等提供的技术支持来开发自己的数字出版平台。

我国一些著名的出版集团也推出电子书、按需印刷和手机出版等新的出版方式，为了满足这些需求，一些技术公司也在不断地提供技术支持。例如，自 2001 年起，方正阿帕比公司进入数字出版领域，它不仅继承了传统出版印刷技术的优势，而且还自主研发了数字出版技术及整体解决方案，目前已发展成为领先世界的数字出版技术提供商。它以互联网为纽带，还原出版流程，将传统出版的供应链有机地连接起来，实现出版社、报社、杂志社迅速进入数字化出版。目前。中国90％以上的出版社将方正阿帕比技术及平台应用于出版发行电子书，每年新出版电子书超过12万种，同时与阿帕比共同打造并推出了各类专业数据库产品。在我国，传统的出版物发行渠道大到新华书店、图书大厦等，小到报刊亭、超市等。随着科技的发展，人们的观念转变，新的图书发行渠道出现，传统的书店与出版社开展了网络售书业务。与传统的图书批发零售不同，网络售书旨在通过网络的信息流进行图书交易，买卖双方可以即时进行交流互动，"服务第一，产品第二"是网络售书的宗旨。在我国，有许多比较成熟的网络发行渠道，当当网、亚马逊中国等都是其中的佼佼者。以当当网为例，其有着最具价值的传统图书资源，以及多年的出版发行经验。目前，当当网是中国的网上购书第一店，其单车送货军团以货到付款的方式，俘获了广大书迷的心。通过网络发行图书俨然顺应了读者选购图书方式的变化，网上购书为读者提供了可参考的图片与文字信息，详细的图书分类提高了购买效率，特别是打折图书让人们体验到了实惠，传统的实体书店难免受到网上书店的冲击。

出版物发行模式在发展迅猛的数字技术的影响下逐步走向多元化，无论是新兴的手机发行、专业发行平台的组建，还是网络发行，其图文声像等信息可以通过多种媒体发布与传播，是出版业真正实现低成本高效益的有效途径之一，传统的图书出版如何凭借其发展是关键。在媒介融合时代，所有的媒体和所有的传播手段塑造一定的信息社会图景，因此，只有充分调动与利用社会媒介资源与技术，才能更好地发展我国的图书出版业。

（三）读者阅读方式电子化

从传统阅读方式到现代阅读方式，再到后现代阅读方式，三个方式体现了三个阶段的社会特点。传统阅读方式体现的是农业社会的一些典型特征，它是小众化的并且是以作者为中心的，其社会影响力正在逐步减弱。现代阅读方式体现的是现代信息社会特别是网络社会的典型特征。它的特点是大批量生产或大规模定制阅读产品，目前处于主导与支配地位。后现代阅读方式以读者为中心，是一种非线性的、跳跃式的、海量的阅读，充满不确定性与感官享受，它对人们的社会生活的影响越来越大。但是，它对我国的图书出版业带来了强烈冲击，弱化了出版的最基本功能——信息内容的提供、传播和服务。如何趋利避害，正视阅读方式的变化，是推动出版业转型的关键之一。

网络文学网站用高稿酬来网罗网络文学写手与文学作家，吸引读者付费阅读，这成为这些网站的利润增长点之一。随着在线付费技术的不断发展，读者会越来越多，网络阅读与手机阅读也会继续保持在数字阅读方式的顶端，数字阅读的市场份额将会越来越大。后现代阅读方式的逐步形成在不断提醒着图书出版业应该以一个全新的理念服务读者市场，尽力开发出多种内容产品与数字产品，以满足受众多样化、个性化的阅读需求。

（四）文化消费观念及消费习惯的转变

在传统出版模式下，人们获取信息和学习知识，只能通过购买报纸、书籍等传统的纸质出版物来完成。随着数字化出版的发展，人们对文化的消费已经突破了传统的消费模式和消费习惯。在数字化出版模式下，人们的文化消费已经不仅仅是对信息的获取和对知识的追求，而且还加入了娱乐的功能。如果曾经"掌握了媒介信息就是掌握了知识，掌握了财富，掌握了自己的命运"的话，那么今天，在互联网技术飞速发展的新时代背景下，人们除了掌握必要的信息与知识外，更多的是对自己感兴趣的信息的浏览，这种伴随着数字化出版带来的新的文化消费习惯，被称为"快乐消费"。所谓"快乐消费"就是指消费者"不仅是对快乐内容、快乐媒介的消费，也是以一种快乐的方式、快乐的态度去消费"。随着年轻一代群体的成长壮大，这种消费方式与消费理念日益成为文化消费的主流。

与"快乐消费"同样重要的还有伴随着数字化出版诞生的娱乐性消费。与传统文化消费单一地获取信息与知识的消费观念不同，娱乐性消费主要是人们在快节奏的生活之下借助文化的娱乐功能来满足身心、放松情绪的一种消费习惯。而且这种娱乐性消费不像快乐消费一样主要存在于年轻一代的消费群体之中，它广泛存在于社会生活的各个角落，包括电视、电影、娱乐新闻等各种形式的适合各个群体审美风格的数字出版作品。

（五）数字传播技术广泛应用于出版行业

在媒介融合时代，传统出版不但积极推进自己的数字化转型，而且不断加强与新媒体之间的互动。同时，手机出版、网络出版等新兴的出版模式也在剧烈地影响着人们对社会的认知。这一切得益于数字传播技术的不断更新与发展。它扩大了信息的存储空间，突破了传统图书的容量限制，无论是手机、电子阅读器还是电脑，其存储空间都可以满足电子书信息容量的变化。并且，图书内容的变化与版本的更新都无须再花费巨大的人力、财力、物力和时间等待市场反应与进行市场调查，数字传播技术轻松解决了这一问题。它不仅可以在线更新图书的内容，还可以通过超链接等形式将新内容发布到互联网上，作为原来版本的补充。

电子图书的出版是以受众为中心的数字传播模式，它实现了出版者、作者与读者的平等地位与对等交流，读者可以分享自己的想法、观点与感受，增强互动性，这也成为出版业制定个性化出版物的依据。为了满足用户需求，互联网技术为其有目的的主动查找、选择信息提供了大量的技术手段，其中最有代表性的就是搜索引擎。例如，现在很多人买书之前都会在搜索引擎上查找此书的相关信息，特别是其他读者在网上发表的评论和分享的读书感受，然后再决定买或不买。购书之后，经过阅读，人们又可以在读书论坛或者自己的微博上发表读书感受，而这些读书感受则成为下一个潜在购买者的参考依据。如此循环往复，将使受众对出版物的影响越来越大，网络口碑传播便形成了。它对传播效果有着直接的影响。

我国的出版业所处的生态环境已经发生了巨大的变化。多元化的出版主体促成了出版业的新格局，优质内容成为数字转型的核心指标。现代传播技术推动发行模式的多元化，读者的阅读方式也发生了根本的变化，数字传播技术对我国出版业的影响越来越大。我国出版业如何进行数字化转型、如何更好地生存与发展，必须考虑目前所处的大环境。

二、传统出版业数字化发展的优势条件

传统出版单位在发展数字出版业务时与其他数字出版企业相比具有不可比拟的优势，具备了丰富的内容资源、权威的图书品牌及众多的读者资源。传统出版单位应该成为我国数字出版产业发展的主力军，发挥其固有的优势，在市场化环境下充分利用自身的资源优势积极地进行数字化转型，促进我国出版产业的健康快速发展。

（一）具备丰富的内容资源

数字出版还是以内容为源头的产业，内容是整个产业的核心，而传统出版业在长期的发展过程中具备了丰富的优秀内容资源，这就为数字化转型打下了很好的基础。传统出版业完全可以以数字出版产品为载体，使优秀的内容资源得到重新开发与利用。任何数字出版业态在生产阶段都需要优秀的内容，而那些由技术提供商和网络运营商发展起来的数字出版企业都不具备内容资源的积累，它们在发展初期大多是向传统出版单位购买内容资源。大量优秀的内容资源，对于传统出版业发展数字出版而言，是市场竞争的优势。截至 2008 年底，国内 578 家图书出版社已有 90% 开展了电子图书出版业务，出版的电子图书总量达到了 50 万种，发行总量超过 3000 万册；我国 1900 多种报纸已经有 50% 实现了数字化出版。正是因为传统出版单位拥有丰富的内容资源，其数字出版业务才会顺利地开展，内容资源是最大的优势。例如，中国出版集团拥有各级各类出版机构 40 家，每年出版图书、音像制品、网络出版物等 1 万余种，出版期刊、报纸 50 余种，出版物在全国零售市场占有率为 7% 左右，持续稳居第一。这些巨大数量的图书资源成为中国出版集团发展数字出版业务的优势，依托内容出版集团开展了各种形式的数字出版业务。

（二）拥有大量的读者资源

在传统出版业中，无论是传统的出版社还是报业集团，都拥有丰富的读者资源。例如南方报业，它的读者资源遍及全国。

传统出版业根据出版物类别的不同可以分为大众出版、教育出版和专业出版，这些不同类别的出版单位在这些年的发展过程中都拥有了比较固定的消费群体，读者对传统出版单位出版物的关注度比较高。因此，传统出版单位在发展数字出版业务时一定会引起其原有的读者资源的注意，传统出版业不需要担心没有消费人群。传统出版业积累的读者资源是其进行数字化转型的宝贵财富，这些读者是传统出版业数字化转型的潜在消费群体。传统出版业的消费群体不同于数字出版业的消费群体，数字出版业的消费群体都比较低龄化，这是与数字出版出现的时间及其自身的特点紧密相关的。数字出版是随着计算机技术和网络技术发展起来的一种出版形态，而在我国，与互联网接触多的群体是比较年轻的一代。传统出版业有着较长的历史，它的消费群体年龄跨度更大，无论哪个年龄层都有传统出版业的消费者。因此，在读者范围上，传统出版业有着比数字出版业更多的读者资源，人数更多，年龄跨度也更大。

（三）具备一定的品牌优势

传统出版单位经过多年的积累之后，形成了鲜明的品牌特色，具备了品牌优势便可以为企业吸引更多新客户的注意力，为其进行数字化转型及数字产品进入市场奠定了良好的基础。商务印书馆的"工具书在线"就是依托商务印书馆的品牌工具书资源，以搜索引擎的形式向读者提供专业、权威的工具书内容。商务印书馆具有一百多年的历史，是我国出版业中最著名的品牌出版单位。商务印书馆将其在传统出版领域建立起来的企业品牌和产品品牌延伸到数字出版领域，力争在数字出版领域里打造出强势品牌。

"品牌是一个名称、术语、标志、符号或图案，或者是它们的组合，用以识别某个或者某群销售者的产品或服务，并因此区别于其他竞争者的产品或服务。"[①] 品牌是一个企业发展的无形资产，具有巨大的作用：一是品牌可以促进企业获利，带动经济效益的提升。它代表着文化企业的市场形象，一个市场公认的品牌有助于建立良好的企业形象，保持一定的老客户，吸引

---

①严三九，王虎. 文化产业创意与策划 [M]. 上海：复旦大学出版社，2008.

更多的新客户。二是品牌还可以催生价值的延伸。品牌价值延伸就是采用现有的产品品牌，将它应用到新产品或者新市场的活动中。成功的品牌由于具有一定的优势和市场召唤力，不但为企业降低了开发产品和进入市场的风险，而且还能丰富和强化品牌的内涵，使品牌价值及其市场空间得到提升。三是品牌可以维护消费者的权益。文化企业为自己的产品树立了品牌，就表明了企业对消费者的质量承诺和责任，提高了产品的可信度和服务水平。而传统出版业在长期的发展过程中所具备的品牌优势，对于其进行数字化转型无疑是一个巨大的保障，读者对于传统出版业品牌的认同，会促使其选择和相信该企业开发的新产品。

（四）可借鉴国外出版业发展的成功经验

纵观国外的数字出版巨头，都是由传统出版企业转型而来的，如施普林格出版集团、培生教育集团、励德爱思唯尔集团，它们采用的商业模式是促使其成功转型的法宝。转型最关键的是开发成功的商业模式，根本目的是提升经济效益，实现盈利大幅增长。外国传统出版单位数字化转型探索出的一些成功的经典商业模式，可以为我们传统出版单位在转型化的过程中所借鉴和学习。例如，励德爱思唯尔集团和施普林格出版集团的"专业数据库"模式、培生教育集团的在线教育服务模式、谷歌的"数字图书馆"模式、亚马逊和苹果的"内容平台＋终端设备"模式等都是经典的数字出版商业模式。我们的传统出版单位在进行数字化转型时完全可以借鉴它们的成功经验，促使转型顺利实现。

由此可见，我国传统出版单位进行数字化转型拥有很多的有利条件和优势资源。传统出版单位的管理者应该认识到在数字化环境下进行数字出版转型的必然性，提高和加深对发展数字出版产业的认识程度。只有清醒地认识到发展数字出版的潜力，才能调动企业数字化转型的积极性。要客观分析自身发展的有利因素和不利因素，借鉴国际上传统出版集团进行数字出版转型的成功经验并结合自身特点，找出发展数字出版的具体转型策略，进而在数字化环境下少走弯路，顺利实现数字化转型，不被数字出版企业所挤压，同时具备强大的竞争力，并获得长久发展。

三、传统出版业数字化发展的不利因素

目前，我国传统出版企业数字化发展整体陷入了发展瓶颈。大众类出版企业、教育类出版企业、专业类出版企业的数字化发展水平已经不能满足日新月异的数字技术的更迭和消费者对数字出版产品的需求，造成这种局面的主要原因是出版企业数字化发展过程遭遇的重重困境和阻力。

（一）观念陈旧、认识不够

传统出版业对数字出版缺乏认真研究，对数字出版的认识仍然停留在建网站或与运营商签订各种委托数字化协议的阶段。尤其是有些出版单位认为自己是由国家行政管理机关正式批准成立的出版单位，且有着或长或短的出版历史及一定的文化资源积累，掌握着内容的话语权。但事实上，从产业链角度看，传统出版单位在整个产业链中主要是出版内容的提供商，其过度集中在内容源头一端，离内容价值最终实现端的距离较远，在整个产业链中处于劣势，存在着被技术提供商和作者越过的危险。

（二）资金不足、技术薄弱

中国新闻出版研究院院长魏玉山在对《2013—2014中国数字出版产业年度报告》的解读中指出，我国数字出版起步的时间与国外几乎同步，但现在和它们的差距还是比较明显的，主要原因是我们的传统出版企业在这个领域的投入和国外比远远不够。目前，国外许多传统出版企业的数字化产品收入已占到其总收入的70％左右，而我们最多也就10％。传统出版企业在进行数字化发展的初期需要投入非常多的资金，比如在技术研发、营销渠道开发、产品设计和制作等方面都需要大量资金支持，所以，早期进入数字出版业的都是资本实力雄厚的企业。即使是现在，制作单个品种的数字出版物不需要投入很多资金，但要做成规模，做出品牌，仍然需要较大的资金支持。同时，传统出版企业发展数字出版也没有雄厚的技术基础，从本质上说，数字化背景下的传统出版企业，只是内容提供者，在技术方面依然很薄弱。

（三）产业链中处于被动地位

在我国，数字出版的发展完全是由技术商主导。参与数字出版业务的主体是 IT 企业，如北大方正、清华同方、中文在线、万方数据等。这几家新兴出版商，已将全国 500 多家图书出版社的 120 万种图书资源进行了数字化整合，从而占据了我国电子图书市场 90％以上的份额。随着移动互联网的快速发展，电信运营商和移动阅读应用开发商在移动出版领域发挥着它们的优势。而传统出版企业参与数字出版的步伐较为缓慢，因此，到目前为止，在整个数字出版产业链中，传统出版企业还没有完全找到自身定位，处于被动地位，没有话语权，没有定价权，也无法获得由数字化业务带来的丰厚利润。

（四）竞争力弱、市场占有率低

目前进入数字出版领域的企业来自不同的相关产业，主要参与者有高科技企业北大方正和清华同方等，大电商平台亚马逊、当当网等，网站中文在线、盛大文学、专业的数字出版数据文献网万方数据库等，电信运营商中国联通和中国移动，以及移动阅读应用开发商等。传统出版企业的数字化水平与其他参与者相比，差距还很大，要在竞争中获取一定的市场份额，还有一段很长的路要走。

四、传统出版业数字化发展面临的机遇

随着科学技术的进步和读者阅读习惯的改变，我国出版业竞争的焦点正逐步向数字化转移，数字出版已经成为我国出版业发展的必然趋势。正确把握自身面临的发展机遇，是传统出版业成功转型和发展的必然要求。

（一）国家政策支持与推进

国家对传统出版企业的数字化转型和升级十分重视，并且从国家政策和财政方面给予了大力支持。2009—2015 年，国家出台了一系列的文件和指导意见，为传统出版企业加快数字化发展创造了千载难逢的发展机遇。

2009 年 9 月,《文化产业振兴规划》公布,出版发行、数字内容等被明确写入重点推进领域。这标志着文化产业上升为继纺织、钢铁等行业之后的又一个国家战略性产业。与之配套的是,中央设立文化产业发展专项资金,起初每年投放 10 亿元,而后资金规模逐年增加,2013 年达到 47 亿元;同时成立中国文化产业投资基金,总规模达 100 亿元。

2013 年 3 月,国家新闻出版广电总局正式挂牌成立。"大文化部委"的组建有利于促进文化体制改革、推动文化产业整合,有利于打破业务界限、技术界限和资本界限,促进以"电子流"形式存在的数字出版内容在各种媒介和屏幕上无障碍流转、无缝融合链接,有利于加速推进我国数字出版产业标准化体系建设。

自 2012 年 9 月起,原国家新闻出版总署开展传统出版单位数字出版转型示范评选工作,全国共 136 家图书出版单位、155 家报纸出版单位和 139 家期刊出版单位提出申报请求。2013 年 6 月底,首批 70 家数字出版转型示范单位名单公布,图书出版企业有 25 家,其中中小出版企业有 14 家,占总数的 56 %。国家新闻出版广电总局明确表示,将对这些单位给予优先扶持:示范单位申报总局改革发展项目库的数字出版项目,优先入库和出库,帮助其争取国家和地方财政资金支持;优先支持具备条件的示范单位承担国家和总局的相关工程项目;优先支持示范单位选派人员参加总局组织的国内外专题学习和培训;在传统出版资源配置上也将给予倾斜。

为贯彻党的十八大关于加快文化与科技融合的精神,落实《国家"十二五"时期文化改革发展规划纲要》关于"出版业要推动产业结构调整和升级,加快从主要依赖传统纸介质出版物向多种介质形态出版物的数字出版产业转型"的要求,推动新闻出版业健康快速发展,2014 年 4 月 24 日,国家新闻出版广电总局和财政部发布了《关于推动新闻出版业数字化转型升级的指导意见》,这为传统出版业加快数字化转型提供了指导及政策方面的支持。同时,加大财政对新闻出版业数字化转型升级的支持力度,将新闻出版业数字化转型升级项目作为重大项目纳入中央文化产业发展专项资金扶持范围,分步实施、逐年推进。发挥财政资金杠杆作用,推动重点企业的转型升级工作,引导企业实施转型升级项目。

为积极贯彻习近平总书记关于媒体融合发展的重要讲话精神，进一步提高出版业在信息化条件下的影响力、传播力和竞争实力，推动出版业更好、更快发展，2015 年 4 月国家新闻出版广电总局和财政部又发布了《关于推动传统出版和新兴出版融合发展的指导意见》（以下简称《指导意见》）。《指导意见》的出台，为推动传统出版的影响力向网络空间延伸、实现传统出版和新兴出版融合发展指明了方向，明确了工作目标和重点任务，阐明了路径，提出了实施措施。

为进一步深化传统出版单位数字化转型示范工作，加快传统出版业向数字出版转型升级步伐，促进数字出版产业整体发展，2015 年 7 月国家新闻出版广电总局公布了第二批 100 家数字出版转型示范单位，国家在政策、资源等方面的支持力度和覆盖面进一步加大。第二批转型示范单位的公布，进一步刺激了出版企业推行数字出版的信心和决心。中央财政的大力支持，为出版企业推行数字出版提供了流动资金保障，为它们在数字出版领域的持续投入和持续创新增加了动力。

（二）数字化开辟新的增长点

对传统出版企业来说，库存及成本压力与日俱增、新消费群体个性化需求难以满足、没有新的盈利推动力等，成为出版企业转制后待解决的问题，而出版数字化为传统出版企业带来了一个全新的契机。出版数字化拥有易存储、易共享等优势，使更多的受众融入了全媒体时代，同时也带动了整个市场出现新的消费群体倾斜的趋势。这类新的消费群体与传统消费群体相比，在消费习惯、消费观念及消费载体方面都发生了翻天覆地的变化，因此这类逐渐扩大的消费群体必将为依附于整个产业链条中各环节的企业带来新的利润增长点。从出版载体的更新、流程的再造、出版环节的简化，到内容管理及阅读方式的改变，将数字化融入出版业的每一个环节中，改变传统出版物的生产方式和消费理念，这也意味着传统出版的盈利链条得到了延伸和扩展。转企改制后的出版企业，投身于不熟悉的商海中，在自负盈亏的巨大压力下，只拘泥于传统经营模式，故步自封只会使利润空间逐步压缩。因此，对于传统出版企业来说，出版数字化不是一种选择，而是必然要经历的一个过程。

（三）数字出版技术的迅猛发展

目前，我国出版业正处在由传统出版向数字出版转变的关键时期，不仅要面对读者阅读习惯和阅读方式的转变，还要面对一系列的技术改变。技术进步是产业发展的重要条件。信息技术和数字技术的应用为出版业数字化的快速发展提供了技术保障，特别是电子显示技术、数字水印技术、数据加密技术、数字终端技术、数字版权保护技术等一系列核心技术的发展，妥善解决了图书资源数字化、数字版权保护、电子书安全分发和数量统计三大关键问题。从技术的角度来说，我国目前的数字出版技术为传统出版企业的数字化转型和发展提供了坚实的技术基础。

五、传统出版业数字化发展面临的挑战

虽然传统出版企业的数字化发展面临着良好的机遇，但是随着 IT 技术和我国数字出版业态的发展，传统出版企业在数字化转型和发展中依然面临着很多制约因素。如何顺利地完成数字化转型，是关系到出版企业可持续发展的重要问题。因此，必须清楚认识到传统出版业数字化转型过程中面临的挑战。

（一）国外出版商加速渗透中国市场

不论是大型数据库开发，还是在线平台运营，不论是电子书制作，还是数字出版物营销，西方发达国家都走在了我们前面。它们的数字出版市场运作经验更丰富，相关信息技术更成熟。

目前，许多国外数字出版大鳄都已在中国市场陆续开展相关业务。比如励德爱思唯尔集团，从 2000 年至今，已有 200 多家中国机构订购了其全文数据库 ScienceDirect，在高校市场板块，其产品每年能达到 3000 万美元的销售额，为中国师生供应 5000 多万篇外文论文的下载量，占外文论文市

场份额的 59 %。又如培生教育集团，从 2009 年开始，其连续收购了华尔街英语等多所英语培训学校，并设立了全球第一个基于数字化的学术英语考试——培生英语考试，培生教育集团在中国在线出版领域跑马圈地的野心一步步显露。凭借其强大的网络运营支持和深厚的品牌积淀，培生教育集团将会是中国外语类出版企业开展数字出版尤其是在线出版的劲敌。

兰登书屋、麦格劳-希尔教育集团等其他国际一流的出版商也一直在通过与国内出版机构合作开发等形式，加快渗透中国数字出版市场的步伐。在 2013 北京国际出版论坛上，国家新闻出版广电总局表示，在开放批发零售等发行环节的基础上，中国将进一步开放数字出版市场，欢迎国外从事与数字出版生产有关的企业进驻中国，与中国企业在版权、技术、内容等方面深入合作。国外数字出版企业虎视眈眈，如果我们迟迟不迈出基础性的步伐，提前做好充足准备，始终无法表现出应有的刚性和坚定，那么数字出版市场领地必然失守。

（二）盈利模式依然不清晰

在美、日等发达国家的数字出版产业链中，各环节的利益分配相对合理些，一般内容供应商可以拿到收益的 50 % ～ 70 %，而电信运营商和服务提供商所占比例则相对较低，因此，在美、日等发达国家的数字出版业中，作为内容提供商的传统内容出版企业占据着主导地位。而我国的数字出版则是一场由技术商推动的变革，技术商在数字出版的前期占据着有利的位置，传统出版企业对数字出版的理解也一度偏向技术至上。对于大多数传统出版企业而言，数字出版仅仅是将纸质图书电子化，没有对内容资源进行更深层次的开发，因此，这种模式不适合数字出版的长远发展。

数字出版的本质还是出版，出版的本质还是内容为王。在版权问题不清、技术标准不统一、国家相关的法律法规还不完善的情况下，传统出版企业虽然具有出版的核心内容资源，但也无法在与技术商等的谈判中占据优势。定价权、利润分成，甚至是销售数据的反馈等，都由技术商说了算，技术商也不甘只做技术提供商，而是想要占据更多的内容资源，从而独吞整个产业链。

没有清晰的盈利模式，在一定程度上减缓了出版企业数字化的进程。数字出版的盈利模式说到底是数字出版产品或者服务在销售过程中的价值实现问题，这就牵扯到数字出版产业链上各方的利益分配问题。因此，要想使数字出版的盈利模式清晰，数字出版产业链上的各个环节需要全力协作。

（三）版权保护技术不成熟

数字出版业中的版权问题，不仅表现为数字版权保护的相关法律法规还不健全和现有纸质图书数字版权的追授困难，也表现为数字版权保护技术的不成熟。在我们调研的出版企业中，有的负责人就表示目前对于开展数字出版方面的业务非常谨慎，主要担心的问题就是数字出版市场整体还不太规范，还出现过数据泄露、盗版等情况，不论是将自己现有的纸质内容交给技术商或代理商来运作，还是出版社自身来运作，意义都不大。

数字内容相较于传统内容来说，具有传播速度快、传播范围广、易复制等特点，目前市场上的非法传播现象已严重损害了著作权人的合法权益，影响了出版人进军数字出版市场的积极性，对整个数字出版市场的长远发展都具有破坏作用。数字版权保护技术则被寄予厚望，成为规范数字内容传播的重要方法之一。数字版权保护技术以数字加密技术为基础，综合一系列软硬件技术，用以保证数字内容在整个生命周期内的合法使用，平衡数字内容价值链中各个角色的利益和需求。版权保护技术就像给著作权人和最终消费者之间搭建了一条安全的数字内容传播通道，保证了通过互联网进行的各种数字内容交易活动的安全。

（四）技术标准难以统一

一个统一的标准可以保证一个行业规范、有序、迅速地发展，而我国目前则缺乏数字出版相关的硬件、软件、文件交换格式等的行业标准和国家标准。有些出版单位之所以在数字化转型方面非常谨慎，很大一部分也是因为数字出版市场不规范，没有一个统一的标准。目前，市面上的数字内容存储格式非常多，比如 PDF、CEB、CAJ 等，这些基本都是数字出版企业自行研发的适合本企业内容的格式，相互之间功能差别也较大。这些企业各自制定的技术标准不同，使得数字化产品的格式、流程和终端的差异都比较大。如果现在下大力气发展数字业务，一旦今后行业标准统一，那么现在的存储格式就成为"不合格"产品，所下的功夫就都会白费。

技术标准不统一容易造成以下问题：同样的数字内容拥有多种不同的格式，受众在选购时容易产生困惑，这也是对人力和社会资源的极大浪费；如果个人或企业购买的数字内容产品较多，而格式不统一的话，也会使用户在检索时遇到困难；用户通常只拥有一个终端阅读器，而下载的数字内容格式如果多种多样的话，则很难实现在同一电子阅读器上阅读所有数字内容，这就在无形中增加了用户使用数字内容的困难，也打击了用户消费使用数字内容的积极性，对于数字出版市场的长远发展十分不利。技术标准的不统一使传统出版企业在面对数字出版时比较困惑，也限制了其向数字化发展的步伐。

六、加快传统出版业数字化发展的必要性和战略意义

传统出版业数字化是我国出版业发展的唯一出路和必然选择，对于这一点，政府和出版企业已经达成共识。国际上以英美为代表的发达国家在依托高新技术的基础上，基本完成了传统出版业的数字化转型。新媒体、新业态、数字化生产方式、数字化传播方式和数字化消费方式渐成主流。尽管目前我国数字出版产业以每年 30 % 的增速发展，但是我国传统出版业在数字出版总收入中所占比例甚微，数字化参与程度依然很低。面对数字化与信息化带来的挑战与机遇，传统出版业只有主动开展数字化转型升级，才能实现跨越与发展。开展数字化转型升级是进一步巩固新闻出版业文化主阵地主力军地位的客观需要，是抢占未来发展制高点、参与国际竞争的重要途径。因此，加快实现我国传统出版业的数字化转型升级，是时代赋予我们的义不容辞的历史使命与重任。

第一，加快传统出版业的数字化发展是推动我国文化产业成为支柱产业的重要基础。中央明确指出，要大力发展文化软实力，推动文化产业成为国民经济支柱性产业。出版业作为文化产业的基础产业和核心产业，在文化产业中具有重要地位，肩负着意识形态领域的重要职责和重要使命。整个行业

都面临着快速转型和快速升级，传统出版业向数字化出版转变已成为一个必然趋势。对此，我们必须尽快突破重大关键性技术，更好地运用数字技术，掌控网络技术、终端技术，进一步打破资源、体制和环境的瓶颈，早日跻身国际数字化出版行列。

第二，加快传统出版业的数字化发展是推动我国新闻出版业发展方式转变的重要标志，是提升文化软实力、实现强国梦的重要举措。正如《数字出版"十二五"时期发展规划》指出的那样，数字出版已成为新闻出版业的战略性新兴产业和出版业发展的主要方向，也是国民经济和社会信息化的重要组成部分。大力发展数字出版业，已成为我国实现向新闻出版强国迈进的重要战略任务，也是建设出版强国的重要保证。从目前来看，虽然我国已经是一个世界新闻出版大国，但与世界新闻出版强国相比还有不小的差距，因此，要实现从新闻出版大国向新闻出版强国的跨越，就必须加快出版方式的转变，实现传统出版业的数字化发展。

第三，加快传统出版业的数字化发展是满足不断增长的广大人民群众的多样化精神文化需求的必然要求。随着科技的迅猛发展，信息高速公路的开通、互联网络的普及，带来了人民群众精神文化需求的高速增长。其主要表现在以下两个方面：一是人们借助QQ、微信、微博等新的互联网渠道参与文化创作的热情日益高涨，网络文化出版、手机出版、博客家喻户晓；二是人们对数字出版产品的消费需求日益强烈，电子阅读和移动阅读成为人们的主要阅读方式。数字化出版使人们获取知识和信息变得非常容易和快捷。

第四，传统出版业的数字化发展也是我国进行国际文化传播和应对国际挑战的需要。在国际化背景下，我国要想进军国际出版市场和参与国际竞争，就必须对传统出版企业进行数字化转型和升级，否则我们将永远没有机会和国际出版大腕们站在一个平台上竞争。众所周知，数字化平台都是高科技的产物，高科技在出版领域的应用会把我们的文化向周边甚至向全世界辐射。我们有能力、有胆识、有技术登上这个平台参与国际竞争，将我们五千年的文化向全世界辐射。因此，我们必须加快从传统出版向数字化出版凤凰涅槃般的蜕变。通过数字化出版，加大中国文化、中国精神的世界辐射力，使中国走向世界，使世界走进中国。同时，进一步提升我国新闻出版业的国际话语权和国际影响力。

　　数字出版使得出版物的载体形式、传播方式发生了巨大改变，提高了出版业在传播知识、传递信息方面的速度和效能，成为全球出版业的发展方向。当前，国际上从事专业出版的跨国集团基本完成了数字化转型，从数字化方面获取的收益已经超过了 50 %。2009 年以来，一些跨国出版集团开始运用数字出版技术抢占未来大众市场的份额，以苹果 iPad 平板电脑为代表的多款阅读器投放到国际市场，出版数字化收入随之迅速增长。在我国出版业同外国出版业之间的竞争与合作、交流与碰撞更加频繁的背景下，发展数字出版，抢占出版业数字化的制高点，赢得发展的主动权，是必然的战略选择。

第四章　数字化转型背景下传统出版范式重构研究

第一节　数字化转型背景下传统出版范式重构的必要性与可行性

一、传统出版与数字出版矛盾升级

数字出版发展的十年来，一直保持强势增长的势头，已经在新闻出版业乃至整个文化产业中站稳脚跟，在我国经济结构调整和平稳运营等方面发挥着日益重要的作用。"2015 年中国数字出版营业收入约为 4403.85 亿元人民币，与 2014 年相比增长 30 %，占到我国出版全行业总营业收入的 20.5 %。"[①] 在此期间，国家在政策保障、资金投入等方面进行扶持，先后建立 170 个数字出版示范单位，为数字出版的发展提供广阔空间。数字出版的强势来袭，犹如豺狼虎豹，把传统出版杀了个措手不及，也把传统出版逼到了"绝境"。

对于整个出版行业来说，出版的最终目的是让出版物到达大众的手中，大众对出版物实施了消费行为才意味着整个出版流程的完成。出版物的最终消费者是读者，读者消费方式的变化、阅读方式的变化都会直接影响出版流程和整个出版行业的最终走向。中国互联网络信息中心发布的第 38 次《中国互联网络发展状况统计报告》显示，"截至 2016 年 6 月，中国网民规模达 7.10 亿，互联网普及率为 51.7 %，超过全球平均水平 3.1 个百分点，超过亚洲平均水平 8.1 个百分点。大众使用手机上网的比例为 92.5 %……"[②] 随着互联网的普及和发展，包括移动媒体在内的新兴媒体不断迸发出新鲜的活力，在生活、学习、工作及娱乐等方面逐渐改变着大众的习惯。

①张立. 2015—2016 中国数字出版产业年度报告 [M]. 北京：中国书籍出版社，2016：10.

②中国互联网络信息中心. 中国互联网络发展状况统计报告 [R]. 2016-08-03.

　　我们把第十三次全国国民阅读调查的数据资料进行了整理，发现了大众在选择阅读媒介和阅读方式上的变化。大众在阅读媒介的选择上有"大杂居小聚居"的特点；阅读方式主要集中在网络在线阅读和手机阅读，光盘阅读、电子阅读器阅读等数字化阅读方式则遍地开花。另外，Pad 端的数字阅读方式脱颖而出，大众选择电子阅读器进行阅读的比例有所回落。总体来看，我国大众数字化阅读形成了以手机阅读和网络在线阅读为主导的阅读方式。通过调查数据不难看出，2008 年以来，我国成年国民的纸质图书阅读率保持着每年大约 2.0 % 的均匀增速，数字化阅读方式接触率的增长速度十分明显。其中，2013 年的数字化阅读方式接触率比 2012 年提高 10.2 %，增速最为明显；2014 年数字化阅读方式接触率高达 58.1 %，比纸质图书阅读率高出 1 个百分点，首次超过纸质图书阅读率；2015 年已突破 60 % 大关，并有持续增长的趋势。按照这种发展趋势，在未来几年，数字化阅读方式接触率仍然会大幅度增长并远超纸质图书阅读率。这也表明，伴随数字出版形式的多样化，大众选择阅读的方式已悄然改变，这种数字传播所带来的阅读方式上的变化给传统出版的纸质图书带来的冲击更是显而易见。

　　从数字出版在我国的发展情况来看，持续走高的增长态势已然让日渐式微的传统出版业战战兢兢；从我国民众对阅读媒介和阅读方式的选择上来看，目前数字出版在出版环节的末端——消费环节已与传统出版持平并大有赶超之势，而这种趋势对整个传统出版行业来说是一种巨大的冲击。徘徊在数字时代边缘的传统出版，面对与数字出版间不断升级的矛盾，面对数字出版的强势打压，如何正面迎战，转压力为动力，相辅相成，相得益彰，维持整条产业链的健康运行，成为传统出版重构迫在眉睫的艰巨任务。

二、西方重构传统出版已先行一步

　　数字出版在我国的发展干劲十足，但就世界范围内的数字出版发展而言，西方发达国家的出版业因起步早、技术革新早、数字出版萌芽早等特点而成为世界出版产业的主要力量。数字出版产业是伴随着信息技术的发展而产生的，美国、英国、荷兰、德国、加拿大等欧美发达国家的数字出版产业因其信息技术的带动而尤为突出。在我国出版业求"变"的时候，西方出版业的领跑者们已经在变中求"新"了。面对西方出版业的大繁荣、大发展，以及国内数字出版起步晚、传统出版重构慢的双重夹击，我国出版业的发展步履维艰，面临着严峻的挑战。

早在 20 世纪末，西方的一些出版商就已经开始向数字出版转型，出版商的角色也开始由传统的内容提供商向数字内容服务商转变，如培生教育集团、汤姆森集团、约翰·威利父子出版公司、世界著名的科技出版集团德国施普林格、全球最大的科学与医药信息出版商励德爱思唯尔集团等。其中，汤姆森集团首先完成转型，成为全球第一家专业信息服务集团。大型出版商逐步实现了从出版商到信息服务商的转型，国际出版集团的并购重组正在如火如荼地展开。数据显示，"励德 2014 年的数字收入约占总收入的 82%，在全球的数字化收入中位居第四，在我国，只有中国移动能够超越，而新闻出版集团鲜有能与之抗衡者"。①

国外出版机构在转型的过程中还力求突破，求变、求新 —— 有声书成为渐趋下滑的电子书市场里的一颗新星。2015 年，美加地区有声书发行量近4 万种，企鹅兰登书屋还专门成立了有声书部门来为大众推送有声书。此外，在线上购书火热，互联网企业纷纷争抢图书出版线上销售份额的时候，2015年，以亚马逊为代表的互联网企业巨头却打破常规，开办了第一家亚马逊实体书店，布局线下业务，着手构建完整的出版产业生态链。国际出版行业可谓变幻莫测，跟上国际出版行业动态对于处在传统出版重构过程中的中国出版业来说绝非易事。

在我国传统出版重构升级和数字出版发展相对缓慢的当下，国外出版机构却盯上了我国出版市场这块肥肉。近些年来，亚马逊、励德爱思唯尔等西方出版机构逐步向我国出版业渗透，不断在我国获取出版资源，现已实现了对原始资源的储备。此外，在人才资源的开发、销售渠道的搭建、产品生产的布局等方面，西方出版机构也是精心规划，这不禁让国内出版行业有了一

---

①张新新. 融合发展的现状认知与路径思考：以传统出版单位为视角 [J]. 科技与出版，2015（05）：18-21.

种危机感。面对国外出版机构的强势入侵，我们要秉承开放、合作的态度，同时也要把握好尺度，坚守我国出版阵地，确保长期以来积累的内容资源不丢失，保障我国出版单位赖以生存和发展的根基及与西方国家竞争的有力武器。

三、政府扶持为产业转型保驾护航

原国家新闻出版广电总局数字出版司司长张毅君把"我国数字出版的发展状态比喻成'村村点火、户户冒烟'，把西方国家的数字出版比喻成'静悄悄的、润物细无声的'"①，这个比喻呈现了中西方在数字出版产业发展方面的不同。数字出版在我国发展的十年来，政府通过宏观调控，不仅在政策上给予支持，还加大财政投入的力度，推动传统出版的重构，扶持传统出版产业向数字出版的转型升级，促进我国出版业向长远发展。

在"十二五"的收官之年，我国数字出版产值突破了 4400 亿元，再创新高；在"十三五"的开局之年，国家明确提出了"文化产业成为国民经济支柱性产业"的发展目标，并首次将数字出版纳入"十三五"规划中，指出要"加快发展网络视听、移动多媒体、数字出版、动漫游戏等新兴产业"，以一种动态的、发展的眼光看待数字出版，把对数字出版的重视程度上升到国家高度，这对我国数字出版的发展来说，具有划时代的意义。

近几年来，政府一直在努力推进传统出版与数字出版的融合发展，出台了多项政策与有力举措，在为传统出版的重构保驾护航的同时，为数字出版的持续快速发展营造了宽松的政策环境。2014 年 4 月，《关于推动新闻出版业数字化转型升级的指导意见》面向全行业提出了数字化转型升级的主要目标和任务；同年，国家新闻出版广电总局还先后推出了《关于加强数字出版内容投送平台建设和管理的指导意见》和《关于推动网络文学健康发展的指导意见》等一系列行业政策性文件，以促进数字出版产业的健康发展；2014年 8 月 18 日，《关于推动传统媒体和新兴媒体融合发展的指导意见》为新

①张新新. 数字出版业态中政府与市场的关系：以传统出版单位为视角 [J]. 出版广角. 2014（06）：12-17.

闻出版业的融合发展提供了重要依据。2015年"两会"期间，李克强总理提出制订"互联网+"行动计划，助推新闻出版业的融合发展；2015年4月9日，《关于推动传统出版和新兴出版融合发展的指导意见》将政策具体落实到出版工作上，为传统出版的转型和数字出版的繁荣提供了政策保障；2015年4月24日，《关于推动新闻出版业数字化转型升级的指导意见》中指出，要以"开展数字化转型升级标准化工作，提升数字化转型升级技术装备水平，加强数字出版人才队伍建设，探索数字化转型升级新模式"为主要任务。

在国家顶层设计的指引下，政府管理部门对于数字出版、新闻出版业融合发展的政策部署有了更为详尽的政策支撑。除此之外，截至2015年，国家先后建立了170家数字出版转型示范单位和14家国家数字出版产业基地，它们树立了典型，为诸多传统出版单位实现重构、转型和升级提供了可借鉴的经验。对传统出版单位而言，要想实现重构，除了政策扶持、技术支持、人才培养等途径外，充足的资金保障更是必不可少的。"自2011年以来，财政部文资办、国家新闻出版广电总局数字出版司先后启动了文化产业发展资金、国有资本金、数字化转型升级项目资金等一系列扶持资金，其中新技术、数字出版、媒体融合等始终是支持的重点方向。在2013年，国家财政拨付1.6亿元用于中央级61家出版社开展数字化转型升级项目。"① 截至2014年，国家拨付的产业发展专项资金高达192亿元，资金投入之大可见改革决心之坚定。

四、传统出版资源的积累奠定根基

狭义的数字出版可以理解为对传统出版资源数字化、碎片化的一种延伸。虽然在数字出版发展的过程中，其传播方式发生了本质上的变化，但是在数字技术背后，对数字出版形成有力支撑、为数字出版奠定根基的仍然是传统出版的资源积累，它包括了内容资源、人才资源、读者和作者资源等。

不论出版业发展到何种程度，"内容为王"都依然适用，内容是"骨骼"，内容是"地基"，内容是出版发展的支撑和内核。以德国施普林格出版集团

①张新新. 变革时代的数字出版 [M]. 北京：知识产权出版社，2016：11.

为例，施普林格出版集团有 900 家分支机构，是一家拥有 100 多年历史的老牌出版集团，百年积累下来的内容资源十分丰厚，年出版图书种类多达 5000 余种。同时，它也是世界著名的科技出版集团并已完成数字出版业务转型，长久以来其在资源上的积累为自身的重构转型提供了重要保障。不仅如此，内容资源还是突破数字出版发展同质化瓶颈的关键一环。传统出版的原始积累为数字出版提供了源源不断的内容资源，这些内容资源在出版业发展的过程中日益丰富。各具特色、个性十足的内容资源也为数字出版的发展增添了活力。

在人才资源方面，数字出版的人才资源主要有两个来源：一是来自高校对复合型人才的输出，二是来自传统出版人才的二次培训。数字出版万变不离其宗，传统出版人才经过长期的岗位实践，积累了丰富的出版经验，掌握着出版行业发展的最新动态，而这正是初出茅庐的高校人才所欠缺的。传统编辑向数字内容编辑转变，印刷人才向数字印刷高级技师转变，出版发行人员向数字营销人员转变，等等，传统出版的人才积累为数字出版的人才养成提供了便捷的输出口径，通过二次培训便能顺利适应数字出版多变的市场要求，从而推动数字出版产业的发展。目前，许多院校开展了"校部共建"工程，让政府作为中间桥梁，连接企业与高校，使二者能够互通有无，让信息的传播更加畅通，让学生在学校学习到的就是社会所需要的，让企业招聘到的就是能够直接上岗的，不让人才资源浪费，不让企业岗位空缺。这是一种理想的状态，也是我们为之努力的方向。

此外，在读者资源和作者资源方面，传统出版机构在发展的过程中在无形之中培养了一批忠实的作者和读者，他们是维系出版社正常运转的重要力量。数字出版的发展离不开作者在内容资源上的创作和读者在出版产品上的消费，这二者与出版产业息息相关，不可分离。

第二节　传统出版范式重构的宏观视角与微观视角

一、传统出版范式重构的宏观视角

传统出版范式重构的宏观视角是从全局的角度出发，促成传统出版的重构，推进数字出版的孕育的关键。它具有基础性、全局性和决定性等特征，是关系到传统出版未来走向的重要因素。本章从传统出版范式重构的宏观视角出发，细分为行政管理体系、出版服务体系、知识产权体系及人才保障体系四个方面进行阐述，分析传统出版行业在行政管理体系、出版服务体系、知识产权体系和人才保障体系上的弊端与瓶颈，并探究促成传统出版范式重构、数字出版发展的合理途径和有效举措。

（一）行政管理体系

"为什么国外的数字出版是由传统出版单位发轫并引领，由此实现了从传统出版向数字出版的成功转型，而国内的数字出版却由技术服务商引领，在内容方面占尽优势的传统出版单位在数字出版方面却不见起色？"[①]周蔚华教授的这一问题引起了人们的关注和思考。相比而言，我国与国外在传统出版业的数字化转型过程中并无太大差异，然而造成我国传统出版单位数字化转型不见起色的主要原因还是在于整个出版行业在出版管理体制、出版运营机制、领导权限管理等方面的不同。这几个方面属于出版行业中的顶层设计环节，而顶层设计的合理安排是促进各组织结构合理运行，加快实现传统出版向数字化转型的根本保障。

1. 出版管理体制

在我国，出版单位的审批由国家新闻出版署负责，并由其制订相关出版事业发展的规划，对全国出版活动负责。此外，《出版管理条例》在注册资本、业务范围、从业人员等方面有明确的规定，准入门槛高、申办审批严成

---

①周蔚华. 通过加快改革解决我国数字出版转型中的制约因素 [J]. 出版发行研究，2010（12）：21-25.

为一大特色。出版单位在审批前申请的业务范围会在通过审批后确定且固定，而且当前对出版单位的管理也严格按照业务和专业分工的不同进行。这种严格的审批制度和管理模式有利于出版社良性的竞争和有序发展，形成积极向上的行业氛围。但严格的业务分工使传统出版单位在数字化转型过程中难以进行有效的资源整合，相对而言，一些民营出版单位和互联网公司在这个方面并不受约束，反而利用技术，以灵活取胜。它们精诚合作，冲破固化分工的桎梏，整合资源，提供优质服务，在数字化的进程中先行一步。

此外，"主管主办制"也给进入出版行业的出版单位吃了一颗"定心丸"。主管主办单位给出版单位提供政策保护和行政便利，在政治上不犯错的前提下，这成为出版单位屹立不倒的支撑，使出版单位可以永久地经营，不担心会倒闭。这会使出版单位在传统出版业重构转型的进程中有所懈怠，最终导致数字化转型进展缓慢甚至停滞。不仅如此，这种"主管主办制"在保护出版单位的同时也限制了出版单位的自主经营权和自由发展。"主管主办制"下的主管单位并不是出版单位的升级版，而是单纯的管理单位，对于出版行业的动态，出版单位的运作规律、发展方向等不甚明了，在传统出版单位需要重构转型的关键时刻很难给予资金、政策方面的支持，这也让传统出版单位丧失了向数字化转型的大好时机，在转型期间束手束脚，难以推进。面对如此的管理体制，改革势在必行。传统出版范式重构不仅是业务朝着数字化的方向转变，还是传统出版管理机制的改良与变革。严格管理并不为过，开放包容的态度更是新时代赋予的精神所在。"把关人"的角色不能丢，政府主导的力量不能少，要逐步加大市场在出版行业中的作用，在保证文化安全的前提下放宽准入门槛，给予良性成分自由发展的空间，允许各种优秀资源的有序整合，为传统出版的数字化转型提供坚实的制度保证。

2. 出版运营机制

长期以来，我国出版单位实行事业单位企业化管理的运营机制，在事业单位和企业单位之间没有一个明晰的界限。在这种运营机制下的出版社，既不能以企业的制度运行，也不能以企业的身份参与市场竞争；既不能以企业的身份对外投资，也不能以企业的身份进入市场对内融资。资金来源单一、资源整合不利、兼并收购艰难，这使传统出版单位进退维谷，处在两难的境地，从而错失转型发展的大好时机，导致整个重构工作推进缓慢。

出版的运营机制与资源的拥有量紧密关联，海量资源的有效整合是促成传统出版重构转型的重要支撑。如何最大限度地拥有更多的资源？国外出版集团及国内的民营出版企业走的都是兼并收购的路子，通过兼并收购，整合多方资源，扩大自身的资源保有量以保证数字出版的发展充满活力。但这条路在传统出版社却出现了"此路不通"的现象，传统出版社的事业单位性质成为阻碍，阻碍出版社吸纳资本，阻碍出版社整合资源，阻碍出版社吸引人才，阻碍出版社的信息输出。资本和资源上的不充分，单纯靠内涵式增长，是难以找到运行模式，实现快速转型的。

以中国知网为例，从知网的目标可以看出，中国知网以知识信息资源为中心，对知识信息资源进行大规模集成整合，深度开发和传播扩散，促进知识资源和文化产业的跨越式发展。面对知网在知识信息资源方面的整合力，传统出版单位只能望洋兴叹。我国专业类出版社数百家，期刊种类数万种，每年出版的出版物种类更是数不胜数，但却没有哪一家出版社或者出版集团能够像知网这样将这些知识信息资源进行有效整合，反而是信息资源相对分散，各自为政。这与良性的出版运营机制不相适应，与传统出版的转型不相适应，与数字出版的发展不相适应，这是我国传统出版社找不到合理出版运营机制的原因所在，也是我国的出版业发展落后于西方发达国家的原因所在。我们应改变运营机制，打破行业隔阂，吸纳优质资源，实现资源整合，扩大资源容量，为传统出版的重构转型和数字出版的发展奠定雄厚的资源基础。

3. 高层领导管理

美国出版家 J. P. 德索尔指出："图书出版既是一项文化活动，又是一种经济活动。书籍是思想的载体、教育的工具、文学的容器，但是书籍的生产和销售又是一种需要投入各种物资、需要富有经验的管理者及企业家参与的经济工作。"[①] 这句话就提出了对出版事业的领导者、管理者及参与者的要求。

---

① J. P. 德索尔. 出版学概说 [M]. 姜乐英，杨杰，译. 北京：中国书籍出版社，1988：1.

在国外，经验丰富的出版家与经营多年的企业家之间默契配合，共同构建出系统的管理阶层。他们在出版业摸爬滚打多年，深谙出版行业的发展规律和发展动态，对出版行业的发展走向有诸多的想法和期许，在管理相关出版单位时能够真正从实际出发，为出版单位谋利益，为出版行业的发展谋福利。不仅如此，国外的出版机构因其实现了集团化，拥有完善的股权、期权等激励机制和约束措施，机构的效益与领导者的经济利益直接挂钩，这使国外出版机构的管理者能紧跟市场走向，追随出版行业的发展规律，在传统出版需要重构，转向数字出版的当口，抓住时机，竭力促成传统出版的重构转型与发展。

反观我国，出版社虽然目前已实行企业化管理，但仍旧是在事业体制笼罩下发展的行政组织，出版社领导层的任免权由上级单位直接决定且调任频繁。对出版这种专业性较强的行业来说，管理层领导者需要熟悉当下行业发展的特点、规律和态势，对未来行业发展的方向有眼光、有筹划，因此领导者的选择对出版社的发展至关重要。然而我国出版单位"常常作为人员调整的跳板甚至安排闲人的场所"①，这一现象在大学出版社尤为突出。在这样一个环境下，管理者的任职需要有一个熟悉的过程，难以快速融入出版行业，而且在短暂的任职周期中，管理者很难扎扎实实地投入精力甚至财力到其所在的出版单位当中。这也是与国外管理者入股投资出版业不同的一点。

在我国，出版单位管理层的利益与出版单位的业绩没有直接关系，这在很大程度上削弱了管理者参与整个出版单位发展的积极性。眼下，传统出版的数字化重构转型正需要一股长期的、持续的中坚力量来支持，需要有资金和风险的投资来支持，在这些方面，我国传统出版单位管理层的做法并不出色。

对此，按照现代企业制度运作，敢于投资，敢冒风险，让不少民营出版企业抓住了传统出版重构的契机，在大规模投入资金后掌握了传统出版数字化重构转型的发展先机。针对传统出版单位在管理层领导任命方面的漏洞，

---

①周蔚华. 通过加快改革解决我国数字出版转型中的制约因素 [J]. 出版发行研究，2010（12）：21-25.

加快促成出版单位的转企改制，促成我国出版单位的集团化改造，成为改善这一问题的关键。目前，我国出版社转企改制已进入深化阶段，集团化发展规模不断壮大，其所带来的经济效益和整体效益日益凸显。

（二）出版服务体系

出版服务体系的构建是传统出版向数字出版迈出的重要一步，也是使出版业扮演的角色发生转变的一个见证。传统出版服务体系是一个进行内容生产、加工，以内容服务为主体的服务体系，为作者提供研究、分析、评价及写作服务，为用户提供研究和分析平台。而数字出版服务体系是一个满足用户需求的，从单纯的内容开发和内容提供转向信息服务、知识服务、文化服务等服务内容的出版服务体系。本书主要从数字出版教育和移动数字出版两个方面对出版服务体系的构建进行阐述，打开构建开放型出版服务体系的新视角。

1. 教育＋出版：教育资源的数字应用

我国的教育资源丰富，教育前景广阔，数字出版在教育领域的发展有巨大的潜力。2013 年到 2017 年，中国互联网教育行业市场规模年增长率均在 30％以上，整体增长率位列全行业第三，整体行业增速及潜力远未到达顶峰。而且，《国家中长期教育改革和发展规划纲要（2010—2020 年）》《教育信息化十年发展规划（2011—2020 年）》等国家教育政策中都强调了信息技术对教育发展的革命性影响，构建灵活开放的数字化教育资源共享平台，创新数字教学模式，提高远程教学的服务质量，推进数字化校园建设等一系列举措将数字出版更好地融入教育体系中，让数字技术在教育事业中扮演的角色更为主动，也更加重要。

截至 2016 年，已经有超过 67％（大约 4.48 亿）的中国网民使用互联网产品进行学习，这是互联网教育行业在一个较广意义上的统计。但就目前通过传统出版机构搭建的线上教育平台实现数字教育的情况来看，"2015 年，数字教育用户规模高达 7000 万且增长迅猛，有望在 2018 年突破 1 亿大关；数字教育市场规模突破 1000 亿元，预计在未来三年的时间内市场规模翻一番"。① 数字出版在教育领域释放出巨大能量，成为吸引传统出版单位重构转型，推动数字出版产业加速布局、快速发展的强大动力。

目前，我国数字教育市场可谓遍地开花，各大出版机构都盯准了数字教育这块蛋糕，想从中分一杯羹。"人教数字校园""青云在线""时代教育在线""贝壳网""大象教育资源网""跨学网""导学号"等移动学习和"数字校园"项目正成为数字教育中的争夺点。以人民教育出版社旗下的"人教数字校园"为例，"人教数字校园"整合了诸如与新课标教材配套的音视频资源、多媒体素材资源、人教数字教材、人教 e 学、教师网络培训和服务平台，以及人教点读笔等各类优质的基础教育数字资源，不仅满足了教育信息化发展的目标，而且通过在线课堂、互助答疑、线上交流等活泼生动的形式，满足了学生立体化学习的需要，也满足了教师远程教学、随时辅导、时时批改等要求。平台的搭建不难，技术难题也可以突破，但教育资源的合理配置、用户与平台之间的契合度仍是出版迈向数字教育的重点和难点。正所谓"背靠大树好乘凉"，"人教数字校园"正是依托人民教育出版社丰富的教育资源，利用人民教育出版社出版教材的庞大用户基础打造起来的，有了坚实的后盾，才会有更好的发展。此外，浙江出版集团数字传媒有限公司、中南传媒的天闻数媒、凤凰出版传媒集团旗下的江苏凤凰信息技术有限公司、广东省出版集团数字出版有限公司等都是各地出版集团开展在线教育的桥头堡，特别是长江出版传媒股份有限公司，其目前有三家公司 —— 湖北长江盘古教育科技有限公司、湖北博盛数字教育服务有限公司、湖北长江教育研究院有限公司，都在开展教育信息化项目。基于"互联网＋"的背景，数字教育给出版社带来了很多转变，在诸多的转变中最主要的还是从内容提供商向技术服务商的角色转变。未来出版业的发展方向和发展趋势要更加注重消费者的用户体验而不是简单地把内容摆在前头，针对各地区的出版产业发展情况，结合当地的教育资源开发实际，打造个性化数字教育服务平台成为出版社在数字教育领域发展的主要着力点。

---

①尹琨. 传统出版＋数字企业联手攻克数字教育出版难题 [N]. 中国新闻出版广电报，2016-08-11（07）.

虽然放眼望去数字教育满是繁华，但实际上数字教育的开发、落地和推广却是困难重重。目前，市场上大多数的数字教育平台都是以教育类出版社为基础构建起来的，其他类型出版社的数字教育能否突破区域局限和政策壁垒，能否真正地成为出版业发展的出路，能否顺利地让传统出版从转型的过程中蜕变出来，能否切切实实地为出版机构谋利益、求发展等，都还是未知数，这些问题也让不少出版单位望而却步，对数字教育的开发一直处于观望状态。

（三）知识产权体系

1. 数字版权：内容属性与作者权益

在传统出版向数字出版转型发展的过程中，数字出版的前景让传统出版看到了希望，但有关数字版权保护的问题也日益突出，成为重构过程中的巨大阻碍之一。数字技术的蓬勃发展改变了传统的传播过程，传播者、传播内容、传播方式、传播对象及传播效果都受到了不同程度的影响。传播者由原来的出版社、编辑等传统传播载体向新兴传播媒体转变；传播内容由原来单一的文字作品向文字、影音、绘画等多媒体集成作品转变；电脑、手机、平板电脑等新媒介成为传播信息的载体，改变着传统纸媒传播的路径，成为数字时代的一大特色；传播对象的范围越来越广，可谓"老少皆宜、妇孺皆知"；传播更具层次化、多样化、立体化，传播的效果更加明显。但问题往往与成果如影随形，版权保护在数字出版和互联网时代呈现出更多、更复杂的问题——内容资源共享与版权适用范围的冲突，内容资源共享所带来的利益分成矛盾，内容资源共享与著作权人合法权益的权衡，成为数字出版业内人士越来越关注的问题，也是数字出版需要解决的棘手问题。

数字版权是"版权发展到数字时代的丰富和扩展，是在数字出版过程中产生并由作者享有的以数字化方式保存、复制、发行作品的一系列权利。作品被以二进制数字的形式固化在硬盘、光盘或其他载体上进行复制和传播，这种传播可以通过光盘、硬盘复制，也可以通过互联网或无线网以信号的形式传播"。① 在数字技术的作用下，纸质作品有了新的生命力，大众以优惠的价格购买"电子版"，然而面对购买后的复制传播、免费共享甚至海量印刷的行为，数字出版却无能为力。在版权保护方面，我国有《中华人民共和国著作权法》等专门的法律，法律规定了版权的使用权限、使用期限、使用区域，这也让版权具有了唯一性的特征。出版机构购买版权后进行相关产品的销售从而获得利润，而数字版权在面对海量的互联网信息和互联网内容资源的快速更新时却无法一一授权，这也成为我国法律保障体系中的不足之处。

因此，在立法保护上，2015年9月，国家版权局关于《著作权行政处罚实施办法（修订征求意见稿）》向全社会公开征求意见；2015年11月开始实施的《中华人民共和国刑法修正案（九）》加强了对数字版权网络著作权的刑事司法保护。在司法保护上，国务院于2015年底印发《关于新形势下加快知识产权强国建设的若干意见》，对涉及网络文学、网络音乐、网络转载、网盘服务等多领域的数字版权保护给予了明确指示和规范。在社会保护上，2015年7月，爱奇艺、优酷视频、腾讯视频等多家视频网站联手组建互联网视频正版化联盟，从供应商和版权的源头进行把控和监管，营造自觉保护数字版权的氛围，使我国的数字版权保护有了更多的实践性进展。虽然有了国家立法和司法部门的努力，有了互联网企业的积极参与，但数字版权的保护还要在管理上、技术上下功夫。目前已经形成的出版商代理模式、著作权集体管理模式、超星模式等数字版权授权模式，以及在技术层面上取得的密码技术、数字水印技术、安全水印技术等高科技成果都在为数字版权保驾护航。

另外，调查显示，56%的用户愿意为数字产品付费，用户的这一意愿也在一些数字传播的过程中得以体现，其中最明显的是视频网站的会员制度。以爱奇艺为例，用户充值会员才可享受最新上映电影、电视剧的观看权，《盗墓笔记》就以同名小说的知名度让爱奇艺赚足了会员经济。除了传统的视频网站，一些新兴的自媒体平台也在"付费"中做出尝试。喜马拉雅的付费音频节目、知乎的付费问答模式、《罗辑思维》的付费会员制度……这些实实

①周蔚华. 数字传播与出版转型 [M]. 北京：北京大学出版社，2011：191-192.

在在的案例都说明了"付费时代"的到来，"付费时代"意味着用户在消费和享受数字内容的同时也在保护着数字版权，意味着在未来数字出版传播过程中版权发展也会越来越有保障。

2. 知识产权：商品属性与二次开发

知识产权，英文为 intellectual property，简称"IP"，是关于人类在社会实践中创造的智力劳动成果的专有权利，包括发明、文学和艺术作品等。在数字时代，产品种类愈加丰富，知识产权的概念也在发生变化，将逐步替代"版权"成为文化创意产业的核心动力。在出版业，相关的 IP 产品种类繁多。"IP 主要分为四个维度：小说类 IP、动漫类 IP、影视类 IP 和游戏类 IP。以小说类 IP 为例，从 2014 年开始，小说类 IP 拉响了争夺战，去年中国在线游戏开发和运营商之一畅游有限公司就曾斥资 1.5 亿元买下《秦时明月》5 年的版权，成为当年最贵 IP。"

对于出版产业而言，利用图书内容进行电影、电视剧 IP 的开发可谓一波未平一波又起。《那些年，我们一起追的女孩》《同桌的你》《致青春》《匆匆那年》等青春题材的小说 IP 开发勾起了"80 后"对青春的怀念；经典文学作品 IP 开发中的代表作——《西游记之大圣归来》《平凡的世界》《狼图腾》更是创造了票房奇迹；《滚蛋吧！肿瘤君》《陪安东尼度过漫长岁月》等漫画作品的 IP 开发也迎来了春天；还有网络小说改编的电视剧《甄嬛传》《花千骨》更是引爆了收视荧幕，收视率势如破竹。图书内容的二次开发在让图书得到更好宣传的同时也为出版社取得了单纯销售图书难以收获的经济利润，这也让不少出版单位为之心动，逐步融入 IP 开发的大家庭，开始着手打造 IP 产品。

凡事都具有两面性。在 IP 市场的竞争逐渐白热化，IP 价值不断攀升，IP 所具有的商品属性逐步显现，二次开发的频率越来越高的时候，人们对 IP 的开发也表现出两种不同的态度：有人说我们将迎来出版的新时代，高涨的 IP 热潮将扩充传统出版的体量范围；有人说盲目跟风将带来泡沫般的破碎，出版业会因跨界而承受风险的考量。对此，我们秉持着"基于乐观主义的期待”和“怀疑主义的忧虑”[①]两种态度来辩证地看待如日中天的 IP 热潮。

（1）IP 热潮：传统出版的体量扩充

在互联网时代媒介融合发展的当口，传统出版转型路在何方？经济效益如何创造？传统出版机构不再局限于传统图书的出版，反而大举进军影视圈和动漫游戏市场，致使 IP 热潮突然爆发，且成为一种新兴事物，引人关注。这种传统出版的体量扩充和重构路径的选择传递出了一种积极的信号——传统出版的重构正在进行中。Analysys 易观发布的《中国 IP 市场专题分析 2017：互联网进入新的内容时代》中的数据显示，包括游戏、音乐、网络文学、电影、电视剧、网络视频、动漫等在内的中国文化娱乐产业规模呈逐年扩大的趋势，2016 年中国文化娱乐产业规模预计达到 3505 亿人民币，同比增长 11.8 %。其中，游戏、动漫、电影、网络视频、电视剧等几乎占领了整个文化娱乐产业，而且早在 2014 年，我国就已成为全球第二大电影市场。庞大的文娱市场，却罕见出版的身影，巨大的市场份额加上可观的收入，这让持续低迷的传统出版行业备受鼓舞，并积极主动地参与其中。

很多出版集团纷纷下设影视公司，想要涉足影视领域争取创新发展的主动权，希望通过这种出版的跨界投资和参与在影视界有所斩获和发展。例如，电影《左耳》由凤凰出版传媒集团旗下的江苏译林影视文化传媒有限公司参与制作，电视剧《历史转折中的邓小平》由新华文轩出版传媒股份有限公司旗下的北京华影文轩影视文化有限公司参与制作。诸如此类的案例还有很多，但在诸多 IP 的开发中，对畅销书的开发最为火爆。畅销书引发了 IP 开发热潮，IP 开发后的影响力又带动了畅销书的热议和销量的回暖。以辛夷坞的小说《原来你还在这里》为例，在由小说改编的电影《致青春2》宣传上映期间，其原著小说就持续排在当当网、亚马逊、开卷畅销书排行榜前列，引发了新一轮购买原版图书的小高潮，其带来的图书销售量也伴随着电影的宣传上映而一路走俏。由此看来，出版单位在 IP 开发的大浪中的确淘到了金子。

（2）IP 泡沫：出版跨界的风险考量

---

①儿岛和人. 大众传播下受容理论的展开 [M]. 东京：东京大学出版社，1993：8.

面对丰厚的经济利润的诱惑，出版机构纷纷涉险跨界，投入人力、物力和财力，力求谋取更大的经济利益。然而，仔细分析就会发现不少问题：出版机构跨界影视圈比肩影视公司谁更具优势？高票房和高收视带来的利益链条谁才是主要受益者？出版机构站在 IP 的中心还是边缘？IP 热潮引发投资热潮的回报率究竟有多高？最终，又将回到关于两个立场的讨论——IP 究竟是出版业的高潮还是泡沫？

一个成功 IP 的打造是各方合力共同运营的结果，广告赞助商提供资金，获得传播和推广的效益；内容提供商提供内容资源，获得售卖版权的收益；营销运营商输出营销方式和粉丝，获得最终收入分成；平台提供商负责视频服务、技术服务、云平台和支付渠道搭建等，获得最终收入分成。由此看来，在各类"供应商"中，出版机构仅仅是内容提供商中的一分子而不是全部。

不仅如此，目前我国的影视圈早已被诸如光线传媒、华谊兄弟这类影视巨头公司霸占，出版机构想跨界挤进影视圈，难度之大可想而知。影视市场虽然庞大，但出版机构仍然难分一杯羹。如果是出版机构与影视公司联姻搞合作，出版机构仅能成为内容的提供商，所扮演的角色就会大打折扣，获得的经济收益也会一落千丈。此外，出版社提供的作品内容的版权所有人是作者而非出版社，出版社的身份并非自由的，对于内容的二次开发也就没有了主动权，这也限制了出版机构在 IP 开发上的能力。实际上，面对 IP 开发，出版社一直处在一种边缘的地位。对此，出版机构在面对 IP 开发热潮时应冷静思考，根据自身的实力仔细斟酌，量体裁衣，把出版工作的着力点回归到产品内容的开发上，策划搜罗更多优秀的内容资源，为出版转型和 IP 开发打下坚实基础。

（四）人才保障体系

出版业是智力密集型行业，人才是出版行业最基本的核心竞争力。数字时代呼唤新型的出版人才，人才的重构促成传统出版重构的完成。企业、社会的发展都离不开人才，出版行业亦然。人才队伍的规模决定了出版业的生产能力和发展规模，人才队伍的素质决定了出版物的质量和水平。人才兴则行业旺，人才衰则行业败。因此，在传统出版重构转型的关键节点，加强出版人才队伍建设，优化出版产业人才构建，建立健全出版人才机制，是推进出版产业发展的必然要求和迫切任务。

针对当前传统出版重构背景下数字出版人才短缺的局面，要从战略层面看待和解决，对数字出版人才队伍建设给予高度重视，结合政府、企业、高校、科研机构等各方力量，合力推进出版人才保障体系的建立健全。加强数字化的编辑人才、策划人才、印刷人才、管理人才、营销人才、技术人才队伍的建设；加大核心人才、紧缺人才、重点领域精专人才、国际化人才的培养和支持力度，培育数字出版专家，造就数字出版专业人才、领军人才、骨干人才。综合来看，我国数字出版人才保障体系构建的路径主要有三条：其一，传统出版单位内部出版人才的二次培训，使传统出版人才升级为数字出版对口人才；其二，高校审时度势，改变培养方案，开发新颖的出版教学模式，着力培养出适应性出版毕业生；其三，结合出版单位和高校各自的优势资源，综合产业前沿和高校科研，打造校部共建，产研结合的复合型出版人才。

1. 内部升级：传统出版人的二次培训

都说 21 世纪最缺的就是人才，然而在笔者看来，21 世纪最不缺的也是人才，最缺的是对口人才。数字出版已是大势所趋，数字出版人才紧缺亦成为发展路上的一只拦路虎。传统出版人才无法及时跟进出版业的更新换代，面对数字出版行业不能对号入座，产生无所适从、有心无力的感觉，这些都导致了对口人才的稀缺。对于整个出版行业而言，传统出版人才有着后起之秀不可比拟的经验优势，他们对出版行情的了解可谓轻车熟路，熟练掌握着行业的技术和规律。面对雨后春笋般的数字出版趋势，他们所掌握的虽不能完全适应新环境，但也并非完全束手无策，并非只能面对惨遭淘汰的命运。他们所缺乏的正是培训和转型升级。

在对传统出版人才再培训和转型升级的过程中应该注意建立健全人才体制机制，形成有利于传统出版人员转型的成长环境。一是建立科学的考评和选拔机制。以职业准入和岗位准入为抓手，不断提升出版单位整体的环境水平。完善数字出版专业技术人员职业资格考评制度，推进数字出版从业人员职业技能鉴定和职称评定工作，加强对数字出版从业人员的管理，把新兴出版企业人才纳入行业人才建设的体系中。二是建立灵活的人才培养机制。打破关起门来搞培养的模式，形成人才培养的长效联动机制。三是建立人才流动机制。传统出版单位要创新人才管理机制，对技术人才、经营管理人才形成吸引力，把"把关人"制度引入出版单位中，形成合理把关、自由流动的灵活机制，让出版机构之间良性互动、优势互补，以最优化人才结构促成传统出版重构和数字出版的繁荣。

2. 外部对接：新型出版人才的全新开发

高校是人才输出的最大口径。在数字出版发展得风生水起的国外，高校及时对传统出版学专业的课程体系进行相应的调整和改革，并围绕数字出版和新媒体等专业构建数字出版课程教学体系，借此实现人才和数字化产业的对接，以解决人才输出与接受之间的矛盾，解决人才的短缺问题。

在数字出版教育方面，德、美、英、澳等国家走在世界前列。美国出版家小赫伯特•S. 贝利（Herbert S. Bailey）在其著作《图书出版的艺术和科学》中说道："出版并不是像数学、政治、经典著作研究那样的理论性学科，而是一种实践性很强的活动和加工处理过程。"[1]通过对比英、美、德、澳四国高校数字出版专业的课程设置情况，发现强实践性成为国外出版专业学科的特色。

我国高校开设编辑出版相关专业由来已久，目前约有 80 所高校开设了编辑出版专业，其中北京印刷学院、天津科技大学、武汉大学、中南大学、湘潭大学 5 所高校开设了数字出版专业，中国人民大学、复旦大学、南京大学、北京大学、上海理工大学、上海师范大学、武汉理工大学、重庆大学、内蒙古大学等高校的出版相关专业在硕士和博士学位上有了数字出版的相关专业方向。面对我国数字出版人才短缺、供应不足的现状，仅有少数几家高校及时做出了相应的课程调整，增加了数字出版相关专业的课程，但在课程的安排上，仍然处于由理论概念向实践操作的过渡阶段，重理论、轻实践的

①小赫伯特•S. 贝利，图书出版的艺术和科学 [M]. 王益，译. 北京：中国书籍出版社，1995.

现象依然存在。如果高校的课程设置、培养方式跟不上产业发展的脚步，就会形成内外对接的失调，导致人才供不应求，最终会影响整个产业的发展。现实的出版产业发展状况和对数字出版人才需求的状况要求高校能够审时度势，有的放矢地从高校自身的教育方式和方向入手，创新方法，因材施教，因时施教，弥补人才缺口，增设数字出版专业，加大相关出版人才的培养力度，为数字出版产业的发展输送更多的适应性人才。

二、传统出版范式重构的微观视角

传统出版范式重构的微观视角是从出版流程的各个环节出发，探索传统出版在选题策划、编校印刷、营销发行、盈利模式等不同环节中如何顺应互联网的发展，向着网络化、数字化、多样化、多元化的重构之路迈进，研究不同环节中的前沿成果，如大数据的应用、自助出版平台的创建、按需印刷的发展、社群电商与众筹出版的兴起、网上书店与实体书店的较量、B2X 模式及产业链的衍生等，通过分析，考量其应用的科学性和推广的合理性。

（一）选题策划网络化

在"互联网 +"背景下，传统出版重构中的选题策划这一重要环节如何重构，成为出版社亟待解决的重要课题。"互联网对人的思维与行为模式的塑造影响着社会和行业。出版选题策划的理念只有在互联网思维引导下重构，才能适应社会的需求。"[1] 选题策划是出版活动的源头和开端，也是出版的核心工作之一。选题策划网络化是编辑转变传统思维方式，运用互联网思维方式的结果，也是把握时代脉搏，掌握图书市场前沿动态，迎合读者消费需求和阅读口味的结果。这不仅能给出版单位谋得经济利益，还能产生巨大的社会效益。

信息爆炸的数字时代，出版物的内涵和外延都在向外延伸和拓展，传播媒介和传播路径更加多样和复杂，选题策划在时代的召唤下散发出新的光芒。

①段维，严定友. "互联网 +"时代出版选题策划新思路 [J]. 中国出版. 2016（01）：14-17.

正如尼科·斯特尔（Nico Stehr）所说："今天我们所面对的最大挑战之一就是把信息转化为知识。"[①] 我们可以把这里的"信息"理解为数字时代带来的丰富资源，把"知识"理解为图书的选题策划，即如何充分利用互联网，把海量的、无序的信息资源转化成有序的、合理的选题策划。大数据的出现让这一原本复杂的、无序的、难以实现的资源转化成为可能。综上所述，在互联网时代，要培养编辑人才的互联网思维，使其努力转变思维方式；要应用好大数据处理系统，不断网罗海量信息，为选题策划开山铺路，丰富选题思路，优化策划角度。

1. 互联网思维活跃

辩证唯物主义告诉我们，数字出版产业这种"社会存在"决定了互联网思维这种"社会意识"的产生，同时也需要互联网思维这种"社会意识"发挥积极作用推动它的发展。"互联网＋出版"是数字出版的形态之一，基于互联网涉足出版领域的现实状况，出版从业人员需要应用互联网思维，促成"互联网＋出版"有条不紊地发展。由此，转变思维观念，培养互联网思维模式就显得尤为重要。

"互联网思维是指在大数据、云计算等技术背景下，对用户、产品、企业乃至整个商业生态重新审视的思考方式，提倡'用户至上'，追求'极致的产品与服务、强大的社会化媒体运营'。"[②] 根据定义不难看出，互联网思维的覆盖面非常广，涵盖了利用互联网进行生产生活的各个方面，我们把互联网思维与出版领域的相互碰撞分为五大维度，包括产品思维、平台思维、用户思维、大数据思维和创新思维。

"如果说传统编辑活动所创造的多是抽象的社会价值，那互联网思维下的编辑产品则可以产生立竿见影的市场价值。"[③] 产品思维是出版内容网络化的主要体现，表现在选题策划来源于互联网热点、内容加工利用互联

①尼科·斯特尔. 知识社会 [M]. 殷晓蓉，译. 上海：上海译文出版社. 1998：178-181.

②赵大伟. 互联网思维：独孤九剑 [M]. 北京：机械工业出版社，2014.

③姚丽亚. 基于"中央厨房"模式的新闻生产理念创新 [J]. 新闻界，2015（14）：63-67.

网手段、品牌推广和营销发行借助互联网媒体等方面。出版产品的生产、销售和推广需要整合互联网资源，而出版产品的平台搭建和传播路径更需要互联网来支持。移动终端阅读已成为大众普遍的阅读平台，自助出版平台的逐渐兴起满足了不同作者写书出书的欲望，互联网完美满足了读者、作者、出版社等多方的需要，利用互联网思维下的平台思维，让优秀内容产品找到合适的传播平台，最终满足广大读者的消费需求。如今，消费者对于出版产品的要求不仅是适读，而且更加注重个性化、参与度高的情感体验。

由此，"人在哪儿，媒体工作的重点就该在哪儿"[①]的服务性用户思维产生了。提升文化产品的社会服务功能，挖掘更多的潜在用户，以用户为主导，理性满足消费者需求成为互联网思维下用户思维的培养目标。大数据思维就是将采集到的经验与现象实现数据化与规律化，在应用传统的统计学、计算数学、人工智能、数据挖掘等方法的基础上，从单一维度转向多维度统筹融合，开发知识处理和寻找规律的新方法。简单来说就是通过对海量数据进行高时效的处理挖掘，发现新的知识和规律，用以解决实际问题的一种思维方式。创新思维更是老生常谈的话题了。技术创新、内容创新、形式创新、对象创新、服务创新等，创新无处不在，创新无所不包。创新思维是贯穿在前四种思维维度中的一种综合的互联网思维能力。

实际上，互联网思维就是一种利用互联网的发散性思维，当我们把产品思维、平台思维、用户思维、大数据思维、创新思维这五大思维能力培养起来时，应用就成为检验培养成果的关键所在。比如，前几年十分畅销的"百家讲坛系列丛书"就是借助电视节目《百家讲坛》策划制作的，"电视节目＋出版"这种由他媒体向出版的转化就是一种跨平台的创新思维的体现。又如，顾漫的小说《微微一笑很倾城》，是出版向他媒体转化再转向出版的典型案例。2014 年，花山文艺出版社出版了小说《微微一笑很倾城》。2016 年，根据小说内容改编的电影版、电视剧版《微微一笑很倾城》一经播出就备受好评，

① 郭全中，胡洁. 平静中听风雷：2015 年中国传媒业发展盘点 [J]. 现代传播（中国传媒大学学报），2016，38（02）：1-9.

随之而来的便是原著重登畅销榜、原著豪华版的问世、顾漫小说全集畅销等一系列佳话的出现，并且在小说中出现的游戏也被开发和推广，带动了游戏产业的发展。

2. 大数据应用智能

当互联网思维真正转变成编辑或策划者的惯性思维时，大数据的智能化应用也就成为一种习惯，毕竟互联网思维的实质是建立在大数据和云计算等互联网技术发展的基础上的。什么是大数据？顾名思义，它是能够承载人们意想不到的庞大数据的一种信息集合，其数据规模能够实现对某一领域的全面覆盖，高速处理，以多样的形式展现价值的含量。

它有着悠久的演变发展历程和复杂的处理流程与操作方法，但抛开晦涩难懂的理论与算法，所谓"前人栽树，后人乘凉"，我们一方面要让大数据技术更为精进，另一方面也是更为重要的是要学会利用大数据，去挖掘数据、分析数据、处理数据，从数据中迅速截取有用的信息，及时把握社会的热点内容、读者的消费走向、图书的销售趋势、读者的阅读诉求等，并将这种"需求"转化成"供给"。实际上，出版的各个环节都需要应用大数据，而我们把选题策划作为大数据在出版领域应用的首选，不仅是因为选题策划作为出版流程的起始环节，是"扣好第一颗纽扣"的意义所在，更是因为选题策划是一个系统工作。"现代出版流程中的'选题'所包含的内容已不再是一个题目、一个出版计划，而是指对与选题相关的各个环节的全程策划和创造，即对收集信息、市场调研、确定目标读者、制定选题、落实作者、审读书稿、加工校对、整体设计、宣传推广、印制、市场营销、网络协同多媒体出版、读者反馈等环节的策划，而这些环节都必须在'选题策划'的框架下操作和运行。"①

传统出版的重构需要选题策划环节的跟进，数字出版花样迭出的形式也要求选题策划从互联网造就的客观条件、出版物产品形态的延伸、读者现状等多方面入手，改变过去呆板的、固化的模式，充分利用大数据，灵活应用

①梁春芳. 从"做嫁衣"到"决策人"的角色转换：编辑选题策划在图书编辑规程中的重要性 [J]. 编辑学刊，2007（05）：34-37.

互联网思维，使之更具层次，体现立体感。以利用大数据进行信息收集和市场调研为例，网上的热议话题和实时动态、网络高点击率作品都能成为新的出版热点。

2015年，刘慈欣的科幻小说《三体》因获得两项科幻文学大奖而引起热议，与之相关的微博点击量接近5000万，《三体》的销量也连居榜首，甚至出现了断货的抢购风潮。这一火爆的现象推动了原本低迷的科幻类图书的热销，也让不少出版社趁热打铁，借此出版刘慈欣的其他科幻著作。早在2008年和2010年就已经出版过《三体》小说的重庆出版社也不甘示弱，在2016年又再次出版了《三体》的典藏版，江苏凤凰文艺出版社借势出版了刘慈欣的《2018》和《时间移民》，四川科学技术出版社也出版了《球状闪电》和《〈三体〉中的物理学》。与此同时，2016年，随着郝景芳的作品《北京折叠》获得雨果奖，科幻类小说又掀起一波小高潮。江苏凤凰文艺出版社出版了《孤独深处》《去远方》《流浪苍穹》等一系列郝景芳的科幻作品。除此之外，大量国外科幻小说被引进和出版，诸如《银河帝国》《你一生的故事》《重启人》《让时间停止的女孩》《神秘岛》《沙丘》等，都成为一时间销量走俏的科幻小说作品的代表。

社会热点能够影响选题策划的走向，但读者是出版物的最终消费者，读者的好恶对选题策划的影响也不容小觑。面对时时发生的社会热点，面对千千万万读者的喜怒哀乐，大数据的出现让此类信息的采集和转化变得简单。这种大数据间自由变换的出现改变了传统出版社引导读者阅读喜好的单项传递关系，使之更加错综复杂。这就要求出版社能够从读者的角度出发，重视和关注读者，直面读者阅读习惯的改变，满足读者在阅读方式、阅读途径、阅读需求上的不同变化，最终实现对出版物合理有效的策划与开发。

互联网带来快节奏生活的同时也促成了信息的大爆炸，快餐化、碎片化、图片化的浅阅读方式成为当代读者阅读的新特点和新趋势。长篇巨著早已不适合读者的阅读需求，轻松的、娱乐化的、能够迅速浏览的、以消遣为主要目的的阅读方式和阅读内容备受追捧，《水煮三国》《戏说红楼》等经典名著的趣味性版本也格外受读者青睐，幽默诙谐的漫画和多图少字的旅游休闲类图书也成了"当红明星"。另外，便捷、时尚、互动性强的移动手机阅读成为流行。这就意味着，为读者提供全方位的信息服务并针对手机阅读进行相关的选题策划成为出版过程中不可缺少的重要工作。在虚拟的互联网世界，每一个读者的喜好都会被无限放大，每一个网民都是潜在的读者、购买者和消费者。面对大众和小众的不同喜好，长尾理论就此产生。"由于成本和效率的因素，过去人们有可能只关注重要的人或事，而现在几乎任何以前看似需求极低的产品，只要有销售，都会有人购买。"①在张扬个性的互联网时代，"非主流"出版物也可以成为与主流产品抗衡的竞争对手。

所以，不论是大众还是小众，不论畅销抑或滞销，当出版社充分利用了互联网资源，当编辑培养起了自己的互联网思维方式，学会了使用和利用大数据时，就可以这样说，出版社离读者不远了。但这只是选题策划的一种渠道和方式，不能一味依赖，完全迎合，对于"度"的把握还要靠出版社和编辑自身来实现。

（二）编校印刷数字化

1. 自助出版很亮眼

自助出版是在数字出版浪潮中出现的新兴业态之一，其在西方发达国家的发展日臻成熟，美国的自助出版在经历了一段时间的流行后，已经进入了稳定发展的黄金时期，网络在线图书平台 Book Country 已经在为作者提供发布内容和自助出版的服务。虽然我国的自助出版还处于萌芽和探索阶段，但自助出版在发展过程中所呈现出的特色——内容来源广、参与者门槛低、编校简单、审核周期短、产销一体化等，已然使其成为传统出版重构过程中的一颗新星，发展态势迅猛。

目前，我国的自助出版已经形成了"以维基出版为基础的百度文库模式、以网络文学为核心的盛大模式、以小众文学为主的豆瓣模式、以电商为技术平台的京东模式、以出版社为资源的来出书平台、以社交网络为平台的微信

①吴梦妮. 小众图书的长尾战略研究 [D]. 武汉：武汉理工大学，2009.

出版模式"[①] 六大自助出版模式。六大模式各具规模，自成体系，但都是建立在互联网和数字技术快速发展的前提下的。由此可见，自助出版的发展依赖于互联网技术的进步，自助出版是数字出版的典型代表，也是传统出版重构升级过程中一抹不可缺少的色彩。本书在对自助出版的分析中，主要选取以知识产权出版社为背景搭建的"来出书"自助出版平台作为案例进行分析。

数字出版技术的进步、网络自媒体的发展、网络文学的繁荣、大众阅读习惯的改变，以及网上支付的流行都成为搭建自助出版平台的推动力量。而"来出书"就是知识产权出版社通过少量的资金投入搭建的自助出版平台。它在为广大用户实现"作者梦"的同时，对平台上的作者资源和作品资源进行管理和开发，对点击量高的作品进行线下的实体书出版，为选题策划增添了一条可靠途径。不仅如此，通过"来出书"平台，编辑对稿件的编辑、校对和审核周期由原来的 4～6 个月缩短到 2～3 个月，省去了繁复冗杂的纸质校对审查，缩短了审查周期，提高了出版效率。此外，"来出书"平台的出书费用虽然有免费、自助和一站式三种方式，但总体而言，较传统出版的收费还是省了一半。低廉的费用、较低的准入门槛及宽松自由的出版环境都为作者的创作开辟了空间。在"来出书"平台上，有不同名称、不同封面、不同题材、不同排版格式的作品，它们以多样的形式和丰富的内容为知识产权出版社的选题策划提供了更多的参考，同时也为在平台阅读的读者提供了多样化的选择，丰富了读者的阅读体验。

目前，"来出书"平台已经有 91 759 位作者入驻，刊载图书作品众多，现已成为数字出版的优秀品牌，也获得了首批"新闻出版产业示范项目"荣誉称号，整个平台也紧跟潮流向 2.0 版本进行升级。但"来出书"是依靠知识产权出版社搭建起来的平台，其图书类型存在一定的局限性，主要以社会科学、自然、交通、法律产权等为主题，限制了其他领域作者和读者的加入；而且由于平台的准入门槛低，大量平民化的作品涌入平台，容易与出版市场中原有的出版物形成恶性竞争；在作者方面，写作水平参差不齐，作品质量

②丁新湍. 自助出版研究 [D]. 保定：河北大学，2014.

良莠不齐，影响了出版物市场的秩序。此外，对自助出版平台不能实现纸质出版的作品而言，没有正式的书号就挂到网上进行销售是否符合出版物的出版标准，是否违背出版物市场的运作规律，作品的版权和作者权益是否受到法律的保护等问题都成为热议焦点，这也成为以"来出书"为代表的自助出版平台发展缓慢的原因。

面对推力和阻力的双重作用，自助出版要想顽强生存、长远发展，需要正视互联网的发展规律，需要加强网络监管，需要法律法规的制定与完善，从而形成良性有序的出版市场环境，为实现我国传统出版的重构升级添砖加瓦。

2. 按需印刷潜力大

按需印刷是按需出版的核心技术，按需出版为专业化的学术性图书、个性化的小众图书，以及短版书、断版书打开了绿色出版的大门。"基于数字印刷的优点，按需出版既可以帮助我们解决当前我国出版行业普遍存在的高库存量和图书退货率高的问题，又能够促进短版、断版图书及时补充市场，以及学术著作、专业书出版难等问题，更重要的是能够节省大量的宝贵资源。"① 而且，我国自助出版的发展也依赖于按需印刷的技术支持，按需印刷可为自助出版在印刷环节提供更多的便利和自由。

1997 年，按需出版在美国问世；1998 年，按需出版首次登陆我国。目前，美、德、日等出版行业的先导国家已经依靠按需印刷技术大量开展按需印刷业务并从中获利。虽然我国的"按需出版工程"已启动多年，但受到人力、物力、财力及技术攻坚等多种因素的共同挟制，目前我国按需出版的"规模仅相当于美国 6 年前的产量，印刷品的销售总额也只有 1 亿美元左右"②，发展速度缓慢。但基于传统出版重构转型和数字出版发展势头正劲的现状，以及对按需出版"一册起印，即需即印，满足社会需求。永续出版，传承文明，促进中外交流。提供样书，方便修改，媲美传统出版。

---

① 肖东发. 按需出版是出版的趋势和方向 [J]. 出版广角，2012（08）：4.
② 同上。

保证质量，打造品牌，传播优秀文化"①的赞美，按需出版在我国发展潜力巨大，前景无限光明。

按需出版，顾名思义就是按照"需求"进行出版，即充分利用数字时代的数据处理技术，将出版内容以信息的方式录入和存储在计算机系统中，按照"需求"进行相关信息的提取和印刷，避免盲目出版而造成的资源浪费和能源消耗。在笔者看来，这种"需求"可以大致分为两种类型：一种是从作者角度出发的个性化的小众图书和专业化的学术性图书的按需出版；另一种是从读者角度出发的短版、断版类图书的按需出版。前者具有单本印量少、种类繁多的特点，这种"多品种，小印量"的特性能够很好地适应自助出版平台提供的印刷服务，为专利、学术研究等科学著作的作者节约了出版成本，也为出版单位扩大了库存空间。而对于后者来说，出版读者需要的图书一直是出版单位不懈的追求。以知识产权出版社为例，知识产权出版社在我国按需出版领域可谓行业的领头羊，其利用"技术＋资源"的领先优势，为中国宇航出版社建立短版图书数据库，与上百家图书馆、大学、研究机构建立合作关系，恢复出版图书数千种，实现了永续出版。同时，与高校图书馆合作，筛选民国时期近万种有价值的图书，为国内外100多所高校图书馆提供了数字化复制服务。其以实实在在的行动实现按需出版，促进按需出版的应用和发展。按需出版需要突破技术上的瓶颈来发展，这是核心问题。

与此同时，按需出版也伴随着诸多困扰，例如，海量资源数字化存储后的版权保护问题，法律法规在按需出版方面的构建是否完善，数字快印的质量能否赶超传统印刷的质量，为满足读者、作者需求出版的出版物价值仍有待商榷，等等。这些都是按需出版发展过程中值得探讨和衡量的重要问题。因此，在传统出版范式重构的过程中推进按需出版的发展还需要花很大的力气。

---

③王瑞珍. 按需出版发展的优势与瓶颈 [J]. 编辑之友，2007（03）：4-6.

（三）营销发行多样化

1. 社群电商方兴未艾

"社群电商＋出版"是传统出版重构转向数字出版产业的过程中催生出的又一潮流。罗振宇"罗辑思维"的成功让不少出版机构看到了商机和发展的可能，打开了传统出版图书营销发行新世界的大门——由中信出版集团出版的"科学跑出来系列"图书借助"罗辑思维"微店进行销售，上线仅1小时就销售了1000余套，上线不到1个月销售量就已经超过2.5万套。小小微店销量惊人，年销售额超过1亿码洋，这就是社群电商的魅力所在。2016年1月，接力出版社总编辑白冰在"'互联网＋'时代的社群电商图书营销新趋势"论坛上提出了社群电商对出版业的四大改变，即改变出版社的选题思路，改变出版业的销售渠道、销售网络格局，改变出版业的营销模式，改变出版业原有营销部门的组织架构和人才架构。这从一个侧面反映出社群电商对出版业的冲击及社群电商促进出版业向好发展的可能。

伴随着以微信为主导的社群媒体的兴起和使用，传统出版在互联网的牵线搭桥下化解了图书信息单向流动、与读者交流不畅的难题。"社群电商＋出版"的模式根据社群用户的需求，进行相关内容的定制出版，关注的重点也逐步向尊重用户体验的方面转移，形成了"订数准、零退货、零积压、回款周期短、库存周转率高"的特点，使传统出版业赊销、回款难等"顽疾"迎刃而解。

此外，"社群电商＋出版"模式面对的销售对象数量和销售效果也是传统出版无法企及的。一次利用微信的社群营销讲座可涉及几百个微信群，覆盖率可多达几十万用户，毫无疑问，这是传统营销的面对面销售望尘莫及的。传统出版的重构需要营销发行环节重构的配合，"社群电商＋出版"模式是传统出版营销发行重构路上的又一标志性转型成果，对传统出版重构具有里程碑意义。

2. 众筹出版渐成潮流

2013年，众筹出版在我国兴起，它是传统出版借力互联网转型的一种新形式,是传统图书进入互联网市场的一块试金石。在我国众多众筹平台中,"具备较高知名度与较强融资能力的平台有众筹网、追梦网、中国梦网、乐童音乐、淘梦网、点名时间、原始会、大家投、天使汇等 10 余家"[①],其中众筹网、追梦网、乐童音乐、淘梦网四个众筹平台涉及出版项目。截至 2014 年,通过这四大众筹平台成功出版的图书多达上百种,占到参与众筹出版图书的一半以上。众筹出版现已成为网络红人、专利科研人员、自助出版平台小众网络作家等诸多作者首选的出书途径。众筹出版能为知名作者的作品增加人气,能为即将出版的作品造势,也能增加出版后作品的销量;同时,也能为不知名的小众作者提供出版的资金帮助,鼓励和支持不同类型作者的发展。

以知乎众筹为例,2013 年,知乎联手美团、中信出版社发起首次出版众筹项目——《创业时,我们在知乎聊什么?》,招募 1000 位联合出版人(投资人),联合投资 9.9 万元,并以出版后不在市面销售的、刻有投资人名字的典藏版本作为回报。这种个性化的定制让投资人蠢蠢欲动,对于未能参与众筹的用户而言,"上架 10 分钟就被抢购一空"的购买力说明了一切。另外,利用其他平台的众筹作品,如《周鸿祎自述:我的互联网方法论》《咦,被发现了呢》《吕思勉全集》《泽海鲸鱼》《随风不逝·张国荣》等都成为众筹出版成功案例的代表。

我们为什么说众筹出版改变了传统出版的营销发行方式呢?首先,众筹出版是借助互联网发布众筹信息,顺了互联网的水,推了数字出版的舟,一切活动的开展依靠网络,方式灵活,信息传播面广、速度快。其次,众筹出版与传统出版相比,在出版的前期就开放了读者对出版资源的获取权,使读者能够在众筹平台上了解更多关于出版内容的信息。而对出版物投资的金额也代表了读者的期待值和购买力,在图书出版发行的最初就能估计图书的销售量。一本书能够成功众筹就意味着在后期的销售是可观的,而众筹失败的图书在市场上也可能是没有市场的、不值得发行的,这为出版上了一道保险,

---

①徐琦,杨丽萍. 大数据解读国内众筹出版的现状与问题 [J]. 科技与出版. 2014(11):14-20.

为图书的后期销售做好了前期准备。"众筹出版不仅属于新型出版模式，也是一种新型的网络金融形式。"①但是，在众筹的过程中，资金的保障存在风险隐患，融资的形式和概念容易介入非法的概念，实现法律对众筹出版的保障将成为众筹出版发展的垫脚石。

但当前众筹出版的发展似乎有下滑的趋势。众筹的选题本身犹如沙里淘金，限制条件颇多，如图书要有畅销潜质、作者粉丝要达到一定数量等，再加上众筹平台的优化和返利系统不完善，导致众筹人的参与感和体验度差，让原本可以为出版造声势的众筹项目成为昙花一现。众筹出版中出现的问题，有先天的缺陷，也有后天的不足，这都是需要克服的。唯有如此，才能让众筹出版走得更远。

3. 网上书店风头正劲

网上书店是电子商务拓展到出版行业而出现的一种购买图书产品的方式，是出版单位借助电子商务进行营销发行的途径之一，它是我国传统出版行业重构转型的开端。用户从浏览选择、付款、物流配送到评价，整个过程都是在互联网和电子商务发展的基础之上产生的。

我国网上书店在经历了蹒跚学步之后，现已进入稳步发展阶段。从罗紫初教授对我国网上书店的分类来看，目前，我国的网上书店大体由四类市场主体构成——由传统书店扩展而成的网上书店、由出版社开办的网上书店、由非出版业资本建设的网上书店、由出版公司开设的网上书店等。②虽然我国网上书店的类型多样，但读者上网买书的首选还是亚马逊、当当网、京东图书商城、天猫图书等几家知名购书网站，这是品牌的魅力，也是口碑营销的结果。优质的服务、便宜的价格、安全的支付环境、便捷的物流通道等成为逼倒实体书店、创造图书营销发行奇迹的优势所在，但这同时也成为众多网上书店的普遍特征。在我国，网上书店发展的十余年间所形成的发展模式和竞争格局较为固定，无可比拟的特色营销成为网上书店脱

①张立红. 众筹出版：互联网助力纸媒出版 [J]. 科技与出版. 2014（05）：14-17.

①罗紫初，秦洁雯. 当当网和卓越亚马逊网的营销模式研究 [J]. 编辑之友，2010（02）：8-11.

颖而出的路径选择。

以 2016 年"双十一"期间当当网、天猫图书和京东商城的销量为例，当当网 3 天纸质书销售超 5000 万册，电子书销售超 1000 万册；天猫图书"双十一"当天售出图书 2000 万册（套），销售额高达 5 亿元，码洋同比增长约 90%，所销图书摞起来相当于 45 座珠穆朗玛峰的高度；京东商城更是创造了码洋奇迹，纸质书同比增长 100%，电子书同比增长 200%。此外，一些自营图书店铺也是销量斐然，文轩网单日的销量就突破了 1.5 亿元。这些耀眼的数据都在证明着网上书店的发展正处在一个鼎盛的时期。虽然"双十一"的时间节点比较特殊，但反观实体书店，又有哪一家的销量能够在"双十一"期间与网上书店的销量相媲美呢？

然而，互联网催生出的网上书店与实体书店之间因优劣差异也产生了诸多矛盾，实体书店赋予读者逛书店的体验被网页浏览取而代之，网上书店的劣势同时也成为实体书店的优势。在当下实体书店慢慢复苏、逐步崛起之时，网上书店需要在图书质量、支付环境、配送物流等方面不断加强，形成稳定有序的网上购书环境，努力成为传统出版重构转型过程中推动出版营销发行转型升级的重要力量。

4. 实体书店改造升级

2015 年底，亚马逊结合自身 20 多年线上销售书籍的优势，开了第一家线下实体书店 Amazon Books。在互联网线上销售快要逼倒实体书店，Kindle 系列快要颠覆纸质书的情况下，亚马逊这一看似疯狂的举动背后的动机为何？这家线下书店与传统意义上的实体书店又有何不同？通过前文可知，在民众的阅读时长上，电子阅读器的阅读时长最短；在民众的阅读方式上，纸质书仍占据半壁江山，成为大多数民众的首选。由此看来，虽然数字出版发展得朝气蓬勃，但电子书的发展却相对迟缓甚至已有下滑之势。这种情况在美国同样如此，美国纸质书销量在 2014 年增长了 2%，从当前发展的现状来看，电子书取代纸质书的可能性大大降低。另外，面对实体店的完美阅读体验和产品试用体验，线上销售更是败下阵来。而 20 多年的线上销售经验为实体店业务的开展提供了便利，书籍的采购渠道、读者的喜好、畅销作品的排行、与线上销售同步的优惠价格等一系列服务成为亚马逊实体书店的特色和招揽读者的利器。

实体书店是文化和文明的重要载体，国外实体书店的发展才刚崭露头角，国内就敏锐地嗅到了发展实体书店的气息。"2013 年起，财政部与国家新闻出版广电总局对实体书店给予减税和资金的支持"①，并与中宣部等 11 个部门联合出台《关于支持实体书店发展的指导意见》，鼓励和支持我国实体书店的创新和发展，并为促进实体书店的进一步发展提供政策保障和资金支持。

上海从 2012 年就开始对实体书店进行扶持；在北京，实体书店资金扶持工作已纳入"十三五"时期公共文化服务体系建设之中。"2016 年，计划对约 70 家实体书店予以奖励扶持，单个最高奖励金额为 100 万元。预计 5 年间重点扶持发展 400 至 500 家具有较强社会影响力的实体书店，资金总投入过亿元。到 2020 年，基本形成布局合理、功能完善、业务突出、多元经营的格局。"②正所谓"打铁还需自身硬"，政府的政策保证和资金扶持是促进实体书店发展的有力支撑，但实体书店想要取得长远发展还需要从自身的经营上下功夫，结合自身特色进行创新。

2016 年 9 月，当当实体书店落地开放，开业两小时便收入两万元，这着实让我们感受到了实体书店复苏的气息。应该说，当当实体书店的构想与亚马逊实体书店的理念如出一辙，都是靠着长期线上经营的口碑和影响力、线上经营模式培养的忠实用户和粉丝效应、线上书店无法匹敌的阅读体验、线上线下同价的优惠价格，以及文化讲堂、沙龙等的文化传播路径……这些都是当当网能够创办实体书店的优势。当然，首家实体书店选择落户长沙也是不无道理的。根据当当网"书香十年"的大数据统计，长沙拥有 100 万当当用户，长沙市和长沙县分别位列"全国书香 50 城"和"全国书香 30 县"的第八位和第二位，庞大的用户群、浓厚的书香氛围、对于读书的热情，都成

①范军. 2014—2015 中国出版业发展报告 [M]. 北京：中国书籍出版社，2015：21.

①王坤宁，李婧璇. 北京今年投入 1800 万元扶持实体书店 [N]. 中国新闻出版广电报，2016-08-12（01）.

为实体书店生根发芽的肥沃土壤。

实体书店的发展让我们看到了传统出版业的魅力所在，但当我们为实体书店的重新崛起而兴奋之时，我们也应该看到实体书店的改造升级之路仍然曲折，这也正是传统出版重构在传承和创新方面需要做的，也是广大实体书店经营者需要做的。

第三节　数字化转型背景下传统出版范式重构的策略

我国传统出版的数字化进程、网络化进程、信息化进程已有十余年的历史，各个环节的重构工作也在有条不紊地进行。新事物能够存在和发展，一方面是社会需要的结果，另一方面说明它的发展的确对社会产生了促进作用。综合前文的论述，我们不难发现，传统出版在构建数字平台、整合内容资源、完善产业链条、精进数字技术等方面已初见成效，虽然前期投入巨大，但也能够从中获利。然而，发展无止境，传统出版范式重构是现在时更是将来时，还需要更多维度、更多方面来支撑和构建。

一、拓展阅读市场是重点

拓展市场，拓宽销售渠道，增加市场份额，从而获得更多的经济效益，这是每种产业、每个企业都会走的老路子，也是必由之路。出版作为一种文化产业，图书作为一种精神文化产品，提供的是一种精神需求和精神享受，只有读者产生了阅读行为而非仅仅产生购买行为时，图书出版的真正价值才会实现，完整的图书出版流程才算完成。图书的消费需要拉动，图书的阅读需要引导，因此我们提出了"阅读市场"的概念。这个概念可以从两个方面来解读：其一，要培养消费者的阅读习惯，营造书香社会的氛围，真正实现全民阅读；其二，顺应时代发展，拓展市场维度，以多样化的方式丰富读者的阅读行为。

（一）培养阅读习惯

目前，我国传统出版机构关注的重点是图书市场，关注图书的物质形态和物质实质，关注图书的质量、内容、装帧、销售等，电子书等数字产品也延续着传统出版对图书市场关注的传统做法，而鲜有传统出版机构能关注到阅读市场的概念。试想，当民众对阅读没有兴趣，又怎么能主动地购买图书？又怎么会主动地阅读图书？又怎么能成为传统出版重构的终端力量？然而，当阅读如同衣食住行，成为人的基本生存发展需求，成为一种终身持守的自觉习惯的时候，出版机构又怎会像现在这般辛苦？所以，培养广大人民群众的阅读习惯，营造书香社会，真正实现全民阅读，就是在培养图书消费的潜在用户，就是在稳固出版产业可持续发展的后盾力量。

2015年我国成年国民综合阅读率为79.6％，较2014年上升1.0个百分点；人均纸质图书阅读量为4.58本，比2014年增加0.02本。虽然增长缓慢，但这种增长的势头仍然让人欣慰，这也从侧面反映出国家在促进国民阅读事业上的努力。国家早在2014年和2015年的政府工作报告中，就先后两次提及"倡导全民阅读，建设书香社会"的构想，并且更多地从政府的角度提出了推进全民阅读和构建书香社会的方式方法。例如：领导干部带头读书，家长带头读书，营造多读书、读好书的阅读氛围；创建更多的公共图书馆，并增强图书馆的时尚性和功能性，吸引青少年和年轻人的驻足；打造农家书屋，让阅读的书香惠及城乡，让广大农民也能从阅读中有所收获；电视台"让阅读成为一种习惯"的公益广告；《一本书一座城》的电视节目；等等。所谓"忠厚传家久，诗书继业长"，阅读的确是一件利国利民的好事，国家层面的阅读推广措施的实施也为出版产业阅读市场的开辟创造了机会。因此，出版机构应抓住机遇，乘政策的东风，借船出海，积极进行重构，开辟"阅读市场"这块新大陆。

首先，要从阅读的内容上下功夫。内容是一本图书的骨架和血肉，充实饱满的内容可以给人带来真正意义上的精神文化熏陶。当然，装帧设计也是审美享受的一种体现，也不可忽视。优秀的传统文化需要传承，时代的创新精神需要发扬，只有不断挖掘高质量的内容，才能把喜闻乐见的精彩内容摆在老百姓的书架上，捧在人民群众的手上。针对不同年龄、不同兴趣、不同专业等的不同诉求，有针对性、有的放矢地量身打造内容，才能迎合不同群众的阅读口味，让群众满意。

其次，图书定价要更加实惠，阅读活动要更加丰富。虽然现在人们的生活水平越来越高，但能购买到物美价廉的商品依然是绝大多数人的追求，于是，几乎十倍差价的电子书成为越来越多年轻人的首选。花费同样的金额能够买到更多的阅读内容，读者开心，出版机构又何乐而不为呢？同样，在纸质书的定价上，在培养读者阅读习惯、形成阅读市场环境的阶段内，"薄利多销"不失为一种好的方式，低价带来的购买行为最终将转变成阅读行为，大量购买行为的发生能够促成图书市场向阅读市场的转向和拓展。此外，因图书兼具文化属性和商品属性，在培养阅读市场的过程中也可以充分利用图书的两重属性。例如，广西师范大学出版社曾经举办的少儿科普图书赠送活动，中国农业出版社和当当网联合举办的惠农主题的图书促销月活动，"大学悦读·阅读大学"中国高校出版社精品图书巡展活动，等等，出版社针对青少年、农民、大学生等一系列对象分别开展多样的读书活动，大到书展，小到书店的文化沙龙活动，花样繁多的读书活动都在为阅读市场的培养预热。出版社应该有目的、有计划地开展诸如此类的阅读活动，不断激发人们的阅读兴趣，丰富人们的阅读感受。

最后，社会进步使人们能够接触到越来越多的新媒体，新媒体也拓展了人们的阅读渠道，增加了人们的阅读方式，出版社应在出版重构升级的过程中充分利用数字媒体，进而开拓阅读市场，如何来实现，这也是接下来要讲的重点。

（二）丰富阅读形式

时代在发展变迁，这种变化表现在我们生活的方方面面，阅读方式的改变就是网络时代发展和繁荣的一个重要标志。据统计，"2015 年，成年国民人均每天手机阅读时长为 62.21 分钟，比 2014 年增加 28.39 分钟。其中，人均每天微信阅读时长为 22.63 分钟，电子阅读器阅读时长为 6.82 分钟，接触平板电脑的时长为 12.71 分钟……"纸质书阅读已不是阅读市场的主力军，手机终端阅读反而占据数字阅读的半边天，以平板电脑为代表的新兴移动终端阅读也呈现上升趋势，加上与移动通信技术的配合，移动阅读将呈几何级数增长，必将成为出版产品阅读的主要方式。由此可见，凡是能被阅读、被看见的，甚至是能被听到的产品，出版机构都可以涉足，都可以尝试。网络、电影、手机、微博、微信、视频、游戏、电台、线下活动和服务都能成为"阅读"的其中一种形式，能否达到增加阅读的目的，只有大胆尝试才能获得答案。

出版社要有敢于创新的胆量和勇于试错的勇气。但就目前的发展情况而言，开发阅读类、电台类手机客户端的几乎都是互联网企业，如腾讯的 QQ 阅读、掌阅 iReader、优酷的读书视频开发、懒人畅听、荔枝、喜马拉雅等，而出版社对此却很少涉足。传统出版的重构转型需要从大处着眼、小处着手，数字出版的大树干需要精心培育，但延伸到日常生活中的细枝末节也需要留心和打理。

在这里，我们不妨大胆地设想一种出版社自营的多媒体营销方式。像湖南卫视不再对外出售其电视节目的版权，而是创建自己的视频网站、应用软件——芒果 TV，进行独家的视频播放，从而实现自产自销的、集中化的生产营销方式一样，出版社可以在其官网下设置自己的电子书阅读平台和有声听书平台，出版社自己就是出版产品的生产者，省去了中间平台商赚差价，不仅自己可以有更多的盈利，用户也可以享受更大的实惠。此外，出版社旗下的阅读类和听书类 app 也只上线独家出版的数字出版内容，不对外售卖电子书版权，用户只能到一家出版社享受购买和阅读服务。这种做法不仅能规避数字版权的侵权和纠纷现象，还能规范出版市场，形成良性竞争。

但这种大胆的构想也的确存在很多问题。我国有近 600 家出版社，如果每一家出版社都如此行事，用户想要阅读不同出版社的电子书就要下载不同出版社的应用软件，除了要考虑手机内存问题外，用户的体验也会变得很差，从而影响用户的阅读兴趣，反而可能造成阅读市场的低迷。此外，这种做法更适合规模大、知名度高、用户黏度大、出版畅销书的出版社，对知名度低、专业类的出版社则并不适用。而且，话说回来，现有的互联网企业对此类软件的开发，不论在技术上还是在形式上都是出版社所不能企及的，出版社想要与互联网企业在形式和技术上抗衡实则困难重重。但出版社可以转变形式，由自主开发转变为合理利用，通过购买服务或者外包的形式来实现多媒体阅读方式的创新和转型，加强与互联网企业的合作，借此稳固用户原有的使用阅读软件的习惯，并在稳定的基础上，以更优质的内容吸引和培养新用户，最终实现共赢发展。

综上考虑，传统出版单位把图书市场拓展到阅读市场的态度对重构至关重要。当传统出版机构有了阅读市场的理念和眼界时，数字化、网络化、信息化带来的新的介质、媒体、平台，便可能刹那间从挑战变成机遇。当图书市场的边界扩展到阅读市场时，当真正的阅读盛世来到时，当出版的范围得到扩大时，数字出版融合发展的征程才有可能真正开启，传统出版的重构才有可能真正实现，出版产业的转型升级才有可能真正完成。

二、创新内容资源是根本

如果说在传统出版重构的过程中，市场的开发与拓展、技术的革新与进步、人才的培养和管理的完善、版权的经营和产业链的延伸等都是一个个"0"，那么内容就是那个"1"，没有了内容的传统出版重构就等于"0"。笔者坚信，不论是传统出版还是未来的新兴出版，内容永远都是出版行业的核心部分，出版行业也永远需要扮演内容生产者和内容提供者的角色。在未来的数字化、网络化、信息化社会，谁拥有成体系、规模化、大数据、高质量的内容，谁就有可能抓住发展的机遇，赢得未来的发展，所以说，传统出版的重构离不开内容。与此同时，内容要唱好"走进新时代"的大戏，就需要媒介的参与，靠媒介来搭桥，实现内容与媒介的融合发展。

（一）内容"唱戏"

正所谓"万变不离其宗"，在传统出版重构转型"万变"的过程中，内容就是出版业的"宗"。在笔者看来，出版产业发展的目的是更好地继承和传播优秀文化、弘扬民族精神和时代精神，而抽象的文化和精神正是靠具象的出版内容来实现的。出版内容主要有两个来源：一是原始内容的创新利用；二是新内容的集合整理。

2016 年，IP 着实火了一把，成为出版界不得不谈的热门话题。我们需要看到，在井喷式 IP 开发的背后，是优质内容资源的力量在支撑；而 IP 开发渐趋回冷并趋于平稳的最大原因也是内容 —— 优质内容资源已经被开发得所剩无几。缺少了合适内容的 IP 开发就好像油箱见底的汽车，是跑不了多远的。所以，当务之急是寻求更多的、更好的、更适合开发的内容。除了网罗好作者、策划好选题外，还需要在那些传统的、优秀的、但又被人们忽略的内容上下功夫。

以"故宫"为主题的图书有很多，如中华书局出版的故宫建筑论文集《故宫营造》和古代艺术学术随笔《故宫藏美》、中信出版社出版的散文集《故宫的隐秘角落》、黄山书社出版的中英对照版简介类图书《故宫》、新疆青少年出版社出版的针对青少年读者的"故事中国"图画书《故宫》等。但其中最具特色和代表性的当属故宫出版社出版的《故宫日历》和广西师范大学出版社出版的《我在故宫修文物》，因为这两本书的确是在传统内容上进行了创新和利用。

《故宫日历》乍一听并不像一本书，"日历"在人的主观印象中是一个具有实用性的、用来查阅日期的工具，但《故宫日历》正是利用了这种实用性，面对海量的故宫文物信息，让读者每天都能了解一点故宫知识。例如，2017年是鸡年，在《故宫日历》2017 年版中，除了每一天的日期和对应的节气、节日外，对以"鸡"为主题的故宫藏品的介绍就成为读者每天能够获取的内容。不同年份、不同主题的"日历"扩大了对故宫选题策划的范围，在兼具实用性、可读性、知识性、文化性、传承性的同时还兼具收藏价值，可谓一举多得。而《我在故宫修文物》一书，首先，它是对纪录片《我在故宫修文物》的跨媒体资源的转化，是一次抓住了受众喜好的成功的选题策划；其次，它的内容承载了故宫的文物、故宫的文化及背后的工匠精神，不仅图文并茂，而且可读性强；最后，它所宣扬的"大历史，小工匠；择一事，终一生"的主旨充满了正能量，也契合了"匠人精神"，对于现代社会的职业道德建设、精神文明建设都有着重要意义。这是内容赋予图书的生命力所在。重构中的传统出版就是要深挖这类内容，创新这类内容，让它们能够顺应时代，符合现代人的口味。

此外，在数字时代，除了有效转化和利用原始内容盘活传统出版资源外，新内容的开发和集成也是促成重构的重要手段。所谓"新"就是根据用户需要进行内容的开发，是一种个性化的定制服务，这种服务是伴随着大数据、云计算技术及数据库出版的出现和成熟发展起来的。出版单位需要关注那些强调与众不同、追求个性的受众需求，让它们成为促成传统出版重构的一股力量。以数据库出版为例，与国外的 ScienceDirect 全文数据库、牛津在线学术专著数据库相比，我国的数据库出版主要集中在中国知网、中文科技期刊全文数据库和万方数据库三大数据库，而且目前我国的数据库资源主要是为学术研究服务的，针对其他类别的数据库开发还尚未形成局面，开发数据库的机构也并非出版机构。因此，在传统出版重构的过程中，出版机构可以借助数据库出版的开发，在教育、医疗、金融等领域实现新内容的集成和整理。

（二）媒介"搭桥"

根据前文我们得知，手机终端阅读已占据数字阅读的半边天，以平板电脑为代表的新兴移动终端阅读也呈现上升趋势，加上与移动通信技术的配合，移动阅读将呈几何级数增长，也将成为阅读的主要方式。在这种情况下，好内容就需要借助新兴媒介的力量来实现价值。与此同时，移动阅读市场的竞争日益激烈，用户对手机阅读的内容将会有更深层次的要求，更具多样性和丰富性的碎片化阅读及更加有营养的快餐化阅读将备受追捧，成为未来数字阅读的新形式和发展的新方向。所以，让媒介搭桥，内容唱戏，充分实现内容与新兴媒介之间的互补与融合是传统出版重构的重要内容。

在未来社会，凸显特色、彰显个性将成为一大潮流，因此，伴随这一潮流也将产生更多的"私人定制"。出版的内容产品和服务产品发展的方向将由"我出什么，你看什么"向"你看什么，我出什么"演变。用户的所需、所爱、所求将会被出版机构通过大数据处理系统悉数收入囊中，并转化成出版机构推进内容更新和产品服务创新的原动力，用于生产更多、更好、更适合的精神文化产品。另外，与好的出版产品形影不离的是好的销售渠道和好的商业运作模式。"当前绝大多数客户端产品往往都嵌入了一定的社交功能，未来媒介将致力于延伸'信息+服务+社区'产品的生态链，往往以内容为入口，通过社群来聚拢用户，通过服务实现产品价值。"[1]这些元素自成系统，相互配合，共同发力，推动出版产业完成重构，实现转型与升级。

三、培养技术人才是关键

技术、人才、管理是一切机构发展的必备元素，处在重构阶段的传统出版单位也不例外。传统出版单位重构需要技术的支撑，而人才是掌握技术、推进技术革新的基础，在技术与人才进行匹配的同时，也要营造轻松和宽容的环境，以灵活的手段进行管理，实现技术和人才之间的协调发展。

（一）技术要精

科技是第一生产力，技术的改进是推动产业发展的原动力，任何产业的转型升级都是建立在技术进步的基础上的，出版也不例外。十几年来，从数字技术的引进到开发，从互联网技术的挖掘到应用，我国传统出版在数字出版领域已经开展了诸多工作，也取得了不小的成就。例如，创建了大型数据库，打造了编排加工、出版营销等互联网平台，构建了完善的内容管理系统，等等。这些都是基础性功课，也是传统出版社走重构之路必须要完成的任务。

然而，就像我国虽然是世界制造业大国，但仍无法自主研发圆珠笔的"小圆珠"一样，我国传统出版行业向数字出版转型的过程中还有很多技术薄弱

---

①中国新闻出版研究院. 2014—2015中国数字出版产业年度报告 [R]. 2015-07-14.

地带，数字网络技术的应用仍然是传统出版重构的瓶颈。比如说，在出版物的设计与印刷上，大批印制的出版物需要在原有印刷模板的模式下进行，包括版面的大小、书籍的印刷颜色要求等，而那些有特色的、个性的、独树一帜的设计除成本过高之外，还需要技工师傅的反复调试甚至无法利用机械完成，要依赖人工手作。在今天这样一个宣扬个性的时代，这些都需要我们注意和克服。所以，在推进产业技术改革的大前提下，我们更应该关注细节，让技术更加精进，从大处着眼，小处着手；而且在自主研发技术和引进国外先进技术的同时，要注重我国出版业发展的现实状况，因地制宜，真正解决我们重构转型过程中遇到的问题。

此外，即便有了新技术，传统出版业也不会像其他企业那样去挖掘互联网带来的新需求和新机遇。这是互联网时代传统出版产业发展更加致命的症结所在。就买东西来说，以前是不带钱不行，现在是不带钱可以，但一定要带上手机。这种改变就是阿里巴巴挖掘互联网新潜能的应用，支付宝的迅速发展创造了一种需求，更改变了用户的需求，这就是技术更大的魅力所在。要转变思路，在解决技术进步问题的基础上，学会应用技术的进步，要更加正确地认识并重视技术创新带来的革命性力量，不断进行深层次的挖掘，找到技术开发与数字出版的契合点，与数字产品内容和服务进行深度融合，把技术应用到出版流程、内容资源开发、产品服务、用户体验上来。以自助出版、按需印刷、网络电商为代表的出版流程数字化技术，以云计算、大数据、物联网应用为代表的数据资源收集、处理与反馈技术，以语义分析、3D 打印、虚拟现实、个性化定制服务等为代表的增强用户体验技术的应用，在充分发挥出版产品内容资源价值的同时，更加有效地提高了数字出版产品在出版市场上的竞争力，也使传统出版与数字出版的发展更加融合，加快了传统出版向数字出版转型的脚步。

（二）人才要专

人才的需求与技术的发展密不可分，技术的精进需要有更加专业的技术人才予以补给和支撑，其具有阶段性和时代性的特征。当出版业告别"铅与火"的时代迈进"0"与"1"的时代，当传统出版重构向数字出版转型时，出版行业所需人才的标准发生了变化，由原来简单的编校、印刷、发行转向数字编辑、数字印刷和数字发行等，人才需求转变的背后是技术革新的推动。可以说人才是传统出版完成重构、获得长远发展的重要保障。

目前，我国传统出版在人才培养上还有很大的上升空间，出版社内部原有人才的培训升级、高校数字出版人才的培养输出及校部共建合作培养人才的计划都在有条不紊地进行中。我们一直都在强调要培养复合型的出版人才，既要会理论又要会实践，既要懂技术也要会经营……对编辑人才的复合型要求不可否认，编辑是贯穿整个出版过程的，他们的确需要懂得更多，才能从选题策划、编校加工、营销出版等环节获取更多的资源和信息，以完成出版任务。在对编辑人才的培养上，我们要注重"博＋专"的复合型培养，并以"专"为主、"博"为辅，培养有专业学术背景的、能毕业就上岗的、能熟练操作并参与到出版流程中的新型编辑人才。

但对于其他出版人才来说，如印刷技术人才、数字化管理技术人才等，他们所需要的是接受更加专业化的教育和培训，成为忠诚度和专一度都很高的专业人才。当他们专注于一项工作时，才有可能钻研出更多的方法，解决更多的问题，而这种专注、专一和专业就是当前我国传统出版重构中急需的。但目前我国的专业化出版人才培养院校并不多见，这就对高校出版相关专业的课程改革提出了新的要求，甚至可以建立专门的出版技术人才培训学校，培养出版行业的技师。编辑人才要培养，技术人才也要跟进。所以，高校或出版单位自身在培养人才时，要注重合理区分、有所侧重，让编辑人才和其他出版专业技术人才能够各就其位、各司其职、各负其责，完美实现一条完整产业链上的技术支撑。

面对人才培养和技术开发，出版单位要勇于实践和创新，在实践中找到人才与技术的结合点，实现人才与技术从相对孤立到融合发展的完美过渡。与此同时，出版单位之间应加强沟通与合作，形成良性互动，共同攻克重构过程中的人才和技术难题，共同推进出版人才和技术的繁荣共生。

（三）管理要活

在传统出版重构有了技术和人才保障的基础上，管理也要跟进，出版单位要从自身的管理出发，在政府和市场的共同调节下，实现灵活管理，营造健康有序的传统出版重构环境。

出版单位在自身的行政管理方面，要改变以往对管理主体实行的"多头多级"管理体制，形成"分级一体"管理体制，对审批准入的职能进行科学划分，并制定国家统一标准。重点解决数字对象标识符（DOI）标准的制定和实施；建设标准化数据交换平台和标准动态维护系统；研制数字印刷标准格式及新兴数字媒体，以及出版物二维码、出版物物流二维码、出版物标识数据格式等各项标准的制定。出版单位在进行重构转型的过程中，在管理上要灵活处理，对领导干部的任命机制做出调整，尝试让有经验的出版人介入出版体制进行管理和经营。让出版单位实现自负盈亏，让从业者的利益与出版单位的发展直接挂钩，激发从业者的积极性。此外，还要积极促成出版企业的兼并、重组和上市，以合作的方式集聚更多的人力、物力及资源，扩大出版的规模。

在政府层面的宏观调控上，首先，政府要扮演好"把关人"的角色。在传统出版重构的过程中，为了赶时髦，为了迎合读者求新的猎奇心态，一些企业无视社会责任，一心牟利，出版和传播质量低、内容低俗的产品，严重扰乱正常市场秩序。此时，就需要政府这只有型的手，对出版市场进行大扫除，以法律法规和加大处罚力度的方式严管出版市场。其次，监管要加强，执法也要更有力度。在重构的过渡时期，浑水摸鱼者不少，非法盗用正版内容资源、涉嫌侵犯他人知识产权者也不在少数。对此，要制定规范合理的版权保护制度，提高执法能力，为版权经营工作创造良好的市场条件；同时，统一出版（包括数字出版）的技术标准，维护出版环境的统一性和规范化。

经济发展需要供给侧改革，文化产业也是如此。其中，出版产业就存在产能过剩的情况——求数量不保质量。这需要政府宏观调控的努力，简政放权，保证公平，兼顾效益，合理缩减审批手续，构建良性的、宽松的、开放的出版市场环境和分配机制，让出版机构之间自由竞争，健康发展。与此同时，改革更加需要市场的自我调节。出版是环环相扣的产业，内容提供商、技术开发商、渠道运营商之间存在着激烈的博弈，只有打破不同企业间的内容资源壁垒、技术开发壁垒、销售渠道壁垒，才能实现公平的、绿色的市场环境，才能调动不同出版机构的主动性、积极性，保证出版产业充满活力，向更远的目标迈进。

四、激活版权和产业链是途径

在出版领域，关于版权的讨论早已是老生常谈的话题了，版权也成为传统出版重构阶段的核心竞争力之一。因此，出版机构要树立版权经营的理念，充分利用版权进行出版经营活动，围绕版权经营进行开发和产业布局，在版权经营的基础上，延伸出版产业链，形成庞大的、系统的、完整的出版产业生态圈，以促成传统出版的重构。

（一）重视版权的经营

版权经营拓宽了传统出版经营的范畴，能够扩大出版机构的收益来源，给予传统出版产品第二次生命，是值得传统出版机构进行的一种尝试，也是传统出版重构的一个方向。

目前的版权经营活动还是以互联网公司为主，它们普遍采取"编辑＋作者＋市场"的三角形模式。以网易云阅读为例，网易云阅读的平台在培养新作家的过程中，还对作家进行包装和明星化的打造，对新兴作家的原创 IP 进行孵化，并通过网易旗下的网易云音乐、网易游戏、网易影视工作室、网易新闻、网易漫画等多个平台和渠道的内外联合，进行 IP 的推广和开发。《巫蛊笔记》就是网易云阅读进行版权经营和开发的典型。《巫蛊笔记》2015 年上架网易云阅读平台，因破千万的点击量和超高的人气，2016 年 3 月网易漫画就顺势推出了原作的漫画版本，并在同年 5 月，原著的有声版上线网易云音乐，实现可听、可看、可阅读的多形互动。然而，对《巫蛊笔记》的开发还未停止，与其相关的网络剧、话剧、舞台剧、院线电影都在紧张的筹备中。此外，在版权经营方面，盛大文学的做法也早已成为业界津津乐道的典型。对于坐拥百万写手、百万版权、庞大粉丝群及巨大市场占有量的盛大文学而言，版权经营已经成为它构筑经济效益实体所不可或缺的重要组成部分，仅以4部网络小说的视频和游戏开发权及改编权就将近2000万元收入囊中，实在令人大开眼界。

实际上，版权经营的范围很宽泛，在互联网企业采用的"编辑＋作者＋市场"的方式中，每一种元素传统出版机构都具备，而出版社需要做的就是转变版权经营的概念，突破原有的对图书版权的局限，扩大版权经营的范围，将编辑、作者及市场资源实现最大化利用。可以利用出版集团内部的联通平台实现，也可以采用对外出售改编权，或者与互联网企业进行合作等形式将版权开发运用到电影、电视、漫画、游戏、音乐、网络视频、舞台剧等各个方面，在为传统出版机构创造更多价值的同时，也可以推进传统出版机构重构的实现。

（二）坚持出版走出去

伴随着经济全球化的浪潮，文化在全世界范围内也实现了交流和融合。出版产业的发展也不能局限在国内市场，更需要开辟国外市场，出版"走出去"战略成为传统出版范式重构转型的重要战略。"中国图书对外推广计划"已开展十余年，我国出版对外输出的数量基本保持稳定并有小幅度提高，对外输出的产业结构也逐步得到优化。"2014年，全国共输出版权10 293种，降低1.0％，其中输出出版物版权8733种，较2013年增加289种，增长3.4％，版权输出的区域结构、内容结构、语种结构、形态结构不断优化。"①

虽然我国出版对外输出困难重重，如翻译水平和质量低、出版企业的国际竞争力弱、出版产品的国际影响力差等，但就目前我国数字出版产品的发展情况来看，数字出版物的对外输出不失为一条可以选择的路径，相信在未来，数字出版产品的对外输出将成为我国对外输出的主要渠道。"出版无国

①范军．2014—2015中国出版业发展报告[M]．北京：中国书籍出版社，2015：167．

界"是未来发展的方向，互联网让世界变成一个"地球村"，在互联网发展和媒体融合下的数字出版比起传统出版产业更能凸显国际性，在国际市场也更具竞争力和优势。

北京国际图书博览会（BIBF）已成为全球第二大图书展会，国际化出版交流贸易舞台的搭建为中国出版"走出去"提供了平台，中国外文出版发行事业局旗下的移动新媒体"中国文摘"已正式登陆 Flipboard（全球最大的社交新闻平台），这是数字出版产品走出国门的一大突破。此外，在《国务院关于加快发展对外文化贸易的意见》和"一带一路"倡议等相关开放性政策的鼓励下，在国家财政、金融、税收等经济政策的扶持下，在具有全球视野的数字出版人才队伍的构建下，创新和开发具有中国特色的国际化数字出版产品，彰显数字出版物的时代特色、文化特征与艺术特性，敢于面对国际市场的挑战，抓住历史机遇，打造国际化的中国特色出版产业成为我国出版"走出去"战略的重要部署。

（三）延伸出版产业链

"推动传统出版与新兴出版的融合发展，一方面要求传统出版单位打通数字出版产业链内容、技术、营销和衍生服务的各个环节，另一方面鼓励传统出版社尝试出版产业链延伸，实现出版与旅游、教育、影视等其他产业的融合。"[①] 出版产业链就是以出版图书产品为出发点，依托出版品牌，围绕出版生产的各个环节，利用互联网和数字出版技术，将金融、会展、教育、影视、医疗等业务纳入相关的专业化出版范围，实现出版与各行各业的融合、创新和优化，以形成创新、开放、共享、个性、公平的"产业＋服务"的产业链条。数字出版的流程在内容资源的收集与提供、技术的开发与应用、渠道的开发与运营，以及产品的服务与体验上都促成了传统出版产业链的整合、延伸与完善。

我国的出版社众多，但它们从创办之初就拥有了相对固定的分工，这也

---

① 方卿，曾元祥，敖然. 数字出版产业管理 [M]. 北京：电子工业出版社，2013：100-107.

是它们形成自身特色的重要源泉。上海世纪出版集团是我国第一家出版集团，其因具备强大的综合实力而拥有了更广阔、更细分的市场，其产业链条的整合度和完整度也更高、更完善。《理财周刊》《大众医学》分别是其在金融、医疗领域响当当的品牌。其依托品牌优势，形成"出版＋金融"的"理财博览会＋线下金融圈"模式，"出版＋医疗"的"数据库＋医疗平台一体化"模式，不仅促进了当地金融和医疗事业的进步，也引起了全国范围内相关的金融、医疗出版社的效仿。人民卫生出版社主要从事医疗卫生方面的出版业务，在重构的过程中，其利用先天的医疗资源优势，在医疗卫生的数字化教育上大有作为，构建了完整的医学教育系统，从纸质教材的出版拓展到网上远程教育、在线教育，从高等教育拓展到继续教育、成人教育，实现了由社会到校园到课堂的跨越，形成了"出版＋医疗教育"的终身教育模式。诸如此类的案例还有很多，出版社依托自身品牌的知名度和涉及的专业领域，实现跨行业经营延伸，在经营范围扩大的同时，价值实现的方式也日益多元化。对读者来说，原本书面的阅读、指尖的浏览变成了线下的消费和服务，用户体验更加多样化和新鲜化。这也给正在重构的传统出版提了一个醒——结合自身优势，合理跨界，延伸产业链是值得尝试的重要举措。实际上，传统出版重构的过程就是对出版产业链延伸的过程，出版产业链的延伸是传统出版重构最主要的内容和实质。根据前文的整理，我们对传统出版重构的范式进行了大胆设想和架构。在我国传统出版重构的三大进程的基础上，将当下的诸多新鲜元素注入主体范式中，形成了一个相对复杂和详细的重构范式。

在此范式中，传统的线型出版范式依然作为主体，对于数字出版商而言，有了更多的出版资源输出口径，出版资源整合形成的数据库出版将与教育、医疗、金融、影视等行业合作，把更多元化的出版方式推向读者，让读者的体验更加丰富。利用大数据对读者的反馈进行收集和整理，并进行再次反馈，为出版机构的生产和出版提供新思路和新途径。此外，传统出版过程中的编、印、发等环节糅合了数字出版的技术元素，将实现自主化、数字化出版，再加上人才与行政管理方面的合力推进，使整个范式得到平衡和发展。

在不久的将来，媒介融合会更加紧密，整个出版产业的转型进程也会加快，管理系统的优化能力和人才技术的有机结合能力都会得到提升，数字出版会更加成熟，出版的国际化之路会更加明朗。这些进步都离不开国家政策的支持，伴随着更多政策红利的释放，民营书业及整个出版业的发展都会迎来更美好的春天。

第五章　融媒体时代下出版编辑流程转型研究

第一节　融媒体时代下出版编辑流程转型的必然性

信息革命改变了人们的认知方式，也提高了信息传播速率。传统的出版生产方式在融媒体时代已经满足不了时代需求，资源共享的融合出版方式才是全球媒体行业未来发展的趋势。融媒体时代下出版编辑流程的转型已经满足了诸多条件，出版生产环境、传播环境都发生了改变，转型潮流不可逆转，出版编辑流程的革新势在必行。

一、出版生产环境的变化

（一）网络媒介的兴盛

媒介环境是出版生产环境的重要组成部分，媒介环境变化也是传统出版流程转型的重要因素之一。2018 年《政府工作报告》提出取消跨省"漫游"，中国移动、中国联通、中国电信三大运营商纷纷表明态度，坚决支持国家政策，国内异地漫游收费从此成为历史，居民入网门槛进一步降低，信息交流效率再次提升。

2019 年 2 月，中国互联网络信息中心发布了第 43 次《中国互联网络发展状况统计报告》。报告显示："截至 2018 年 12 月，我国网民规模达 8.29 亿，互联网普及率达 59.6%，全年新增网民 5653 万，较 2017 年底提升了 3.8 个百分点。我国手机网民规模达 8.17 亿，网民通过手机接入互联网的比例高达 98.6%。"近十年间，中国网民规模与互联网普及率都在直线上升。

互联网为媒介的融合发展插上了高飞的翅膀，从相关数据来看，在互联网这个媒介大环境中，可以毫不夸张地说，数字化出版产品的覆盖率、普及率已经几乎没有死角。人们通过传统媒介接收数字化出版物所占比例渐渐降低，网络传播、数字化传播成为当下出版物传播的必由之路。传统的出版编辑流程只有顺应时代潮流，积极转型，才能应对新的媒介环境下出版生产、传播过程中遇到的难题与挑战。

（二）数字出版技术的提升

网络通信技术改变了信息互动方式，新媒体的发展造就了媒介融合环境。在当下，通信技术已经相当成熟，网络技术也发展迅猛。20世纪90年代，网络进入Web1.0时代，无论是软件基础还是硬件设施，受技术条件的限制，人们只能通过互联网进行信息检索，从而获得所需要的资料和新闻信息。到Web2.0时代，随着科学技术的进步，以及人们知识程度的普遍提高，网络普及率也大大提升，信息互动成为一种趋势。进入Web3.0时代，在信息互动高度契合的基础上，个性化与深度参与成为主流，"内容为王，用户至上"成为时代主题。技术环境的改变促进数字出版的产生与发展，传统的出版编辑流程难以为继。

人工智能技术正在重塑编辑生产。例如，在图书出版方面，随着互联网的普及，纸质图书的使用率渐渐下降，数字化阅读走向主流。从单一的电子图书，到手机阅读软件的普及，再到具有可选择性的有声阅读，以及虚拟现实、增强现实技术可以增强少儿读物、科普出版物的读者体验，满足受众感官意识，这都体现了数字出版技术已经达到了一个新的高度。又如，在新闻生产方面，新闻最根本的两个特点就是真实和迅捷，在技术条件革新的情况下，新闻的编辑生产已经不仅仅是编辑的工作，很多简单工作已经被机器所取代。例如：智能写稿机器人或软件能够减轻编辑负担，提高出版生产效率；遥控无人机航拍，在一些人力难以抓拍的情况下，技术性软件可以裨补阙漏，还原真实的时事新闻，避免因信息不足出现的舆论偏差；传感器新闻采集技术在解释性、调查性新闻报道中发挥重要作用；等等。在融媒体时代，技术型智能设备革新了编辑加工方式和发布方式，出版编辑工作流程更趋于融合性。

（三）政策支持媒介融合发展

党的十八大以来，党中央先后做出一系列重大决策部署，高度重视出版转型工作。2015 年，随着《关于推动传统媒体和新兴媒体融合发展的指导意见》发布以来，国家财政对于新闻出版的转型发展加大了扶持力度。2016 年 7 月 2 日，国家新闻出版广电总局发布《关于进一步加快广播电视媒体与新兴媒体融合发展的意见》，稳步推进广电新媒体融合发展。习近平总书记也多次在不同场合强调要利用新技术、新应用创新媒体传播方式。

媒介融合是大势所趋，新闻出版事业要始终走在信息融合的最前沿。信息即财富，在互联网更迭的大环境里，社会竞争成为常态，媒体平台竞争日益激烈。在这种形势下，必须求进、求新，使出版编辑流程改进的步伐紧跟时代前进的号角，在嘈杂纷乱的社会环境中积极应对社会环境变化。

二、出版传播环境的更新

（一）网络传播渠道占据主流

在众媒和智媒交融的时代，专业化传播和社会化传播并存，已成为当下主流的传播形态，出版生产过程被重新建构。"快餐式"出版物也在智媒技术的发展下变革出多元化的呈现方式，出版物的网络传播渠道也随着媒介的更新正在发生翻天覆地的变化。传统的报纸、期刊、电视、广播等传播渠道的影响力越来越小，人们获取娱乐消息的方式正在或者将要被网络信息化取代。

（二）读者阅读倾向的变化

读者认知需求的提升使文化消费成为一种本能。在互联网飞速发展的 20 年间，中国经济水平大幅提高，中国人的受教育程度和文化水平又提升到一个新高度，认知需求层次也有了很大提高。"快餐式"出版方式可以为生活提供无数的话题，交流谈论使生活趣味横生，所以无论对何种出版物形式，读者都有一种变被动推送为主动接受的意识，以文化消费来丰富自己的精神生活。

截至 2017 年底，我国数字出版产业的累计用户规模达到 18.25 亿人（家 / 个）（包含了重复注册和历年尘封的用户等）。国内数字出版产业整体收入规模突破 7000 亿元，达到 7071.93 亿元。其中，互联网期刊收入达 20.1 亿元，电子书达 54 亿元，数字报纸（不含手机报）达 8.6 亿元，博客类应用达 77.13 亿元，在线音乐达 85 亿元，网络动漫达 178.9 亿元，移动出版（移动阅读、移动音乐、移动游戏等）达 1796.3 亿元。

读者的阅读倾向与阅读习惯发生了改变。由于生活的压力，人们在工作、学习之外的时间多呈现碎片化，传统的文化消费条件受到限制，人们对于快餐文学、快餐新闻的青睐成为文化消费的一种常态。加之手机的移动性、便捷性，手机客户端成了数字出版物传播使用率最高的端口。除此之外，出版物形式的多样化也能使受众根据自己的习惯进行自由选择，接受各种形式，如音频、视频、文字、图片等。

三、出版编辑流程发展的需求

（一）编辑技术手段更新带来的转变

随着科技的不断发展，编辑的技术手段也在不断更新，体现在选题策划、编辑加工、印刷装帧、宣传发行等各个环节，使得选题论证环节更加严密，编辑加工工作更加高效，出版物的印刷与装订更加艺术，宣传效果更好且节约宣传成本。编辑技术手段的更新对出版行业的发展起着促进作用，但也带来了新的问题。

首先，部分编辑人员观念的更新跟不上技术手段的更新速度。编辑技术手段的快速发展，也需要编辑人员的观念不断更新，以适应编辑技术手段的更新。因此，可能会有编辑墨守成规，用以往的惯性思维看待问题，这样就会在一定程度上阻碍编辑工作的开展。其次，新的编辑技术手段在实践过程中会产生很多问题，如稿件传输双方的版本不兼容。因此，在开发和使用新的编辑技术时应制定明确的标准和规定，使编辑工作更顺畅。

（二）受众对编辑群体成长的影响

受众对编辑群体成长的影响，包括受众角色与编辑角色的互换。纸媒时代，传统的出版受众只能称为"受众"，但是在融媒体时代，群众同样可以是传播者与创造者，大众文学、大众作品屡见不鲜，很多优质出版作品就是在平民视角下被挖掘出来并成为精品的。受众与编辑生产者的界限开始变得模糊，群众参与度大大提升，而编辑就产生了危机意识。

（三）融媒体编辑部的建设

不同媒体的跨媒体编辑部的空间平台分布是不同的，但是其结构原理都是类似的。融媒体编辑部是以融合指挥部为中心，四周分布着不同的媒介办公区域，是呈放射状的全开放办公格局，其目的就是对资源进行优化整合，使媒介融合达到一个新高度，为出版事业增强核心竞争力。对于传统出版社而言，数字转型是出版业发展的必然趋势，许多出版社领导对于数字转型的态度也是非常积极的，但是由于体制因素，对于出版数字化也只能望而却步。而融媒体公司则不然，转型是社会竞争的必要前提，不转型则难以发展。

以河南大学出版社为例，要想在这种传统出版社中成立融媒体编辑部，可谓困难重重，道阻且长。河南大学出版社虽然已经进行了体制化改革，但是多数员工仍然保留国家事业编制，多数编辑不具备数字编辑技术。而且目前这种事业单位都是自负盈亏模式，成立融媒体编辑部需要大量技术设备，一次性的大量资金投入是体制化的难题。加之编辑思想陈旧，数字出版中版权问题突出，所以传统出版社数字化转型也就成为整个行业的问题，融媒体编辑部的建设至少在目前看来是无法实现的。

以河南大象融媒体集体有限公司（以下简称"大象融媒"）的"新闻岛"为例，从资金层面来看，大象融媒投入资金近6亿元，这直接打破了资金藩篱，解决了融媒体编辑部的建设与编辑人才的引进问题。"新闻岛"的空间平台呈立体状，一楼是新闻指挥中心，中心圆形区域是新闻指挥台，绿色、蓝色、黄色、红色四个相对独立而功能完全不同的区域分布在指挥台的四个角落，可视化监测与展示大屏位于西侧。二楼是播控调度中心，数据墙高

3米，长20多米。三楼是全媒体演播中心，有6个演播室，11个直播区，全都是LCD显示屏。大象融媒三大中心互相联动，打破了孤岛建设模式，实现全媒体平台模块化的运作机制，最终达到融合发展的目的。大象融媒新闻指挥中心是资源的聚合地，负责利用媒资系统进行信息采集，并把采集到的消息共享给所有媒体，以完成不同形式出版产品的生产。播控中心是对大象融媒旗下的所有媒体转播节目的集中呈现。全媒体演播中心则根据新闻指挥中心发布的消息，统一调度所有媒体、演播室，对信息资源进行编辑加工，制作出不同形态的节目，最后再通过播控中心进行全媒体发布。

融媒体编辑部的设立，使传统媒体与新兴媒体的编辑工作者能在一起工作，使报纸、杂志、广播、电视等传统媒体的"厨师们"与网站、网络电视台、互联网、新闻客户端等新媒体平台的"厨师们"能够统筹协作、沟通交流，为媒介融合发展各司其职、各尽其力，并达到最大程度的资源共享与融合。另外，空间平台的一体化，打破了空间界限，优化了业务结构，相对于以往多家企业分布在不同区域，业务交流不便、信息沟通不畅、资源浪费、信息利用率低下等问题都能得到有效改观。从企业管理的角度而言，空间结构、业务结构的一体化也有利于企业合理的集约化管理，更能促进企业的转型升级。

第二节　融媒体时代下出版编辑流程转型现状分析

随着互联网技术的发展，媒介融合不断深入，新的传播态势已经颠覆了传统的编辑生产方式。为了适应未来的发展环境，出版编辑流程急需转型。从以往的研究来看，出版编辑流程转型的核心是编辑流程的转型和加强编辑人才队伍建设两大方面。随着科学技术的发展，人工智能逐渐登上舞台，传统的出版编辑流程在编辑生产环节发生了变化，已经适应不了新形势与新技术，编辑流程面临转型。此外，编辑人才也是出版业的核心竞争力，编辑人才队伍建设是对社会融媒体环境发展的应对，环境之新、业务结构之新务必要求人才之"新"。编辑人才只有具备新技术手段、新时代思想，以及过硬的专业知识，才能在新媒体融合环境下生产出高质量的出版物，才能满足受众日益增长的精神文化需求。

一、出版编辑流程转型中的工作现状

媒介融合环境下，传统出版编辑流程发生了转型。编辑生产模式融入了多种技术手段，使内容选题、组稿、资源共享、编辑加工、传播形式和出版物效果监控等各个环节都发生了转型，促进了出版物形式的多元化，增强了出版产品的影响力，有利于出版业的繁荣发展。

（一）选题组稿方式的转型

我们周围任何事物的最新状态都可能成为信息源，但是由于人们精力有限与精神需求层次不同，有价值的资源才能成为被生产的信息。如何在广泛的信息源中筛选有价值的资源，编辑流程中的信息采集环节就成了生产"快餐式"出版物极为重要的一环，选题也成为生产电子图书、电子期刊等出版物的重中之重。

融媒体时代，信息化进程加快，"快餐式"出版产品的生产与发布打破了传统媒体的时间与空间限制。信息发生与信息发布几乎可以同步进行，出版时效性极强；数据库存储量几乎没有限制，信息实现了无限量发布。在这种大环境下，云计算、大数据、人工智能、传感器等新技术实现了智能化信息采集，特别是对于数据统计型的新闻报道，智能化信息采集方式更体现了大数据的优势，降低了传统方式下信息获取的难度，减轻了采编人员的工作负担，并大大减少了人工统计容易出现的失误。此外，对于一些实时报道或者人工难以捕捉的新闻消息，遥控无人机、720度相机、谷歌眼镜等高科技采访设备的应用都能实现对信息的补充。例如，大象融媒的"无人机战队"就在郑州"上合会议"（上海合作组织成员国政府首脑理事会）期间发挥了极大的作用。

数字出版已经成为读者乐意接受的出版方式，而且互动平台也逐渐得到完善，所以读者不仅是"接受者"，而且是选题的提供者。许多优秀的图书选题都产生于互动专区，网民通过自己所了解的信息为图书选题提供了足够的线索，许多网民的评论截图、拍摄的图片都成为重要的编辑素材。所以，编辑通过网络媒介从受众互动消息中获取信息也成为一种主流的选题方式与信息采集方式。

（二）编辑加工方式的转型

随着科学技术的发展，融媒体平台渐渐成熟，编辑环节也在传统加工方式上有了突破。

1. "定制化"出版加工方式的兴起

"内容为王"的时代导致私人定制的兴起，编辑针对不同受众需求，实行个性化加工，并通过大数据分析受众喜好，将生产出的不同形式的出版物推送给合适的人群，使出版的产品得到广泛的价值认同。此外，虚拟现实技术的出现影响了出版物的加工方式，阅读从过去的文字、图片、音频、视频形式突破到浸入式阅读，读者能从中获得真实体验，提高了读者对出版物消费的积极性。所以，随着技术的提升，出版加工方式中应用虚拟现实技术可能会成为今后图书出版的主流。

2. 人工智能影响了信息加工方式，机器人写稿登上舞台

机器人写稿是指运用计算机技术对获取的信息进行数据处理，并且按照编辑好的应用程序自动生成所需要的稿件。根据英国广播公司的一则新闻报道，到2022年，所有新闻内容的90％将由"机器人"编写。而且一些网络小说也可以由智能机器人通过大数据筛选，拟造相似的故事情节，达到娱乐大众的效果。此外，智能机器人同样可以实现语音、文本的相互转化，编辑在人工写稿的过程中可以通过语音输入的方式进行信息记录，并与智能机器人相互补充，生产出更具有可读性的稿件文本。

（三）出版传播形式的转型

融媒体时代，互联网的迅速发展使各大媒体公司都拥有了自己的报、网、端等不同媒介形态，出版编辑流程中出版的传播形式也迎来了转型机遇。印刷工艺渐渐没落，出版方式渐渐走向数字时代。

出版传播渠道发生了改变。在传统的出版发行方式中，新闻主要通过报纸、电台、电视等传统媒体进行传播，图书、期刊等则是纸质印刷的。但是随着信息技术的发展，传统发行方式也大都进行了积极转型。网络传播成为融媒体时代信息传播的主要渠道，图书、期刊等则是以数字化的形态成为大众获取信息的主流。

出版传播方式发生了改变。融媒体时代，信息传播方式由传统媒体的单向传播变成了融媒体之间的多向互动。所谓传统媒体的单向传播就是指编辑生产发行，受众只能被动接受，很难进行信息互动，更谈不上跨媒介沟通。而当下，网络传播渠道丰富了信息传播主体，信息传播变成多向传播，体现了融媒体时代传播广泛性与交互性的特点。目前，大部分数字化产品都有互动界面，阅读 app 和网络在线阅读平台也都有评论专区，都能进行信息交流，这不仅有利于编辑工作者之间的深度解读消息，更有利于不同层次、不同领域的受众之间的文化交流与发展。

（四）发行效果监控的增强

出版物的发行效果反映了出版物的质量与影响力，通过信息效果监控可以把握受众脉搏，了解社情民意，并及时改变出版策略与出版方向。融媒体时代，技术更新了发行效果监控的评估方式，提升了传播效果监控的效率。

网络传播效果可以从网民的消费行为来分析。网民的消费行为就是网民对于网络出版物的选择与阅读，对于出版物的各种形式，网民的选择可以反映受众的偏好，大众的阅读习惯也能决定出版物的选题与生产该如何创新。在融媒体时代，利用大数据的优势可以采用这种评估方式进行数据统计，建立一个客观的编辑工作参照系。通过分析读者的消费行为，编辑可以准确获取数字出版物的点击量与网站的访问量，以及网民访问的高峰时段、"快餐出版物"网页的停留时长，从而把握受众的阅读偏好，对编辑工作流程进行相应调整，进而审视自身，促进媒体向优而行。

二、出版编辑流程转型中的人才保障

伴随着新媒介的融合发展，传媒业发生了巨大变革，人们接触、发布信息的普遍性与随意性使传统的出版行业受到了巨大的挑战，传统编辑的地位、作用和功能也受到怀疑。在这种新形势下，出版工作人员必须找准自身位置，转变出版工作方式，增强创新意识，严格自律，才能在融媒体时代转型成功。

（一）编辑定位与角色的转变

编辑是空前复杂的融媒体时代的核心和灵魂，职业范围更加延展，各类媒体的选择、加工、编排、处理海量信息的主角都是编辑。正是由于编辑职业范围更加延展，传统编辑面临很大压力，编辑的角色定位发生了改变。传统的编辑只是信息资源的编辑加工者，但是在融媒体时代，编辑不仅是信息加工者，同时还扮演着信息挖掘者、信息把关者、信息反馈者的角色。

编辑是出版选题策划的挖掘者。融媒体时代，信息更新速度快、信息量大等特点使传统编辑在信息整合方面面临前所未有的挑战。融媒体时代的编辑不再是幕后工作者，同样扮演着信息资源挖掘者的角色。对于信息的挖掘，编辑需要主动参与选题策划与信息采集环节，把握出版产业发展动向，在信息的海洋中挖掘有价值的新闻消息，并对信息进行加工整理，生产出高质量的产品，提高编辑效率与出版价值。

编辑是出版物质量的把关者。对稿件进行审核、把关，是传统编辑应当具备的能力。但是在融媒体时代，网络环境安全问题频发、信息更新速率加快、网络影响力增强，要求编辑具有更强的信息把关能力。作为融媒体时代的编辑，要拥有正确的价值观并把握正确的舆论导向，从而引发社会思考，促进社会正能量的传播。

编辑是出版物发行效果的反馈者。传统媒体的传播方式为单向传播，但是进入融媒体时代，编辑作为出版物发行效果的反馈者需要做到双向互动，这就要求编辑必须树立受众意识。"内容为王"的时代要求编辑以读者角色回归社会，了解受众心理，分析不同群体之间的兴趣爱好与基本价值取向的差异，生产出优质的、市场化的出版物，并在出版物发行以后及时与读者进行互动，调查效果，通过反馈消息进行自我评价，从而提高自身的编辑生产能力。

（二）编辑思想的转变

融媒体时代，信息技术的发展转变了人们的思维方式、交流方式。对于出版工作者来说，传统的出版思维方式也发生了很大变化。数字化时代，编辑吐故纳新，渐渐树立了融合发展理念，跨媒体意识、创新意识、团队意识也成为出版思想的主流。

首先，融媒体编辑部的成立使传统媒体、新媒体在同一平台下工作，使每个工作者都要站在其他视角对信息资源进行深度加工，跨媒介意识成为媒介融合背景下出版人必备的职业素养。其次，创新是一个国家兴旺发达的不竭动力。在媒介融合的大环境下，信息资源十分丰富，但是信息质量参差不齐，这对于受众来说，很容易产生审美疲劳；加之劣质化、低俗化出版形式随处可见，造成网络环境污染。高质量的出版物产品就成为受众精神享受的刚性需求，创新性变成编辑对于信息加工的必然要求，所以出版工作者必须严格把关，争取出版物在本源上达到高质量要求。最后，团队意识的增强是媒介融合发展环境下的必然趋势。从企业角度而言，企业的发展离不开团队建设，团队意识的增强能提高各平台之间的融合性与协调性，使编辑流程更加系统合理。

（三）出版工作方式的转型

数字化及互联网技术不仅给传统出版编辑流程带来了革命性的变化，而且大大影响了出版工作方式。融媒体时代，网络编辑成为主流，写、编、校、排、发等各个环节都是通过计算机进行，出版工作变得无纸化、高效化、高质化，传统的线性编辑方式已然被淘汰。

线性编辑方式，是指编辑或记者对所采集的大量素材（文字、图片、声音、影像等）进行整理，从中选出编辑生产所需要并能容纳的片段，按先后顺序组合成成品的工作方式。在融媒体环境下，媒介传播渠道的多元化导致了编辑选、采、编、校、排、发流程的多样化，编辑工作方式不再是按先后顺序进行生产的工作方式，它突破了传统编辑方式，实现了媒介的融合。并且，伴随着媒介技术的更新迭代，不同媒体平台、不同编辑部之间的编辑工作方式也在时时刻刻发生着改变。总而言之，创新是发展之路，多样化的出版编辑流程能即时获取信息动态，并对信息资源进行筛选、共享，提高了编辑的加工速度与精度，实现了与读者、作者之间的实时沟通。

第三节　融媒体时代下出版编辑流程转型的路径

融媒体时代，融媒体编辑部的建设不单单出现在大的融媒体公司，县级媒体也已经吹响了融媒体编辑部建设与转型的号角。在这种大趋势下，出版编辑流程的转型道阻且长，面对时刻变化的出版生产环境，只有从根本上针对编辑生产过程中出现的人才问题、内容质量问题、内部机制问题、生产成本问题提出可行的优化策略，才能使融媒体编辑部出版模式良好地运行，才能使融媒体环境下出版编辑流程真正实现转型成功。

一、培养适应转型需求的出版人才

媒介融合时代，融媒体出版人才缺失导致出版编辑流程运行起来稍显僵化，出版的效率、生产质量也会因为出版人才"全能"问题有所降低。如何在融媒体环境中培养优秀的出版人才，需要从教育模式、业务能力、奖惩机制三个方面探讨。

（一）教育模式的革新

随着互联网的飞速发展，融媒体平台日益增多，传统编辑转型速度已经满足不了社会发展的需求。这就需要从教育端开始革新，运用科学的改进方式缩小传统与新型的差距。首先，科学调整大学专业课程设置，加入数字出版、数字编辑技术、媒介融合、出版发行等相关课程，使编辑出版人才未出校门就能掌握行业发展趋势，为适应未来的发展环境做好准备。其次，高校应该与融媒体公司建立实践互动机制，使编辑出版人才的技能学习落到实处。"全能型"编辑出版人才的培养贵在实践，只有深入出版行业，才能明白出版编辑流程转型的发展趋势，提高自己的技能。

（二）业务能力的培养

业务能力的培养不单单是在学校实习阶段，融媒体公司更要对内部出版编辑人才进行专业的业务能力培养，使其对传统出版编辑工作要精，对新技术也要学。出版社是出版物生产的主要阵地，但是传统出版编辑工作比较有局限性。所以对于传统出版编辑人才转型培养的主要方式，就是让出版人才走出出版社，统一在融媒体编辑部生产体系下把出版生产流程完完整整地"走一遍"，亲自体验融媒体环境下技术更新以后新旧出版编辑工作流程有什么不同，融媒体时代下出版编辑流程的转型对于传统出版人才有什么新要求。出版人才只有通过自身在流程各个环节的"实习"，感受到出版工作的差异，学习到自己以前不具备的技能，才能更好地实现自己的"全能化"。

（三）奖惩机制的完善

完善奖惩机制不但可以促进人才转型，同样可以防止人才流失，有利于人才的引进。首先，制定合理的薪酬制度，完善绩效工资制。在基本工资的基础上加上对工作绩效的审核，例如：利用大数据的优势对出版工作者的出版产品质量进行统计；对编辑人员的工作时间进行统计；对出版物产品效益进行统计；根据工作时间、工作质量的不同，设置阶梯式的奖励方案。此外，领导层也要时常关注一线工作人员，根据出版编辑流程中工作的难易程度、编辑人员工作态度的不同，采取合理的补贴办法。这不但有助于营造温馨的企业文化，同时也能提高编辑工作的积极性。其次，设置合理的晋升机制。职业能力是评价编辑综合素质的重要指标，由于企业化、事业化双重机制的限制，优秀人才的晋升一直是一个难题。这就造成很多优秀的出版工作者有种"前途无望"的错误认识，人才的流失成了出版人才队伍建设中的常见问题。这就需要融媒体企业制定公开化、透明化的晋升制度，在"论资排辈"的基础上加入业绩考核、工作能力核定等新的标准，信息的公开能保证人员调整免受非议，使人人都能看到希望。最后，惩罚措施要落实到位。对于图书编辑而言，不合格的出版物会影响社会传播效果，特别是一些青少年读物，而劣质出版物更会产生不良的社会影响。再者，对于新闻编辑而言，新闻生产内容会间接影响社会舆论导向。所以针对编辑工作中的失误，必须有合理的惩罚措施，使编辑在编辑生产的过程中对事实负责、对社会负责。惩罚措施不仅包括扣罚工资、开除等直接与经济挂钩的惩罚方式，还可以采用心理层面的精神劝导、心理抚慰等新的手段。多数企业的奖惩制度都是罚多奖少，这使编辑在出版生产工作中会出现因害怕受到惩罚而不敢对信息进行处理的情况，导致出版产品生产质量形式单一、出版生产工作缺乏活力。同时，惩罚措施要一视同仁。人人都有"患不均"的思想，所以公平对于人员协调、企业文化建设都具有积极作用。

二、整合素材，合理使用资源

在信息的海洋中，信息共享机制和"一稿多用"的传统导致出版产品同质化现象严重。在这种情况下，必须正确认识信息共享机制，强化编辑"内容为王"的意识，生产出优质的、多样化的出版产品。信息共享机制不是在采集同一信息后生产相同的产品，而是要求各个平台利用自身优势对共享资源进行合理加工，根据信息效果反馈得到的参照系分析受众需求，为用户量身定制个性化的出版产品。同时，在编辑生产阶段，企业可以对编辑人员进行内部调整，针对不同的信息发布平台安排不同的编辑人员对同一稿件进行处理，并强调出版物稿件的原创性，这样就会大大降低"一稿多用"现象的出现。

此外，针对出版内容错误，编辑人员要把握原稿来源的可靠性，对得到的信息素材进行认真筛选、甄别，避免信息来源不明造成出版产品失实。同时，要对编辑人员加强思想教育，保证媒体工作者思想的纯洁性、政治导向的正确性，这样才能有利于社会发展，才能增强社会正能量的传播。此外，编辑人员也要有良好的职业素养，把握好自身的"度"，对于出版产品的生产目的不能过分追求经济效益，而忽略了社会效益。对于编辑工作来说，事实就是事实，不能过分夸张修饰原稿，造成错误的舆论导向，损人损己、危害社会。

三、完善融媒体形式下出版编辑机制

在互联网技术快速发展的背景下，数字出版强势突起，传统出版业面临着巨大的挑战，必须顺应融媒体时代的发展，进行大变革式的调整完善。就编辑机制而言，可以从以下三个方面入手。

首先，坚持出版编辑专业化运作机制。专业化运作机制是保证出版质量的重要途径，出版单位在多年的实践中总结了一些专业化的运行机制，在融媒体形势下应继续坚持并不断完善。一是预警机制。坚持选题论证制度，严格把关出版物内容，坚决否决在思想、内容、格调等方面存在问题或隐患的选题。二是审查机制。定期开展出版质量核查，对问题突出或多次出现问题的责任人进行处罚。三是培训机制。注重培训机制的作用，定期开展出版人员专业化培训，提升出版人员素质和业务水平。

其次，加强对外交流，形成向学之风。近年来，随着我国对外开放程度的加深，文化交流的范围也越来越广。在我国实行文化"引进来"和"走出去"的同时，全球的出版业皆面临着转型的挑战，且发展状况不一。鉴于此，我国应主动加强与各国的交流，学习其出版转型方面的先进经验，从产品策划与营销、数字出版的技术应用与发展、人才的培养和交流等方面入手，审视自身，博采众长，以促进我国出版业的繁荣。

最后，创新出版编辑生产流程。目前，出版生产流程存在着复杂、低效等弊端，出版单位纷纷探索新的出版生产流程。2018年5月19日，由复合出版生产流程创新联盟组织，中宣部领导、部分联盟成员单位、出版行业上下游技术企业在北京天佑大厦召开了座谈会。部分出版单位在座谈会上分享了出版流程转型的现状，并总结出出版编辑生产流程的创新需要一个过程，需要不断调整和完善。在出版资源管理、出版内容编辑等方面采用数字化系统，并选择合适的出版物品种进行数字化编辑，实现提高出版质量、出版效率和降低出版成本的目标，简化流程，才能加快传统出版流程的转型升级。

四、促进内部互融，固化盈利模式

融媒体编辑部出版生产模式的全面启动面临资金难题，探索成熟的盈利模式能使融媒体企业提高经济效益，促进出版内部融合创新，实现融媒体环境下出版业的繁荣发展。

首先，促进出版内部融合，必须加强内部人员的交流互通。由于集团化企业内部结构复杂，且在融媒体编辑部模式下子媒之间基层人员交流不畅，加之融媒体集团组织结构扁平化的特点，内部融合程度较低，这就需要打造个性化的企业文化，以文化的感染力影响内部员工，促进内部互融。同时，还要对员工进行思想教育，并且在惩罚机制上进行明确规定，杜绝编辑工作者在工作上的惰性思想。感性认知可以影响理性行为，领导层面也应该加强对企业员工的人文关怀，针对公司内部交流问题，可以适当地举行文化建设、团队建设活动，让各子媒的工作人员进行业务交流、生活交流。只有编辑人员达到了互通的状态，才能保持出版物产品达到最优的融合效果。

其次，生产优质内容，实施内容付费策略。调查报告显示，2018年知识付费用户规模达2.92亿人，预计2019年知识付费用户规模将达3.87亿人。另外，基于用户阅读付费的调查分析显示，36.3％的用户更倾向于在获取专业资料时付费，21.7％的用户在音乐、影视、文学领域内存在付费阅读的意愿。教育文章、时事新闻领域内愿意付费阅读的用户占比分别为15.6％、13.5％。虽然人们对于内容付费的态度表现得不是那么强烈，但是通过调查报告可知，出版产品内容付费意愿已经初见端倪，内容直接变现在未来发展中必然可行。

爱听音乐的年轻人都知道，从2015年国家版权局发布《关于责令网络音乐服务商停止未经授权传播音乐作品的通知》开始，音乐付费全面推行。虽然一开始很多人极力反对音乐付费，但是经过几年的发展，音乐付费已然成为一种常态，而且受众也极为支持。同样，视频、文学领域也是如此，并且产生了巨大的经济效益。对于新闻体制而言，虽然国有制原则、社会效益第一原则、"党管媒体"原则使新闻类出版物付费转型门槛提高，但是可以在不违背基本原则的情况下进行循序渐进式的转型。目前，在融媒体编辑部生产模式下，出版内容的生产、传播都有了实质性的改进，"内容为王""用户为王"合理并行，出版物产品质量也大大提高，所以融媒体企业可以实行内容部分付费的策略，让内容优质、形式新颖的快餐式出版物产品直接变现，从而提高企业经济效益，保证融媒体编辑部模式下的出版生产呈常态化进行。

　　最后，多企业联动，拓宽盈利渠道。在融媒体时代，融媒体企业在做好出版生产的同时，还可以介入商业平台，实现媒体与企业的双赢。媒体与企业的合作模式大致分为两种：一种是媒体为企业作嫁衣，起到宣传的作用。这需要媒体充分发挥自身信息传播的优势，同时在交流活动、会议等场合积极把握信息资源，吸引广告投资，从而创造经济效益。另一种是媒体与企业共同投资，开发文化产业项目。这要求媒体突破传统限制，根据自身实力，把握良好商机，并与企业积极合作，运用自身影响力，实现文化产业投资利润的最大化。

第六章　数字化时代下出版编辑力的提升研究

第一节　出版编辑力概述

目前对于出版编辑力的研究，学者大多是以编辑个体角度来研究的，侧重的是编辑个体的技能方面，不同的研究者切入的视角有所不同、着眼的层面有高低之别，得出的结论就会不同。本书在此基础上提出对于出版编辑力的研究要从编辑个体、编辑团队和出版机构三个层面来探讨，不应仅仅指编辑个体。因此，对于出版编辑力的基本构成也是从这三个层面来展开的。出版编辑力的基本构成是以编辑工作流程为基础，包括策划力、组织力、审读力、选择力和加工力。

一、出版编辑力的概念

对于出版编辑力的研究，目前尚处于初级阶段，出版编辑力的概念也并没有一个全面的、公认的定义。探讨和研究出版编辑力的概念，可以使编辑人员正确并深入地理解其内涵，继而帮助编辑人员提升自身综合素质，也可以使编辑团队和出版机构掌握正确的发展方向。因此，对出版编辑力概念的研究是非常必要的。

（一）出版编辑力的内涵

在数字时代，编辑的工作内容有了许多变化，编辑个人、编辑团队和出版机构都面临着新的挑战。因此，对于出版编辑力概念的研究是非常迫切的。

日本著名出版家鹫尾贤也所著的《编辑力：从创意、策划到人际关系》，其用简单的语言根据自身从业几十年的经验例子来讲述编辑力，从这本书中可以得知，编辑力的内涵包括整合力、组织力、企划力等。资深编辑周浩正的《优秀编辑的四门必修课：一位资深总编的来信》，重点讨论了编辑人的经营能力、创新角色和思想修炼，总结了优秀编辑的基本素质——文字的高手（编辑力）、伟大的沟通者（经营力）、杰出的推销员（经营力）、优秀的创新家（创新力）、勤奋的思想者（思想力）。徐庆新的《传播视野中编辑力的作用》一文，重点对编辑概念、编辑力的使用需求、编辑力在具体传播中的作用、编辑力的发展变化，以及编辑力与传播效果的关系等进行了论述。李军领的《编辑力"五力模型"试探》一文中提出，所谓编辑力，就是编辑人员在编辑工作情境中运用自身的眼光、素养、知识、专业技能等，进行稿件策划、组织、审读、选择、加工等创造性活动，以实现编辑工作目的的能力。编辑力是一种创造力，更是一种核心竞争力。

综上所述，我们可以看出，对于出版编辑力概念的总结大多是从编辑个人角度得出的，但笔者认为，对于出版编辑力的概念应该从编辑个体、编辑团队和出版机构三个层面来分析，不应局限于编辑个体，出版编辑力反映的是编辑个人、编辑团队和出版机构的整体能力。对于编辑个体而言，出版编辑力是编辑人员综合能力的体现，从前期的选题策划到后期的发行营销，出版编辑力体现在编辑工作的每个环节中。对于编辑团队和出版机构而言，出版编辑力可以说是其核心竞争力。出版编辑力可以通过出版物和出版机构的整体实力反映出来。

（二）出版编辑力的特征

在出版工作中，出版编辑力体现出了自身的特性。首先是它的导向性。出版物是精神文化产品，有着传播正确价值观和知识的作用，因此出版编辑力的导向性主要体现在对稿件的选择和判断方面。出版编辑力的导向性受到出版价值及出版政策的制约。编辑人员、编辑团队和出版机构作为先进文化的传播者，要坚持正确的文化传播方向，增强导向意识、责任意识，对稿件进行严格把关。只有这样，才不会在市场竞争环境下迷失方向、缺失社会责任感，才能够谋得长远的发展。其次，出版编辑力有它的隐蔽性。出版编辑力是一种内在的、起支持作用的东西，很难说出版编辑力能具化为何物，只能说出版编辑力可以通过出版物和出版机构的整体实力反映出来。最后是它的协同性。出版工作的特性要求编辑人员与同事、作者甚至读者进行沟通交流及合作，编辑团队需要协调整个团队并调动团队的积极性，出版机构则需要为出版工作的正常运行提供各方面的保障和支持，出版编辑力的协同性在这三个层面都得到了体现。出版编辑力贯穿出版工作的整个过程，不能单单将出版编辑力作为编辑个人在编辑工作中所体现出的素质，出版编辑力体现在出版工作的每个环节中，应从编辑个体、编辑团队和出版机构三个层面来探讨。

二、出版编辑力的基本构成

编辑工作在出版工作中处于核心地位，因此本书对于出版编辑力的基本构成是按照编辑工作流程提出的，探讨出版编辑力的基本构成也是为了能够帮助编辑人员、编辑团队和出版机构更好地理解出版编辑力，从而更好地提升自身的出版编辑力。

（一）编辑策划力

编辑策划力对于编辑人员和编辑团队来讲是指依据一定的编辑工作目的，酝酿、提出、筛选以至最后确定选题的谋划能力。日本出版家鹫尾贤也说："没有策划，就没有编辑，因为策划力是编辑的生命线，也就是创意从编辑大脑的某处滋生，从而展开一切。"[①] 编辑策划力是出版编辑力的核心要素，优秀的编辑策划力是编辑团队和出版机构的核心优势。编辑策划力可以实现对丰富出版资源的整合，放大策划效应，使得编辑团队和出版机构在激烈的市场竞争中保持优势。编辑策划力的形成需要良好的策划氛围，出版机构要建立和营造良好的策划氛围，就需要建立责、权、利相结合的选题策划、实施机制及选题论证制度。

在数字时代背景下，编辑个人、编辑团队和出版机构的编辑策划力也发生了变化。第一，策划的范围已经从传统领域大大延伸，比如在作者资源方面，

---

①鹫尾贤也. 编辑力：从创意、策划到人际关系 [M]. 陈宝莲，译. 北京：中国人民大学出版社，2007：46.

由之前的物色作者向发现、培养和开发作者转变。这是由于作者并不一定了解市场和读者的需求，在编辑的培养和引导下，作者才能创作出更加满足读者需求的作品。第二，策划的过程已经由阶段性策划向全程策划转变，这一点主要是针对编辑人员而言的。优秀的出版编辑不仅要加工稿件、修改文字，还要了解读者的需求，以及定价、印张等方面的知识。第三，策划的模式已从单一的文本策划转向立体的市场推广策划，在选题策划中植入市场要素，实现了与市场的对接。编辑与发行人员共同配合，研究市场，分析读者需求，制订更能满足读者需求的市场推广计划。第四，策划的介质已由单一的纸质策划向全媒体策划转变，出版机构在进行纸介质策划的同时，还策划了衍生产品和周边产品，在对出版物的宣传策划中也开始重视对新媒体的利用，将传统纸质媒体与新媒体结合起来。

（二）编辑组织力

编辑组织力对于编辑人员来讲主要体现在组稿环节中，即编辑人员根据选题策划方案发现、选择、组织作者完成作品创作的活动。对于编辑团队和出版机构来讲，编辑组织力主要是指在组稿活动中协调团队进行编辑工作。编辑组织力对编辑人员的人际交往能力和组织协调能力有较高的要求。组稿环节的主要任务是落实作者，编辑应建立一个作者资源库，对作者的学术方向、写作水平等都要有清晰的了解，因为选择合适的作者对选题的成功具有关键作用。选择了合适的作者，就要通过一定的方式向其约稿，并与之进行充分的沟通。日本出版家鹫尾贤也曾专门提出"人际交往论"，他指出："编辑就像硬盘，如何拥有丰富的优秀软件，决定一个编辑的价值……编辑必须拥有许多在关键时刻可以变成重要软件的作者人脉。"[1]

编辑组织力对于编辑团队和出版机构而言是需要营造良好的工作氛围，调动团队的积极性，打造和谐高效的编辑队伍，尤其是在组织多人参与一本、一套或一个系列图书的编写时，需要进行大量的安排和协调工作。比如：中国建筑工业出版社的《建筑设计资料集》（第三版）的修订，有100多家单

---

①同上书，第149页。

位共 2000 多人参与；国家重大出版工程"中国古建筑丛书"，有 300 多位专家作者参与。大型图书是一个团队在工作，能团结和安排好各个编辑的工作，使其能够发挥各自的作用是非常重要的。在整个出版过程中，从选题、审稿、排版、校对、印制到营销推广，都有组织协调工作，没有较强的编辑组织力，很难保证内容、进度的协调与统一。良好的编辑组织力能够有计划、有步骤、有效地推进出版工作的实施，能够组织召开好每次会议，能够及时解决在实施过程中遇到的矛盾和困难。

（三）编辑审读力

所谓编辑审读力，即对稿件进行审读、评价，决定取舍，并对需要修改的稿件提出修改要求和建议的能力。编辑审读力主要体现在审稿环节中，侧重于考虑稿件的取舍、出版价值及修改加工的问题。审稿环节关系到稿件的命运和质量，是保证精神文化产品质量、满足社会文化需求的重要环节，也是对稿件进行加工的前提条件，因此在出版工作中具有重要的地位。编辑人员、编辑团队和出版机构需要对所有稿件进行审核，根据自身的知识水平、判断能力，以及出版社的特色需要、稿件的市场前景等来判断稿件是否有出版的价值，从稿件的政治、学术、文字等方面判断其是否达到出版的要求。对于具有出版价值且基本达到出版标准的稿件，可接受出版；对于具有出版价值但尚未达到出版标准的稿件，则在基本肯定的基础上，提出修改或补充意见。编辑审读力考验的是编辑人员对于稿件的评估和判断能力，以及出版机构高层管理人员对市场的预测等综合能力。

（四）编辑选择力

所谓编辑选择力，即在做出准确评价的基础上对审读过的稿件进行取舍的能力。编辑人员、编辑团队和出版机构选择稿件是在审稿环节的基础上进行的，需要对稿件进行取舍，根据稿件的质量、结构，以及稿件是否符合出版方针、市场需求的原则进行选择。从编辑个人角度而言，编辑选择力主要体现在对稿件的选择上。从编辑团队和出版机构的角度来看，编辑选择力还表现在宏观层面，主要是从用户的需求出发，基于对市场的预测，对出版机构的发展方向及战略方面的选择。

编辑选择力和编辑审读力都是要对稿件进行取舍，其区别在于：在审稿环节对稿件进行评定、判断，有些稿件具有出版价值，符合出版方针政策，但不完全达到出版标准，这类稿件仍需修改，并未舍弃；而选择稿件时则是决定稿件要还是不要，没有再修改的环节。编辑人员、编辑团队和出版机构需要站在读者和市场的角度，对稿件进行全面的分析和评判，并最终得出结论。编辑人员、编辑团队和出版机构自身的综合素质、综合实力及对书稿价值的判断等是编辑选择力形成的基础。编辑选择力对于保证出版物内容的学术价值、文化价值有着重要的作用。

（五）编辑加工力

所谓编辑加工力，主要是指对已决定采用的稿件进行修改、润饰和规范化处理的能力。编辑加工力，包括文字规范能力、写作能力、图片处理能力、装帧设计能力等。编辑加工力主要是从编辑个体角度来考虑，是核心的编辑力。编辑加工整理是在审稿的基础上进行的，是编辑工作环节中的一项重要内容，对于保证出版物质量有着举足轻重的作用。编辑加工是一个极其烦琐的过程，需要对达到出版标准的稿件进行文字、结构等各个方面的修改、润色。而审稿与加工的区别则在于：审稿是要对稿件提出修改意见，判定稿件的取舍，是从大处着眼；加工则是要在原稿的基础上对稿件进行精雕细琢以提高稿件的质量，是要解决很多具体的问题。除了对稿件的内容和结构进行修改外，稿件的字句、标点、图片等很多琐碎、具体的问题都需要编辑人员负责。加工稿件需要编辑人员具备较高的素质，并以严谨的态度来对待，一丝不苟，精益求精。编辑加工力是编辑人员基本职业素养的具体体现，是编辑人员发挥创造性、主动性的编辑工作环节，也是显示编辑人员功力的地方。编辑人员不仅要规范、整理、提高作者的稿件，还要自己动手撰写各种辅文。

出版编辑力基本构成中的每一个要素都是相互关联的，在出版流程中呈现出一定的次序性。出版编辑力基本构成要素体现出的次序性决定了对于出版编辑力的研究要考虑其整体性，各要素要保持平衡，倾向于任何一个要素，打破这个平衡，就可能会有损于整个出版编辑力。构成出版编辑力的五个要素并没有轻重之分，每个要素在出版编辑力中都是必不可少的、不可偏废的。缺少任何一个要素，出版编辑力的构成就不完整，就不能全面地理解出版编辑力的概念。这就需要在研究出版编辑力的过程中全面考虑，不可偏废任何一个要素。但是，构成出版编辑力的五个要素虽无轻重之分，却在层次方面有所不同。五要素中编辑策划力和编辑组织力属于宏观层面的，在出版编辑力中处于核心地位；编辑审读力和编辑选择力属于中观层面的，侧重于对稿件的审读和选择，在出版编辑力中有着重要地位；编辑加工力则属于微观层面的，体现的是编辑个体的编辑技能，是出版编辑力中的基础要素。厘清构成出版编辑力的五要素之间的关系能够让编辑个体、编辑团队和出版机构更好地理解和提升出版编辑力。

三、出版编辑力在出版工作中的地位

出版编辑力是出版机构的核心竞争力，是编辑团队的重要生产力，是编辑个人职业能力的体现。出版编辑力在出版工作中具有举足轻重的地位是因为编辑工作在出版工作中处于核心地位。出版物是编辑个人、编辑团队和整个出版机构辛苦工作的结晶，出版物的质量取决于编辑个人的综合能力、编辑团队和出版机构的整体实力。因此，在数字时代更应该重视出版编辑力在出版工作中的地位，提升出版编辑力。

（一）出版机构的核心竞争力

出版物的质量直接决定着出版机构的社会效益和经济效益。而编辑工作对出版物的质量有着直接的影响，因此，出版编辑力是出版机构的核心竞争力。具体来说，出版机构的各项工作都是围绕编辑工作展开的，都是以编辑工作为基础和中心来进行的。各项有关出版物的具体事务都是以选题策划所制订的计划来落实的，如在出版物的印刷工作中，编辑需要为排版、制版、印刷和装订等工作提供基础材料并指导其工作。这些环节的工作质量在一定意义上可以说与编辑人员相关，编辑人员对于计划安排的规范性、稿件的完整性、印刷相关工作程序的了解都直接影响着出版物的质量。在出版物的营销发行环节，也同样需要编辑人员的参与，因为编辑人员对稿件是最熟悉的，从稿件的写作背景、主题内容、受众对象到读者的需求，编辑人员可以为发行部门的同事提出可参考性强的建议。因此，在出版工作的整个流程中，编辑人员需要配合各部门具体工作的展开，为其提供相关材料和建议。编辑人员在出版机构的工作人员中属于核心人员，编辑人员的职业能力对于出版物的质量、出版机构的竞争力都有着直接的影响，而出版编辑力体现了编辑人员的综合能力，所以说出版编辑力是出版机构的核心竞争力。

2. 编辑团队的重要生产力

编辑工作是出版工作中的核心，编辑工作直接决定着出版物的质量，而出版物的质量又决定着出版机构的经济效益。因此，可以说出版编辑力是编辑团队的重要生产力。编辑团队的工作效率及对出版物整体方案的拟定等都直接影响着出版物的质量，正是从这种意义上讲，编辑工作是出版物质量的主要保证。

出版效益包括社会效益和经济效益，是出版业赖以生存和发展的根本条件，它的好坏主要取决于编辑工作质量的高低。社会效益主要取决于出版物的内容质量，而出版物的内容质量如何，在很大程度上是由编辑工作决定的。编辑工作中的各个环节，包括选题策划、组稿、审稿、编辑加工整理等，都对出版物质量的提升起着重要作用。出版物质量高，就能推动社会的进步与发展，整个出版活动就能取得良好的社会效益。经济效益取决于很多因素，而其中十分重要的一个因素就是出版物发行量。发行量能否提高，固然与发行工作直接相关，但从根本上说，出版物的内容契合消费者的需要才是提高发行量的基础。只有通过编辑的劳动，才能生产出契合消费者需要的出版物，从而为发行量的提高打下良好的基础。可见，无论是从社会效益层面还是从经济效益层面考察，编辑工作在提高出版效益过程中的重要地位都是显而易见的。

3. 编辑人员的职业能力

出版业属于文化产业，对知识含量要求高，编辑人员是出版机构的主要人力资源，编辑个体的出版编辑力如何将决定整个编辑团队和出版机构的工作效率与社会影响。出版编辑力对于编辑个人而言，体现了编辑人员的综合素质，具体表现在出版工作中就是编辑人员能否结识到好的作者，能否得到好的稿件，能否加工完善好原稿并且顺利地实施出版计划。这些是对一个编辑人员工作能力的主要考验。出版编辑力体现在编辑工作的整个环节，从前期的选题策划到后期的发行营销，出版编辑力都贯穿其中，从某方面也可以说出版编辑力反映着编辑人员的工作能力。

出版编辑力由编辑策划力、编辑组织力、编辑审读力、编辑选择力和编辑加工力构成。对于编辑人员来讲，编辑策划力是指经过构思、筛选到最后提出有效选题的谋划能力。编辑组织力则体现在组稿环节中，即根据选题策划方案发现、选择并组织作者完成作品的活动，编辑组织力对于编辑人员的人际交往能力和组织协调能力有较高的要求。编辑审读力和编辑选择力是指编辑人员对于稿件的判断和选择。编辑加工力则是对于选用的稿件进行修改、润饰和规范化处理的能力。这些都反映了编辑人员的职业能力。

因此可以说，出版编辑力是编辑人员职业能力的主要标志。

第二节　数字化时代下出版编辑工作的发展趋势

当前，中国出版业正在经历数字化转型，但是这并不意味着就要抛弃传统出版，纯粹地进行数字化出版。现在是传统出版与数字出版并存的时代，在转型过程中，传统出版业普遍都有着强烈的危机感和紧迫感。数字出版对传统出版业来说，既带来了难得的历史机遇，也提出了前所未有的挑战。

编辑工作是出版工作中最重要的环节，直接决定着出版物的质量，以及出版机构在市场上的竞争力。出版编辑力体现了编辑人员的综合能力，以及编辑团队和出版机构的整体实力，因此，出版编辑力在出版工作中有着举足轻重的地位。数字时代对出版编辑力提出新的要求，赋予其新的内涵，在数字时代，产品创新能力、资源整合能力和跨界扩张能力的重要性凸显出来。因此，编辑人员、编辑团队和出版机构应该重视对出版编辑力的提升，以适应数字时代出版业发展的需要。

一、数字时代出版工作的特征

数字时代的出版工作与传统出版工作不同的是，数字时代的出版工作呈现出内容生产数字化、管理过程信息化、产品形态多媒体化和传播渠道网络化的特征。理解数字时代出版工作的特征，能够更好地满足数字时代出版工作的要求。

（一）内容生产数字化

内容生产数字化指的是在精神产品生产阶段要采用各种数字化技术手段，使产品在内容和形式上的所有信息都以二进制数字编码的形式记载在相应的存储设备中。数字出版产品都具有一定的数字文件格式，当前我国的数字出版产品格式还不统一。国际上通用的处理方法是利用"可扩展标记语言"进行标引。数字出版产品的整个内容生产过程都是使用数字化技术手段和数字化设备进行的，而在传统出版产品的内容生产过程中也会使用到数字化的先进设备，但是最终呈现的介质是纸质，因此，并不会对内容进行数字化制作和存储。数字出版产品的表现载体是个人计算机、手机、电子阅读器、平板电脑等终端设备，因此，内容生产的数字化是必然的，这样能够直接应用于电子终端设备上，不需要再进行格式转换，减少了不必要的流程。所以说，内容生产数字化是数字时代出版工作的一大特点。

（二）管理过程信息化

数字时代出版工作的过程也是数字出版产品的设计、组织、优化的过程，通过管理活动的流程化、网络化和数字化，可以满足信息资源在加工流程、产品标准、质量管理、工作量计量、产品可观测性等生产活动方面的特殊需求。使用全数字化的信息管理系统，把各个出版项目中各个方面的信息及时进行整理、规制、存档并动态更新，从而让管理者可以随时随地协调和控制各个出版项目的进程，确保产品的质量。通过信息资源的深入开发和广泛利用，可以不断提高生产、经营、管理、决策的效率和水平，进而提高出版机构的经济效益和竞争力。出版管理过程的信息化可以概括为三个方面，包括出版管理信息化（办公自动化、管理网络化、决策智能化）、出版资源信息化（出版资源数字化）、商务信息化。

在激烈的市场竞争中，能够高效率和高质量地工作是立于不败之地的保障。管理过程的信息化对图书的整个生产过程实行流程管理，对各个环节进行有效的监控，摆脱了原有制度中的卡片制作、数据计算、报表填写等烦琐的手工劳动，只需要点击界面就可以进入实时状态，看到工作流程，使管理灵活、敏捷并且透明，可以避免信息不流通造成的时间浪费，能够极大地提高出版工作效率和现代化管理水平，以及工作积极性。管理过程的信息化的另外一个表现就是出版机构建立自己的网站，建立完善的网上电子交易系统等，这样可以提高对出版产品的开发能力和客户关系管理水平，从而拓展销售渠道。信息化的管理可以充分向读者展示企业的形象，并且发布出版信息，随时将出版机构的图书信息传递给广大读者，建立有效的反馈机制，加强与读者的沟通，便于工作人员及时地了解市场。

（三）产品形态多媒体化

数字出版产品内容载体中的记录，都是采用对原有信息信号进行处理后形成的二进制编码数字流，而这些产品的使用，都需要通过一定的解码设备将数字流转换成人可以感知的文字、符号、图形、图像、声音等信息信号。数字出版产品的载体呈现出多媒体化的特征，如手机、电子阅读器及平板电脑等都是数字出版产品的表现载体，而传统出版产品则是纸质载体。因此，在数字时代，编辑工作内容也有了新的变化，这就需要编辑人员运用数字技术设计出符合数字出版特征的产品，并且对编辑内容进行数字化处理。编辑人员在编辑工作中还要根据不同载体的不同特点，对内容进行二次制作，创作出适合不同载体的内容产品，满足读者的不同需求。

如果只是复制纸质出版物的内容到多媒体载体上，则会引起内容的同质化和表现形式的呆板。

所以，数字时代的编辑工作变得更为复杂，对于编辑人员的要求也就更高。编辑人员要学习数字出版相关技术，提升出版编辑力，并将数字出版思维贯穿出版工作的各个环节，这样才能在真正意义上做到数字化出版，以满足数字化出版的要求。

（四）传播渠道网络化

在数字时代的出版工作中，只要通过一定的信息网络系统就可以实现出版物的传播。而在传统出版工作中，传播渠道和方式只能通过纸质出版物的传播来实现。将传统出版产品和数字出版产品进行对比可以发现，传统出版产品的传播渠道速度慢，并且传播成本高，而数字出版产品在传播渠道方面更加快速便捷，传播成本也相对低。传统出版产品需要经过仓储、分拣、包装、交通运输等流程才能够实现传播。传统出版产品的传播需要耗费大量的人力和物力，使得出版产品的成本增加，这样也不利于出版产品的销售盈利。数字出版产品的传播途径主要包括有线互联网、无线通信网和卫星网络等。数字内容投送平台也已经形成了电信运营商型、技术服务型、文学创作型、互联网门户或信息服务型，以及电子商务型五大平台。平台的实施，方便读者在平台上找到自己喜欢的产品，内容平台的打造可以将数字出版产品集结在一起，为每一位读者提供丰富的服务。

数字时代传播渠道的网络化对读者和出版商都是有利的。读者可以自行搜索下载喜欢的产品，方便快捷。出版商也可以节省运输发行的成本，仓储、分拣及包装的成本也可以省掉，这样就能够降低出版产品成本，从而增加盈利。

二、数字时代出版编辑力的新内涵

数字时代对传统出版提出新的要求，同时对出版编辑力也赋予了新的内涵。互联网的发展，出版物载体的多样化，出版市场越来越激烈的竞争等，都要求出版工作人员应该顺应时代的发展，不断地学习新的知识和技术，以适应数字出版的新要求。出版机构要想在激烈的市场竞争中不被淘汰，就需要不断地创新，开发新的产品，探索新的发展之路。互联网的发展，新媒体的广泛应用，使得编辑人员在选题策划时要实现跨界整合，跨界整合出版则要求编辑人员提高自身的跨媒体选题策划和运营整合能力。

（一）产品创新能力

编辑工作是知识创造性劳动，编辑工作的劳动成果——出版物属于精神产品。编辑人员作为出版工作的核心人员，编辑团体和出版机构作为推动社会精神文明发展的重要力量，必须走在科学的最前沿，成为勇于创新的实践者。

在数字时代的背景下，编辑人员的创新能力主要表现为敢于尝试新的事物，具备创新意识和创新思维，利用新媒体和数字技术，生产出满足读者需求的出版物。对编辑团队和出版机构而言，创新能力主要表现为打破传统的出版模式，转变经营观念，探索出在数字时代适合发展的新道路。无论是在传统时代还是在数字时代，对传统媒体和新媒体而言，创新一直都是企业的生命力，创新也就意味着在激烈的市场竞争中不会被淘汰。对编辑个人来说，创新主要表现为对出版物的创新，包括内容和形式两方面。在数字时代，信息无处不在，编辑人员需要能够判别有价值的信息。而且，随着网络和移动终端设备的发展，人们的阅读方式已经慢慢发生了变化，其对数字化阅读的需求在上升，编辑人员只有不断推陈出新，才能够满足读者的多元化需求。出版物在内容上如果既有文字又有图片，或者有新颖的版式和封面，都是一种创新。这就需要编辑人员具有创新意识和创新思维，在遇到新事物时能够快速接受并可以灵活地掌握应用。编辑团队和出版机构的创新除了体现在出版物的创新方面，还有企业战略选择的创新。从编辑团队和出版机构来看，竞争的加剧要求出版机构必须提高综合竞争实力，综合竞争实力决定着出版机构生存与发展。在这个创新的时代，要想求得生存与发展的空间，就必须提高核心竞争力，就必须不断创新。出版机构需要根据形势的变化，合理地调整和转变经营策略以适应新形势的发展需要。数字时代出版业竞争加剧，对于出版机构而言，只有不断地创新，才能够在出版市场中立于不败之地。

（二）资源整合能力

整合就是将零散的要素组合在一起，并最终形成有价值、有效率的整体。资源整合能力主要是指内容资源方面的整合，既可以是对相似内容的整合，也可以是对现有内容的整合再利用，在此基础上开发出新的产品，使之呈现出新的特点来吸引读者。与传统时代不同的是，数字时代的读者数字化阅读需求在上升，要通过对现有资源的整合再利用，创造出能够满足当代读者需求的新产品，使内容资源发挥出最大价值。因此，资源整合能力在数字时代必不可少。

在数字时代，内容资源仍然是占主导地位的。对出版机构而言，其内容资源的整合能力越强，就越能够在激烈的市场竞争中占据一席之地。在数字时代，与其他出版商相比，传统出版机构有着丰富的出版资源，包括经验丰富的编辑团队、优秀的作者资源、广大忠实的读者群和自身的品牌优势。编辑人员是出版机构的核心人物，在对内容资源的整合和再利用方面发挥着重要的作用。编辑人员需要整合优质出版资源，通过对内容资源的整合，使得出版物能够更符合市场的需求，使其社会效益和经济效益最大化。

整合可以化平凡为神奇，销售平淡的图书，通过整合也能变成畅销书。浙江少年儿童出版社打造的"动物小说大王沈石溪品藏书系"在短短 3 年内，销售码洋突破 1 亿元，销售数量达到 700 余万册。然而，在与浙江少年儿童出版社合作之前，沈石溪的书卖得并不好，"叫好不叫座"。浙江少年儿童出版社的编辑通过调研后发现：沈石溪的作品入选了语文教材，在教师中有认知度；现在的学生对动物小说这种独特的体裁有新鲜感；沈石溪成名较早，当年的小读者现已为人父母，沈石溪的作品能唤起这批家长的童年阅读经验，他们对作品的认可，可迁移到对自己子女的阅读引导上。教师、学生、家长，三方面的认可构成了沈石溪作品的市场潜力。由此，编辑人员选定了"动物小说"和"品藏书系"这两个要点，从封面、定价、开本等方面进行了一系列的包装和整合，最终盘活了已经沉淀的优秀内容资源。在图书得到广泛认同后，南方分级阅读研究中心又借助新媒体渠道的拓展，形成了一条涵盖创意、开发、媒体传播、出版发行、阅读学习、教育培训、娱乐游戏、旅游，以及文化地产等领域的数字化产业链，可以说把整合的力量发挥到了极致。

从这个案例中我们可以看出，不论是编辑人员还是编辑团队和出版机构对内容资源的整合，重要的是要发现有价值的作品，然后对其进行整合、设计、包装和宣传。这样经过整合设计生产出的产品才能实现价值的最大化，取得好的效果。

（三）跨界扩张能力

现在是传统出版与数字出版并存的时代，跨界扩张能力对于编辑人员、编辑团队和出版机构而言就显得尤为重要。跨界扩张包括跨媒体、跨地域和跨产业。在数字出版条件下，跨媒体选题策划和运营实施的要求更为复杂，难度更高。编辑人员的跨界扩张能力对出版物的质量、出版机构的发展有着重要的影响。编辑人员在前期的选题策划过程中，需要考虑新兴媒介的特点，进行跨媒介选题策划。对于现在的编辑人员来说，除了传统的投稿、约稿等选题方面的信息获取渠道，网络调查、网络搜索、论坛和微博等都是新兴的信息获取途径。除了在选题策划时使用新媒体的方式来获取信息外，编辑人员还可以使用互联网进行市场调查、与读者积极互动、快速获取读者意见等，同时还可以利用互联网、手机、微博等新媒体对图书进行宣传推广，这些都属于跨界扩张的方式。与传统的信息获取渠道相比，新兴的方式信息获取速度快，信息量大。编辑人员要熟练掌握不同的信息获取方式，时刻关注出版领域的新动态。同时，编辑人员在出版工作中应该考虑新媒体的特点，使设计生产出的产品能够适应不同载体的要求。

编辑人员可以利用新媒体进行整合策划，比如网站、论坛或者博客上有很多人气很高的作品，编辑人员可以从中挑选出合适的作品进行重新整合。许多优秀的小说都发掘于网站、论坛及博客。一个典型的跨媒体选题策划的例子，《阿速有妙招》这本书的策划来源于山东电视台一档广受观众好评的电视节目《生活帮》，编辑人员挑选了这档节目中精选板块的内容，对其进行分类并且重新编排，出版了这本书，取得了很好的效果。这本书的成功就取决于编辑人员的跨界扩张能力。

第三节　数字化时代下传统出版编辑力的困境与对策

一、数字时代下传统出版编辑力的困境

在数字时代，编辑工作有着新的特点，因此对编辑个体、编辑团队和出版机构都提出了新的、更高的要求。本书从编辑个体、编辑团队和出版机构三个层面选取与出版编辑力最息息相关的问题来分析。编辑个体存在着编辑理念老化、数字化技术掌握程度不高和市场意识淡薄等主要问题。从编辑团队角度看，不足之处主要表现为团队工作效率偏低，而影响编辑团队工作效率的主要原因是出版流程的不适应性。当前的出版流程存在着重内容轻制作、重产品轻服务、重生产轻营销的问题。从出版机构角度看，出版机构的竞争主要还是人才的竞争，因此要想留住人才，将人才的潜能发挥到最大，则需要构建合理的编辑队伍并实行科学化的管理。编辑队伍目前存在着老龄化和年轻化、知识结构不合理、复合型人才缺乏等问题。随着网络技术的普及、经济的发展，这些问题浮出水面。对出版编辑力在数字时代的不足进行分析是为了能够更好地提出相应的提升出版编辑力的策略，因此，对数字时代出版编辑力的不足进行分析是非常必要的。

（一）编辑队伍的局限性

知识经济时代的竞争关键在人才。出版业是传播知识和正确社会价值观的产业，对于出版机构而言，对人才的渴求就更加明显。要想留住人才，使人才发挥出最大的作用，避免人才的流失，就应当构建合理的人才结构和人才管理机制。数字时代对于复合型人才的需求越来越大，出版机构要注重对复合型人才的培养及引进。从当前的形势来看，我国编辑队伍存在着老龄化和年轻化、知识结构不合理、复合型人才缺乏等问题。编辑队伍的局限性大

大制约了出版编辑力的提升，从而阻碍了出版机构的发展。编辑队伍的建设是出版机构得以持续发展的关键和重点。因此，对数字时代出版编辑队伍面临的问题进行分析是非常必要的。编辑队伍主要存在着以下的问题。

1. 人才结构不合理

目前，我国的出版机构中普遍存在着编辑队伍"两级分化"的现象，"两级分化"指的是"老龄化"和"年轻化"。年龄较大的编辑人员有丰富的编辑经验，是编辑队伍里的骨干，但是存在着知识老化、对新事物的学习欲望不强、对新技术的掌握不够，以及退休等问题。而年轻编辑适应力强，思维活跃，创新精神强，敢于尝试新鲜事物，对于数字时代所赋予的新要求有着强烈的学习欲望，但是编辑基本功不扎实，经验不足，容易眼高手低。这两者都较为极端，有着丰富的编辑经验又勇于学习新技术的"中间人士"则相对偏少。"中间人士"应该是编辑队伍里的中流砥柱，能够独挑大梁并且可以指导年轻编辑的工作，所以"两极分化"的结构会导致编辑队伍出现断层的现象，这会直接影响出版物的编辑水平，不利于出版机构的发展。

合理的编辑队伍在年龄、经验方面应该是比例恰当，而不会出现青黄不接的现象。出版行业的特性对于编辑人员的专业要求高，这就要求编辑队伍向高学历、高素质的方向发展。因为要想从众多信息中挑选出优秀的选题，编辑人员应具有相应的专业背景，熟悉当前课题的发展动态，所以出版机构对于高学历、高素质的人才需求高。而且出版机构的选题范围广，编辑队伍需由不同专业背景的人才组成，以适应出版机构对不同专业的需求。在数字时代，编辑人员不仅要掌握专业知识，还要对其他的学科都有所涉猎，比如数字化、网络化知识等，出版机构应该合理搭配人才知识结构，构建知识面广、综合素质高的编辑队伍。而从大多数出版机构现有的编辑队伍来看，普遍存在着知识结构不合理的情况，不适合出版机构对不同专业人才的需求，而人才结构的不合理导致编辑队伍的整体素质不高，也就会直接影响出版物的质量水平，从而对出版机构的发展不利，继而制约了出版编辑力的提升。

2. 人才管理机制不适应

在出版机构转企改制和数字时代背景的双重变革下，出版机构在观念、人才管理方面都存在一定的不适应性。面对在保证社会效益的前提下追求利益最大化的目标，出版机构的激励机制、考核机制、培养机制等都应该加强和完善。当前很多出版机构都有这方面的问题，如人才流失问题、出版物质量问题、经济效益下降问题。这些问题都是互相关联的。经济效益的下降使得出版机构减少员工的福利，并且减少一定的人力成本，这就会造成人才的流失。而出版物是精神文化产品，含有丰富的知识文化，人才的流失必然会导致出版物质量的下降，而出版物质量的下降又会引起经济效益的滑坡。优秀的编辑对出版机构的发展非常重要。出版机构要想获得良好的经济效益和品牌影响力，关键就是要有优秀的出版物，而优秀的出版物主要取决于编辑人员的出版编辑力。在市场经济条件下，编辑思想也需要改变，之前的编辑人员竞争意识不足，责任心不强，导致工作效率低下，出版物质量不高。因此，出版机构应该建立和完善相应的竞争机制和激励机制，提高编辑人员的工作效率，提升编辑人员的综合素质。对出版物内容质量的考核也应该重视起来，这样可以有效提高出版物的质量水平以提升出版机构的竞争力。目前的出版业缺乏复合型人才，而出版机构并没有重视自身培养机制的建立，仅仅寄希望于高校培养是不够的，建立和完善相应的培养机制也是为了保证编辑队伍的整体素质。

3. 复合型人才缺乏

数字时代的到来使得出版业对编辑人才的需求发生了变化。数字出版行业具有文化性、技术性和商业性，因此数字出版行业需要的人才也应该是融合性、复合型的人才，应该拥有多学科知识、多方面技能，并在数字出版的不同领域具有相应的能力，这样才能保证数字时代编辑工作的顺利进行。"传统出版数字化转型面临的一个问题是：缺乏对出版熟悉又懂技术的复合型人才。"[①]

复合型人才首先要具备全媒体时代的编辑能力。全媒体时代是信息爆炸的时代，书籍、报刊、广播、电视、网络、手机等都是内容信息的来源，尤其是存储了海量信息的互联网平台。这就要求数字时代的编辑必须具有娴熟

①格罗斯. 编辑人的世界 [M]. 齐若兰，译. 北京：中国工人出版社，2000：57.

的信息收集、筛选、分类和整合能力，能够敏锐地感知到有价值的信息，并快速选择、捕获、加工、吸收和利用，将信息物化为精神产品。其次，复合型人才要具备跨专业、跨领域的学科知识，具体到各学科知识上，应包括自然科学基础知识、人文社科基础知识、编辑出版专业知识、数字出版专业知识、计算机知识和新媒体技术。最后，个人综合能力也很重要。知识是与时俱进、不断变化、不断创新的，而能力才是获得知识、更新知识的基本工具。一般而言，复合型人才需要的能力主要包括沟通与表达能力、创新能力、思维能力、学习研究能力和组织协调能力。数字出版行业是新兴行业，数字产品也在不断更新，复合型人才只有具备了这些能力，才能了解受众的阅读需求、阅读方式和阅读感受，才能对数字出版的发展现状、趋势有敏锐和快速的感知，才能在自己所掌握的专业知识和技能的基础上，使用全新的技术手段，跟上数字出版前进的步伐，凝聚目标受众，打造出版品牌。

复合型人才的短缺是当前的出版机构普遍存在的现象。产生这种现象的原因和当前的出版人才培养模式有一定的关系。比如，关于版权方面的复合型人才的短缺，主要原因则是许多高等院校并没有专门设置关于版权方面的专业，即使开设了相关专业课程，培养出的人才对于编辑理论知识、行业知识等也都缺乏了解。在传统出版数字化转型过程中，当前主要的数字化人才都是从其他行业转来的，并没有系统学习过数字化的相关知识，对于数字出版的相关业务也是处在学习和了解的状态中，这些情况都导致了当前出版机构对于复合型人才的渴求。

（二）出版流程的局限性

在数字时代，传统出版要想更好地发展数字化业务，编辑团队要想提高团队工作效率，就需要对传统出版流程进行再造，传统出版流程已经不适应数字出版的要求。传统的出版流程会降低编辑工作的整体效率，增加生产成本，对出版编辑力的提升十分不利。

1. 重产品轻服务

从传统的出版流程中我们可以看出，其中缺乏对市场因素的考虑，是以产品和内容为中心的，对作者和读者的服务不到位。而在数字时代，同样也要以用户为中心。因为传统出版机构并不知道用户是谁，其只要将内容做好就行，传统的出版流程对于反馈渠道的建设并不重视。数字出版的一大变革就是，让企业知道自己的用户到底是谁，根据用户的需求来开展服务，因为每一个读者的阅读需求都不一样。数字出版的核心在于了解不同用户的需求，并且设法满足用户的需求，让他们成为忠实读者。在数字时代，产品仍然重要，但是服务也同样需要受到重视。互联网的普及，使得数字时代背景下的出版机构有很多方式可以与读者建立联系，获取读者的反馈信息，了解读者的不同需求，这些事情在以前是做不到的。而分析传统的出版流程则可以看出，它不能获得用户信息的反馈，不能为读者提供优质的服务，因此会造成读者的流失、经济效益的下降，出版机构的竞争力也会降低。

2. 重内容轻制作

出版业对出版物的内容始终是非常重视的。多年来，传统出版流程在数字出版技术面前，依然侧重于对内容的加工。然而在数字时代，出版物的载体已不仅是纸质材料，而是呈现出多种介质的表现形态。在传统出版流程中，各部门分工明确，编辑人员只需要对内容进行详细的加工制作，而出版物的制作程序则专门交给编排、印刷部门来完成。在数字时代，出版流程依然是以内容为中心展开的，但是呈现出一体化的倾向，对于出版物的表现形式在编辑流程的一开始就应该考虑，并且应该贯穿整个出版过程。不同的表现形式需要考虑对内容进行不同的加工制作以满足数字时代读者的需求。当前普遍存在着对数字化使用度不高的现象，原因就在于传统出版机构不了解新媒体的特点，也就不懂得读者对新媒体的需求，这样就会造成出版机构选择和加工的内容不能够满足读者的需求。很多出版机构并没有专门针对数字出版而重新设置流程，制作数字化内容的格式标准也不统一，因此影响了整体的运作效率。比如，编辑、作者、排版、印刷使用不同的数字软件进行加工制作，在交换内容时格式的不统一就会影响整体的运作效率。因此，传统出版流程中的制作流程已经不适应数字时代的需求。

3. 重生产轻营销

营销环节位于出版流程的末端，但其作用是不容忽视的，营销环节对于出版机构经济效益的实现发挥着重要的作用。目前，编辑团队中普遍存在着营销意识薄弱、营销方式单一的问题。出版机构已经意识到营销的作用，但并没有树立全员营销的观念，也没有因为营销的重要性而改变现有的出版流程，编辑人员也仅仅是在选题策划环节进行简单的市场调查，利用传统媒体进行宣传和促销。图书产品出现积压滞销现象，就是因为图书供大于求，编辑人员对于市场信息的了解有误差，从而导致出版机构经济效益的下滑。如果不改变重生产轻营销的观念，继而改变传统出版流程，而仅仅是按照传统模式进行营销，只会恶性循环。在数字时代背景下，出版机构要做到的不仅仅是营销，还需要对市场有充分的了解，对市场和读者的需求进行充分的调研，再配合多元化渠道的营销，树立全员营销的观念，并将营销意识贯彻整个出版流程，改变现有的传统出版流程，建立系统的、营销和产品并重的出版流程，才能实现真正的营销。

（三）编辑技能的局限性

编辑工作在出版工作中处于核心地位，编辑人员的综合素质对编辑工作有着很大的影响。对于编辑个人来说，出版编辑力是编辑人员综合实力的体现，因此，编辑个人在技能方面的局限性限制了其出版编辑力的提升。在数字时代，编辑人员主要还存在着编辑理念老化，数字化技术欠缺和市场意识淡薄等问题。

1. 编辑理念老化

对于数字出版的发展，编辑人员普遍持观望的态度，很多出版编辑能够认识到数字出版是未来的发展方向，但是却不会主动做出改变。因为传统出版各环节的运行模式已经形成，编辑人员已经习惯于这样的方式，但是传统的出版流程已经跟不上目前的要求。对于不了解的数字出版，编辑人员难免会产生陌生感和排斥感。不仅是在数字出版的认知方面，在运作模式、制作方式等一系列方面，传统编辑理念都体现出一定的不适应性。比如，传统的出版物表现形态主要是纸质媒介，而随着数字技术的发展和应用，出版物朝着多媒体产品发展，这样传统编辑的单一思维模式已经显示出它的不适用性。而且随着时代的发展，传统的以内容为中心的发展模式也不适用于以读者和服务为中心的数字时代。

2. 数字技术欠缺

随着数字化的发展，数字技术的应用也越来越广泛。在数字时代，对编辑人员的数字化技术掌握能力的要求也进一步提高，数字技术广泛应用的前提是编辑人员能够掌握相应的数字技术。因为在数字时代，内容的表现形式是多样化的，同一内容可以呈现为不同的媒体形态，如电脑、手机、电子阅读器等，而这就需要技术的支持，不了解数字技术，不熟悉不同媒体的特征，就无法进行加工制作，无法满足多媒体时代的需求。但是在现阶段，掌握数字技术的编辑人员并不多。张金坦言："传统图书出版编辑普遍都不了解数字产品技术，不接触产品研发团队也不熟悉数字出版的整体运营情况。目前所谓的传统出版机构的数字出版对于技术商、平台商和运营商高度依赖，即使出版机构自己进行数字出版，系统、客户端等都是向别人购买，而数字出版与传统出版的编排印刷等流程是完全不同的，这样编辑人员在网站、无线、手机出版等方面的产品加工、推广营销就遇到了困难。"

编辑人员需要掌握的数字技术主要有计算机技术、多媒体加工技术、电子文档处理技术、数据库技术、检索技术及数字版权保护技术等。现在大多数编辑人员已经在尝试学习和使用数字技术，但是掌握的程度不高、使用的频率低、技术类别少。数字时代需要的是懂得多种数字技术的复合型人才，掌握数字技术已经成为对编辑人员的基本要求。因此，编辑人员应该通过不断学习数字技术，提高数字技术的能力，提升自身的综合素质。

3. 市场意识淡薄

现在大多数的出版机构已由事业单位转为企业化经营，这就意味着出版机构自此将在市场经济体制下，在保证社会效益的同时追求利益的最大化，实现自负盈亏，优胜劣汰。出版机构转制前，编辑人员主要是针对稿件进行选择、加工，很少从市场、读者的角度去进行策划。而在出版机构转制为企业化经营之后，出版机构的生存取决于市场，要想在市场竞争中生存，就必须面向市场进行改变。在出版机构中，编辑工作是其核心，是整个出版过程的主要环节，因此，编辑人员需要树立强烈的市场意识。

现在仍然存在着以领导、编辑人员的主观判断、个人经验、喜好等来进行选题策划的情况，而并没有建立在充足的市场调查基础上，再加上编辑人员的市场意识、经济效益核算能力等都比较弱，这样会增加从编辑工作的一开始就存在错误的可能性。编辑人员市场意识淡薄也是有原因的。编辑人员长期受传统经济体制的影响，侧重于社会效益的实现，在出版活动中，与编辑人员经常沟通的是作者，各部门分工明确，编辑人员看似与市场并没有直接的工作关系，而且编辑人员自身也忽视了这一点。编辑人员市场意识淡薄，不仅给个人也给整个出版业带来了影响。对个人来说，会使编辑人员脱离实际需求，盲目选题，选题策划的偏差会直接导致图书销量低、经济效益差，这也是出版物库存高、内容雷同、低俗的原因。

这些都不利于出版机构在市场竞争中的生存和发展。要想在激烈的竞争中生存下来，编辑人员就必须考虑市场需求，在市场调查的基础上做选题策划。由此可以看出，树立市场意识已经成为编辑工作的前提和基础，需要将市场意识落实到编辑工作的每个环节中，应当将树立和落实市场意识与其他编辑工作同等对待。对编辑人员的市场意识要求是在新形势的发展下提出的，编辑人员只有在市场调查的基础上充分了解读者的需求，才能为读者提供更适合、更需要的产品。

二、数字时代出版编辑力提升的方法与途径

在数字时代背景下，互联网信息技术的发展及广泛应用，对编辑人员、编辑团队和出版机构提出了新的要求。如何提升出版编辑力，进行出版队伍的更新与优化、出版流程的创新与再造，以及编辑个人综合素质的提升，都是需要深入探讨的，因为这关系到传统出版业在数字时代的生存与发展。

传统出版业的数字化转型需要一支高素质的人才队伍，除了编辑人员自身的学习和提高外，出版机构还需进行出版队伍的优化与更新，实行科学化

管理，为出版工作人员提供良好的工作氛围，并注重复合型人才的培养和引进。要提高出版编辑力，必须进行出版流程的创新与再造，需要打造一个适合数字时代发展的，产品与服务一体化、编辑与制作一体化、编辑与营销一体化的出版流程。

（一）编辑队伍的优化与更新

在传统出版业的数字化转型时期，一支高素质、高效率的编辑队伍对于出版机构的发展是至关重要的。因为编辑人员是出版机构的核心工作人员，编辑人员的综合素质关系到出版物的质量甚至出版机构的生存与发展。数字时代要求编辑人员既熟悉出版编辑工作内容，又掌握一定的数字技术，因此，复合型人才成为当前出版机构最需要的人才。出版机构应加强数字出版相关知识的培训工作，注重对复合型人才的培养。

1. 人才队伍结构的优化

当前我国出版机构普遍存在的编辑队伍"两级分化"会导致断层的现象，这会直接影响出版物的编辑水平，不利于出版机构的发展。要组建一支合理的人才队伍，年龄、专业知识结构的比例都需要充分考虑。首先，老中青编辑比例要搭配恰当，防止出现断层现象。编辑工作既需要在办公室进行审稿、编稿等，又要与作者沟通交流、进行市场调查等。编辑的工作性质需要不同年龄段的搭配合作。有经验的老编辑可以传授给新编辑一些实践工作经验，年轻的编辑则拥有创新精神可以给出版工作带来活力。不同年龄段编辑人员的合理搭配，能够扬长避短，并且可以避免编辑队伍出现年龄断层的现象，提高编辑工作效率。其次，编辑人员的专业知识结构也要合理搭配，以适应出版机构对不同专业人才的需求。出版机构的选题范围广、学科门类多，并且出版物是知识产品，面对的读者具有不同的知识背景，因此出版机构对编辑人员的专业要求高，这就要求编辑队伍向高学历、高素质方向发展。因为要想从众多信息中挑选出优秀的选题，要求编辑具有相应的专业背景，了解当前课题的发展动态，只有这样才能够生产出满足市场需求的高质量图书产品。

出版机构编辑队伍不同年龄阶段、不同专业知识结构的合理搭配，会使编辑队伍的结构更合理，只有形成一支高素质的编辑队伍，才能够在面对众多新技术、新信息的情况下抓住机遇，使出版机构能够在激烈的市场竞争中发展得更好。

2. 人才管理机制的合理化

在出版机构转企改制和数字时代背景的双重变革下，当前很多出版机构都存在一些问题，比如人才流失问题、出版物质量问题、经济效益下降问题。要想解决这些问题，出版机构应该实行科学化的人才管理机制。

首先要健全人才管理机制，其次要实行科学化管理。在健全人才管理机制方面，出版机构的激励机制、考核机制、培养机制等都应该加强和完善。在数字时代，既懂编辑知识又懂数字技术的复合型人才较为缺乏，出版机构应该改善培养机制，自身应当加强对编辑人员的培训，多多为编辑人员提供学习交流的机会，并与高校建立合作关系，共同为培养复合型人才做出努力。人才管理机制的完善能够提高编辑人员的工作效率，提升编辑人员的综合素质，出版物的质量水平也能够同时得到提升，出版机构的核心竞争力也会增强。但是，出版机构要想提升出版编辑力，在激烈的市场竞争中生存下来，仅有健全的机制是不够的，还要有科学化的管理。民主管理和量化管理都属于科学化管理，是现代企业管理的趋势。民主管理需要出版机构的领导、中层管理人员和编辑队伍中的代表共同构成管理队伍。民主管理的实行可以加强管理者和编辑人员之间的沟通，还可以调动编辑人员的工作积极性，提高编辑人员的工作效率，激发他们内在的潜质。量化管理是指对编辑人员实行客观化的管理，非量化管理主观性强、科学性不高，科学化管理需要量化管理的支撑。量化管理机制的制定要遵循科学化的原则，从实际出发并且要便于考核。出版机构实行量化管理，可以促进编辑人员工作考核的标准公平化，有利于编辑人员提高工作积极性。

健全的管理机制加上科学化的管理，可以使出版机构在数字时代和转企改制背景下高效运作，促进出版机构的发展。

3. 复合型人才的培养

出版业是知识集中型产业，人才是出版业的核心竞争力。随着出版数字化进程的加快，出版业对于编辑人才有了新的要求 —— 既要了解数字产品的内容，又要熟悉数字出版的新流程及产品的技术特征。在数字化领域，传统出版机构的优势仅仅在内容和品牌方面，在资金和技术方面的优势并不大，因此，要想在数字化领域占有一席之地，传统出版机构必须加强编辑队伍的建设，重视对复合型人才的引进和培养。

对复合型人才的培养，首先，出版机构应该认识到当前出版业数字化进程已是大势所趋，应该高度重视数字化出版，了解自身对于复合型人才的急切需求。现在传统出版人员对数字出版普遍认识不足，并且习惯于传统的发展模式，创新欲望不强，还担心数字化的发展会对传统出版产生威胁，没有意识到不改变则被淘汰的现状；还有很重要的一点是跨界数字出版领域的能力还没有那么成熟。

其次，应该加强对编辑人员的培训并促进编辑人员的互相交流，尤其是关于数字出版技术的培训，应使编辑人员在掌握编辑出版知识的基础上，了解新的数字化技术。出版机构应该定期举办相关知识的培训，并且创造机会让编辑人员多多参与相关的学术会议，与其他同行进行交流学习，了解目前的学术动态和发展趋势，还可以拓展交际渠道，结识更多的专家、同行、读者。社会科学文献出版社的做法值得借鉴。出版社主要通过项目带动、内部动员与交流学习、"引进来"与"走出去"这三大方式来为传统编辑提供学习、交流的机会。传统编辑转型，既要转变自身观念，还需要社里的全面大力支持，不然传统编辑很难从繁重的选题策划、编辑加工业务中抽身出来，关注并尝试数字出版。

再次，高校也应该重视对复合型人才培养模式的改进，高等学校和出版机构应该相互支持、合作，使理论培养与出版机构的实践培养相结合，共同为出版机构提供既有理论基础又有实践经验的新型复合型人才。例如，北京大学出版社与北京大学编辑出版专业、湖北省新闻出版局与武汉大学就建立了合作关系，并且两所高校分别设立了本专业的奖学金，出版机构的社长、总编辑也会为学生授课，与高校一起为培养出版人才做贡献。

（二）出版流程的创新与再造

所谓出版工作流程的再造就是从宏观的角度审视出版工作流程，把整体出版工作看作一个系统，以市场需求为中心，转变出版工作流程设计思想，改革出版单位的宏观工作流程，使出版单位的工作流程符合市场竞争条件下提高图书竞争力的需要，这是现代营销思想、战略管理理论与出版工作流程设计相结合的产物，我们称其为流程的再造。在数字时代，传统出版机构发展数字化业务已是必然，但是传统出版和数字出版的出版流程是不同的，因此，在传统出版与数字出版并存的时代下，探讨出版流程再造与创新的问题就显现出其理论和实践意义。传统出版机构要想更好地发展数字出版业务，就必然要对出版流程进行再造，以满足数字出版的要求。对出版流程的再造能够大幅度提高工作效率，降低运营成本，从而提升编辑团队的出版编辑力。

与传统出版的出版流程相比，数字出版发生了两个变化：一是出版流程呈现立体化趋势；二是出版流程的简化趋势。出版流程的立体化趋势是由于出版对象发生了变化，而出版流程简化，编辑人员直接面对终端市场是因为数字出版物的载体是非纸质的。同时，传统出版流程的再造也要满足下列要求。

1. 产品与服务的一体化

出版流程再造的一个原则就是实现产品与服务的一体化。数字出版虽然仍以"内容为王"，但是服务也同样重要。传统时代的出版机构将产品放在第一位，编辑人员与读者的沟通渠道少，出版机构和编辑人员的市场意识不强，并不注重了解市场和读者的需求。而在数字时代，随着科技的发展，读者的服务意识增强，对服务的要求越来越高，出版机构本就是要为读者提供服务、满足读者需求的，因此出版机构应主动提高服务意识，树立以产品和服务为中心的观念。出版机构的企业化经营要求出版机构在保证社会效益的前提下最大限度地追求经济效益，在激烈的市场竞争中，出版机构要想长远发展不被淘汰，就应以市场和读者需求为导向，将服务提到一定的高度，满足读者的不同需求。美国的数字出版起步早，当前美国的数字出版重心在于产品和服务，力求深入挖掘客户需求，在产品和服务上做到长远规划、精益求精。在数字时代，网络读者不仅有知识需求，即内容的真实和精确，而且还有速度求快、支付求廉的诉求，以及对增值服务的需求，应最大限度地满足读者不断增长的需求，只有这样才能确保读者对产品和服务的忠诚度，才能确保产品和服务的生命力，才能创造出有利可图的可持续运营模式。

互联网的发展也为出版机构开展更好的服务提供了便利，编辑人员可以利用互联网进行市场调查，与读者沟通，充分了解读者的需求，创新服务形式，为读者提供全面的、优质的服务。编辑人员不仅要为读者提供服务，还要为作者提供服务。网络技术的发展，使得稿件的传递速度加快，作者可以将同一稿件投给不同的出版机构，为了避免优质稿件的流失，编辑人员需要及时与作者进行沟通，并向作者提供一定的帮助。只有编辑人员为作者提供了优质的服务，才能够有一定的作者资源，保证出版物的质量水准。因此，数字时代背景下出版流程的再造应该充分考虑对服务环节的设计，打造产品与服务一体化。

2. 编辑与制作的一体化

数字时代出版流程的创新还体现为要实现编辑与制作一体化。传统时代，出版物的主要表现形式是纸质图书，而在数字时代，网络的发展、电子阅读器的广泛使用和读者的数字化阅读需求的上升，使得传统出版要进行数字化转型。数字出版物的表现形式呈现多样化的状态，已经不仅仅是纸质图书形式，平板电脑、电子阅读器、智能手机等终端设备的要求也应当满足。这就需要编辑人员在编稿的同时充分考虑不同载体的表现形式和特色，制作出适合不同载体的内容，而不是仅仅将纸质出版物的内容进行简单的复制。

首先，在对同一本书籍的内容进行跨媒体出版时，要统一书籍的制作风格，比如封面颜色、文字设计等，这样可以延续书籍在其他平台上做的宣传及产生的影响。而且在制作的同时要区别精读和浅阅读。传统纸质书适合进行精读，数字阅读相对来讲较为粗浅。对于传统书籍可以按部就班地排列文字，注意纸张和印刷的质量；出版数字书籍，需注意用户的心理，适当设置节点和跳转以返回总目录，并注意每屏文字的分布、密度和总体长度。这样才能使不同平台的阅读带给读者不同的感受和收获，满足不同读者的需要。实现编辑与制作的一体化就不需要再对内容进行二次加工，直接就可以应用到终端设备，减少了不必要的流程。编辑与制作的一体化既能够满足不同载体表现形式的要求，还能够大幅度提高编辑的工作效率。

3. 编辑与营销的一体化

在传统出版流程中，营销环节位于出版流程的末端，出版机构存在着营销意识薄弱、营销方式单一的问题。营销人员与编辑人员所处的部门不同，工作相对独立，因此，编辑人员并没有强烈的营销意识。新媒体的发展及广泛应用，使得编辑人员有条件参与营销，并且在数字时代和出版机构企业化经营的双重背景下，出版业的竞争越来越激烈，这就要求出版机构自负盈亏。营销对于出版机构经济效益的实现发挥着重要的作用，因此，数字时代出版流程的再造需要加强对营销的重视。当前，编辑团队需要树立全员营销的观念，不仅营销人员要参与这一环节，编辑人员也要积极参与，因为编辑人员是最熟悉出版产品特点的。而且，还要将营销意识贯穿整个出版流程，从前期的市场调查、选题策划开始就应该进行营销，以市场需求为导向，传统营销方式和网络营销方式相结合，只有这样才能够生产出畅销的产品，取得良好的经济效益。同时，出版流程再造后，全员营销的意识和高素质的营销队伍是实现出版流程高效运行的关键。

作家出版社出版的《好妈妈胜过好老师》是一个编辑人员参与营销的成功案例。该书在出版当年位居当当网畅销书排行榜第一名8个月之久，多次位居各大书店畅销书排行榜第一名，获得大小奖项20多个（含地方奖项），版权输往韩国、越南、中国香港和中国台湾等国家和地区。截至2011年底，该书发行量超过320万册。销量这么好的书却曾经投给多家出版社而未得批准，而且该书在确定出版后，并没有获得作家出版社的重视，首印2万册社里不提供宣传经费。因此，这本书的编辑郑建华决定自己进行宣传推广。首先，邀请著名学者钱理群书写推荐语。其次，在报纸、电台、网站等媒体上进行宣传和连载。在媒体上做连载之后，销售量很快就得到提升。最后，此书的销售量提升之后引起了作家出版社的重视，社里为其举办了新书发布会，并且该书在获得多个奖项之后，也为其宣传增加了卖点。虽说优秀的内容对于一本书的成功至关重要，但是成功的推广营销也是必不可少的。从上述案例可以看出，在数字时代，编辑人员与营销人员之间的分工界限已不明确，编辑人员需要全程参与营销，营销不仅是后期的宣传，在出版发行的前期就可以开始进行。编辑人员参与营销的作用是非常明显的，因为编辑人员对于出版物的定位、受众及市场需求是最为熟悉的。数字时代也为编辑人员进行营销宣传提供了便利，博客、微博及微信等新媒体的便捷、成本低、传播速度快、传播范围广的优点使其成为营销宣传的重要渠道。因此，在出版流程的创新与再造中要进行编辑与营销的一体化。

（三）编辑人员的学习与提高

数字时代，在激烈的市场竞争中，编辑人员作为出版机构的核心人员，对出版机构的发展起着重要的作用。数字时代与传统时代不同的是，对于编辑人员的数字化技术要求更高，并且需要编辑人员了解数字出版的整体运作等知识。传统出版的数字化转型已经不可避免，编辑人员需要更新自身的编辑理念，正确看待数字出版，并且要掌握一定的数字化技术，将自己培养成一名复合型人才，只有这样才能够跟上时代的脚步，胜任数字时代背景下的出版编辑工作。

1. 更新编辑理念

由于出版环境的变化，编辑工作的方式、思维都需要相应地做出改变。传统的编辑理念已经跟不上数字化的步伐，数字时代对于编辑工作的各个方面都提出了更高的要求。编辑人员先要更新编辑理念，因为有了先进的、正确的编辑理念，才能高效地开展实践工作。编辑人员要正确认识数字化技术带来的变革，学习新的知识，提高自身的综合素质，以适应新时代的要求。

首先，传统的编辑人员对于数字出版的认识有错误，认为数字出版的发展对其产生了威胁，殊不知机遇和挑战是并存的，不发展数字出版业务则意味着在将来的某一天会面临被淘汰的危险。所以，编辑人员应该对于数字化浪潮予以足够的重视，积极主动地学习数字出版的相关知识，在此基础上有意识地对数字出版业务进行积极的尝试。其次，传统的编辑人员面对的出版物主要是纸质形态的，而数字时代则是多媒体形态的出版物，因此编辑人员在信息收集、选题策划、加工制作时就需要突破传统的单一编辑思维，全面考虑不同媒体介质的出版要求，树立多媒体化、多层次的编辑思维，并且贯穿整个出版过程。最后，传统时代的出版是以内容为中心的经营模式，而在数字时代也要树立以读者为中心的服务理念，读者的阅读方式、阅读需求都发生了很大的变化，其阅读需求更细化、多元化。编辑人员和读者之间的互动需求更凸显，编辑人员可以有多种渠道和读者沟通，随时了解读者的需求。所以，编辑人员应该树立以读者为中心的服务理念，从而开发出更能满足读者需求的产品，提高出版机构的竞争力。

2. 掌握数字化技术

在数字时代，提升出版编辑力的一个很重要的途径就是掌握数字化技术。因为数字出版的发展在很大程度上来自技术的支持。数字技术软件的开发测试工作是可以由专业技术人员来完成的，但是编辑人员在信息收集、选题策划、加工制作，以及后期的发行、宣传等过程中，都需要运用数字技术。掌握数字化技术已经成为数字时代编辑人员的必备技能，利用计算机工作已经成为数字时代编辑人员的基本工作方式，编辑人员需要掌握的数字技术主要有计算机技术、多媒体加工技术，电子文档处理技术、数据库技术、检索技术及数字版权保护技术等。计算机技术包括 Windows 系统、Word 软件、Excel 表格等。利用计算机技术，编辑人员可以建立相应的数据资料库，还可以获得各方面的信息，实现资源的整合。多媒体加工技术主要是指编辑需要掌握多种媒体的属性，如图片的调色、视频的剪辑等。目前最前沿的信息检索技术包括关键词检索、分类导航检索、同义词检索、聚类信息检索、截词检索、精确检索、字段检索、网站超链接检索、库间跳转检索、多库同时检索、布尔检索、数字检索、二次检索、自然语言检索、定题检索、手机检索等。掌握信息检索技术，编辑人员在面对大量的信息数据时，可以快速、准确地筛选出有效的信息，大大提高了编辑效率。数字版权保护技术是关于电子书、视频、动画、光盘等的具体技术，数字版权保护技术可以有效地保护信息，但是也会在某方面阻碍了用户的使用，编辑需要掌握的则是各种不同版权保护技术的特点，以便做出最正确、恰当的选择。

新媒体的发展，使得图书的营销方式更加多样化，例如网络、微博的发展。编辑人员可以充分利用新媒体与读者沟通，进行宣传推广工作，因此，网络、新媒体等应用技术也成为编辑人员在数字时代需要掌握的技术。掌握相关的数字技术，对于提高编辑工作效率，进而提高出版编辑力有至关重要的作用。

3. 学会新的营销手段

在当前的图书市场中，同质化现象越来越严重，要想在激烈的竞争中占得一席之地，除了重视内容，还要加强出版营销工作。编辑人员从信息收集开始就应该考虑营销的因素，并且要贯穿整个出版流程，进行全程营销。编辑人员对于市场、读者定位、图书特色相比于其他人来讲更为了解，具有独特的优势，如果学会了新的营销手段，产生的效果就会更大。

据统计，2011 年我国图书品种共有 110 万种，其中新书占 20 万种，平均每周就有 4000 种新书出版，做好图书营销成为出版社生产经营的重要内容。传统的营销方式主要是利用平面媒体、座谈会、签售会等。随着互联网的蓬勃发展，图书的营销方式向多元化发展，编辑应该尝试使用新的营销方式，比如运用网络、微博等新媒体。利用新媒体进行营销，主要是在网上发布书讯、书评，通过微博宣传并与受众进行互动。但由于信息量大、发布渠道多，有些信息可能会被忽略，因此，编辑人员在利用新媒体进行营销的同时也要有针对性地、高效率地进行营销宣传。

中国互联网络信息中心公布的第 31 次《中国互联网络发展状况统计报告》显示，截至 2012 年 12 月底，中国网民规模达到 5.64 亿，全年新增网民 5090 万人。互联网普及率为 42.1 %，比 2011 年底提升 3.8 %。与此同时，手机网民数量快速增长。到 2012 年底，中国手机网民数量为 4.2 亿，年增长率为 18.1 %，增幅超过整体网民增幅。网民规模的不断扩大，为数字出版产业发展提供了源源不断的数字阅读需求，这就说明目前利用网络进行营销可取得的效果的潜力是巨大的。网络既是发布信息的平台，也是收集读者意见、与读者进行沟通的渠道。近些年，微博的迅速发展使它成为图书营销的新方式。微博具有互动性强、发布信息及时、成本低等优势，对图书的推广能起到很大的作用。比如人民文学出版社的微博转发赠书活动，2012年11月转发微博赠送 J. K. 罗琳（J. K. Rowling）"哈利·波特系列"精装套装书，通过激发读者多年追逐《哈利·波特》的情感起到宣传作者新书《偶发空缺》的作用。此微博一经发出，在两三天之内转发量就达到3000条。

编辑人员在利用微博进行推广营销时，也需要探索新的方式、手段。目前大多数的出版机构、编辑人员除了利用微博发布图书信息，还会开展赠书等活动，但是活动方式相对单一，并且类似的活动很多。信息发布出去后，编辑人员对粉丝的实际购买力也不清楚，因此，在微博营销的方式、内容等方面还需要进行创新。

综上所述，数字出版的趋势不可逆转，数字浪潮席卷出版业只是时间的问题。编辑人员必须研究数字出版的特点，加强学习，更新自己的知识和技能，不断提高自身素质，提升出版编辑力，才能适应数字出版工作的要求。

第七章　全媒体时代下传统出版业数字化发展的路径与实现策略研究

第一节　数字化是出版业发展的必要选择

数字技术带来了出版业划时代的变革，从内容到形式、从结构到功能彻底改变了出版业的面貌。数字化为出版企业的未来发展打开了空间，具有深远的历史意义和战略意义，主要表现在以下几方面。

一、拓展了出版的内涵和外延

由于采用数字技术、光电存储技术、网络技术、无线通信技术等新的出版传媒技术，数字出版已完全不同于传统的纸质出版，出版的内容和形式、内涵和外延都发生了质的变化。随着数字存储技术、传播技术的不断进步，数字图书的内容可以实现多媒体表达和几乎无限容量的知识汇集。借助手机、掌上阅读器、平板电脑等阅读终端，"数字图书"实际上演变为"数字图书馆"，海量的电子图书可以随身携带。同时，借助互联网、手机通信等传播手段，出版者可以对电子图书的内容随时更新。数字时代的出版内容不再是凝固在物质载体中的一成不变的东西，而是可以实现海量知识信息的荟萃和能够随时更新、互动传播的个性化动态内容。出版流程也不再局限于编辑、校对、印制、发行等传统套路，出版的内容、形式、功能，以及与其他传媒的边界都发生了质的变化，因此对数字出版的内涵和外延必须做全新的理解。

二、打破了出版的时空局限

数字出版采用无纸化信息传播手段，打破了传统的纸媒介对出版物内容和形式的束缚。借助无处不在的卫星通信、手机通信、互联网和日益多样化的便携性阅读终端，出版者可以随时随地为全世界的读者提供数字出版服务，使数字出版完全超越了传统出版的时空局限，出版的信息容量突破了纸媒介的物理局限，出版传播的手段实现了多媒介化，出版传播的空间超越了传统物流的局限，出版传播的时间实现了全球共享，出版传播的效率和便利性空前提高。

三、满足了读者个性化及多元化需求

数字出版的互动性特征为满足读者的个性化需求提供了可能。数字出版的互动性建立在基于互联网、手机通信、电视网，以及卫星通信的信息双向传输和互动交流的基础上，在出版者、读者、作者之间实现了沟通和信息共享。作者、出版者可以按照读者的需求提供个性化定制服务，从而最大限度地满足不同读者群体的独特需求，扩大了出版服务的覆盖面，提升了出版服务的水平和质量。

四、数字化顺应了时代潮流

人类已经进入了数字化时代，数字技术无处不在，影响和塑造着人类生活的方方面面。在声势浩大的数字化浪潮面前，历史悠久的传统出版业没有选择的余地，不加入数字化的进程，就会被时代边缘化，失去生存发展的空间和市场，被读者抛弃。近年来，在互联网和数字出版的猛烈冲击下，传统出版市场不断萎缩，全球实体书店纷纷倒闭，这说明传统出版不转型就没有出路。今天的读者已经习惯了数字化的生活方式，人们的生活离不开互联网、手机和各类多媒体数字终端，只有搭上数字化的时代快车，出版业才能获得新的生机和活力，才能为当代读者所接受并实现可持续的发展。

数字化浪潮带来的产业融合，打破了传统出版业按介质区分的行政分割，极大地延长了出版物的产品线，实现了内容资源的价值最大化，从单一形态出版向全媒体出版转变。同时，数字出版也拉近了出版商、技术提供商、移动运营商、影视剧制作机构等不同身份和角色之间的距离，有利于整合广播、电视、电影、音像、电子、网络等媒介资源，实现出版业服务对象的多层次、产品品种的多样化和传播手段的多元化，形成出版资源的多次开发、合力经营、多种媒体互动发展的综合效应。[①] 因此，数字化发展将是出版企业正确的战略选择和方向定位，是出版业顺应时代潮流的必然之举，也是其生存和发展的唯一出路。

第二节　全媒体时代下传统出版业数字化发展的路径

对传统出版企业而言，发展数字出版业务是一个复杂的系统工程。同时，传统出版包括大众出版、教育出版、专业出版三大领域，这使其在数字化发展过程中又面临多样性的选择。传统出版单位需要结合自身的特点，并充分审视外部环境的变化，把握数字化发展的方向，制定数字化发展目标，明确数字化过程中的定位，并选择合适的发展路径。

一、传统出版业数字化发展的方向

进入全媒体时代，新媒体的迅猛发展已经渗透到社会各个领域，国家层面也把推动新媒体的发展提升到战略地位。2014 年 8 月 18 日召开的中央全面深化改革领导小组第四次会议审议通过了《关于推动传统媒体和新兴媒体融合发展的指导意见》。融合对于传统出版企业来说，不是放弃纸质出版，而是将新媒体的发展融入传统出版的发展之中，实现一体化发展。2015 年 4月，国家新闻出版广电总局和财政部又发布了《关于推动传统出版和新兴出版融合发展的指导意见》，就推动传统出版和新兴出版融合发展提出了相关指导意见。这两份指导意见为我国传统出版业数字化发展指明了方向，明确了工作目标和重点任务。

《关于推动传统媒体和新兴媒体融合发展的指导意见》提出，始终坚持把社会效益放在首位，努力实现社会效益和经济效益有机统一；坚持正确处

---

①齐峰. 资源整合：出版产业实现新发展的战略选择 [N]. 光明日报，2009-07-25（07）.

理传统出版和新兴出版的关系，以传统出版为根基实现并行并重、优势互补。按照积极推进、科学发展、规范管理、确保导向的要求，立足传统出版，发挥内容优势，运用先进技术，走向网络空间，切实推动传统出版和新兴出版在内容、渠道、平台、经营、管理等方面的深度融合，实现出版内容、技术应用、平台终端、人才队伍的共享融通，形成一体化的组织结构、传播体系和管理机制。目标是力争用3～5年的时间，研发和应用一批新技术、新产品、新业态，确立一批示范单位、示范项目、示范基地（园区），打造一批形态多样、手段先进、市场竞争力强的新型出版机构，建设若干家具有强大实力和传播力、公信力、影响力的新型出版传媒集团。

《关于推动传统媒体和新兴媒体融合发展的指导意见》中提出的融合发展理念主要包括以下几个方面。

（一）观念的融合

数字出版在出版史上是一次颠覆性的革命，呈现的是一种多形式、多载体、多功能的体验式阅读，与传统出版在运作方式上差别很大。要实现融合，首先要在观念上融入互联网思维。观念融合不能仅靠几堂课，必须有组织、有计划地通过一系列的学习、培训，让传统出版人了解互联网，并在了解中学会互联网思维，这个过程虽然艰难，但却是必须要做的。

（二）内容制作的融合

传统出版企业的数字出版盈利模式不清晰，而传统出版的盈利模式又比较单一，因此，从选题策划到内容制作都应该考虑纸质媒体和数字媒体（如手机、掌上阅读器及app终端等）的阅读需要，力求实现"一个内容、多种载体、复合出版"。内容制作的融合，关键在于通过数字技术实现内容产品的多样化，这有利于实现内容产品的多次售卖，也是探索形成新的盈利模式的过程。

（三）技术的融合

纵观出版发展史，无论是木版刻印、石印技术，还是铅印技术、激光照排技术，乃至数字出版技术的出现，都在推动着出版业的发展。新媒体技术包括大数据技术、网络技术、移动技术，移动阅读就是网络技术和多媒体技术不断融合的结果。实际上，一些数字出版技术已经渗透到传统出版的流程之中，但目前传统出版单位利用新技术的能力还比较弱，因此，改造升级尤为必要。

（四）出版编辑流程的融合

传统出版周期长、环节多，往往不适应市场的变化。"用户需求导向"则是数字出版业务流程设计的主导思想。对传统出版编辑流程进行数字化再造，将会提高出版编辑效率，提高内容资源的使用率。出版编辑流程的融合，一定要和数字化加工、内容资源管理，以及协同编纂系统及产品发布系统的应用相结合。

（五）营销的融合

传统出版营销方式比较单一，在渠道上多以大卖场活动为主。在数字化时代，营销渠道多元化，线上和线下、展示与传播等都显示了其优势。在营销融合方面，传统发行要善于利用网络传播及"微"传播。

（六）组织结构的融合

媒体融合发展，不能仅靠数字出版一个部门的推动，而要逐步形成传统出版和数字出版一体化的组织结构——传统编辑部门要融入数字化元素，数字出版部门要发挥组织、协调作用。近几年，一些欧美出版公司在转型过程中已经在尝试从前端编辑开始融入数字化流程，使编辑不仅懂得编辑纸质内容，还熟悉数字编辑流程。

（七）媒体的融合

一方面是在内部做到全媒体出版融合，就是同一个内容同时发布在纸媒、互联网、手机、阅读器及电影屏幕等载体上，包括二维码技术在传统出版物上的应用，这是现阶段纸质媒体和数字媒体融合比较直接的方式。另一方面是在外部尝试跨媒体出版融合，即通过平面媒体、立体媒体、新媒体等多种媒介提供文字、图片、音频和视频等多媒体信息，满足受众多样化的阅读和视听需求。两者是有区别的，要明确产品方向是什么。

《关于推动传统媒体和新兴媒体融合发展的指导意见》指明了融合发展是我国传统出版企业数字化发展的方向，以及融合的方式和内容，同时也提出了相关政策措施以及组织实施。

二、传统出版企业数字化的目标

在传统出版和新兴出版融合发展理念的指导下，传统出版企业一定要审时度势，明确自身的优势和劣势，抓住外部的有利机会，制定企业的数字化发展目标。传统出版企业在发展数字化的过程中，不可急功近利，要有计划、分阶段地实施，可将具体目标定位于以下三个层面。

一是构建数字化发展的内部业务支撑体系，即数字化基础设施建设，这也是数字化发展的基础。该目标是通过数字化支撑内部环境建设，包括内容生产过程、传播过程、营销手段与消费过程的数字化，抓住市场变化的机遇，充分聚集与利用外部环境的优势，在尽快实现传统内容资源数字化增值效应的同时，理顺未来数字化发展的方向与产品形态。

二是实现角色转换，由数字化建设者向内容服务提供商、内容运营商、平台运营商转变。传统出版企业要结合自身的内容优势与内容整合能力，寻找机会切入数字内容领域，在特定的数字内容领域中成为具有一定竞争优势的数字内容服务提供商。这一目标将引领传统出版企业进入全新的数字内容服务领域或互联网数字内容产业领域。这是传统出版企业从以内容生产为主向数字化服务转变的关键，也是企业结构形态与运作模型根本性转变的关键。这一目标的确定相对较难，既需要正确判断数字内容产业的发展趋势与市场潜力，又要认真分析自身数字化建设优势、资源整合能力与产品推广优势，更需要数字化转型决策者具有持续投入资金与人力资源的勇气与决心。

三是构建数字化发展的服务支撑体系，实现传统出版与数字出版的双向融合。这一目标是从数字化发展的全局来考虑与规划的，是以传统出版与数字出版的双向融合为契合点，思考与规划第一层面与第二层面的目标，而通过第一层面与第二层面目标的实施，逐步建立传统出版与数字出版双向融合的数字化服务支撑体系，使传统出版企业的产品结构、经济结构与运作模式得到根本性的转变。

总体来说，上述三个层面的目标是相互关联的递进关系，即第一层面的目标服务于第二层面目标的实现，第二层面的目标又服务于第三层面目标的实现。事实上，这种分层递进的数字化发展之路在国外传统出版企业中不乏先例，如励德爱思唯尔、施普林格等欧美知名出版集团经过十余年对数字化转型之路的积极探索，最终实现了传统出版与数字出版的双向融合。

有了明确的发展目标，才可能有针对性地制订具体的发展规划、工作思路，否则只能像无头苍蝇一样盲目乱撞。数字出版作为出版业与高新技术相结合产生的新兴出版业态，其内涵和外延十分广泛，对于很多出版单位而言，并不是数字出版的每个环节、每个领域它们都有能力涉足，进行数字化转型也无须每个领域都去尝试。对别人适用的并不一定对自己适用，关键是要根据自身的业务特点、资源状况等选择适合自己的数字化发展目标。正如人民出版社数字出版中心陈登先生所说，"传统出版单位数字化转型之路没有最好只有最适合"[①]。

三、传统出版企业数字化发展定位

传统出版企业的数字化作为一项系统工程，需要进行缜密的规划和计划。在制定好发展目标后，还需根据市场环境，以及自身的资源和优势，做好数字化发展过程中的角色、产品及渠道定位工作。

（一）传统出版业数字化的角色定位

数字化出版不是对传统出版产品内容的简单数字化处理，而是要利用数字化、信息化技术，通过出版流程的优化再造，提供能够满足数字读者个性化、多样化、小众化、高效化内容需求的信息服务。

---

①陈登. 数字出版转型之路：没有最好只有最适合 [N]. 中国新闻出版广电报，2016-06-02（06）.

数字出版的细分产业链应该包括著作权人、内容提供商（互联网内容提供商、网络原创、传统出版企业）、终端设备商（手持阅读器、手机、个人计算机和平板电脑）、内容运营商（发行平台）、网络运营商、金融服务提供商、数字读者等。从目前国内的情况来看，产业链中各环节的边界壁垒依然存在，产业链尚未有效整合。技术提供商成为数字出版的主导者，而传统出版企业在产业链中的定位尚未明确。根据传统出版企业参与产业链整合的程度，可以将出版企业数字化发展过程中的角色定位为以下三大类。

第一大类：数字内容提供商。传统出版企业在产业链中仅仅扮演内容提供商的角色。一方面，传统出版企业由于长期从事出版工作，形成了自己独特的出版领域和出版特色，积累了庞大的作者群，对内容市场具有敏锐的捕捉能力；另一方面，传统出版企业既有一支懂出版、懂专业的专业化编辑人才队伍，又有一套严格缜密的"组、编、校"制度。这两方面保证了出版社的优质内容资源优势，也保证了传统出版企业赖以生存的核心竞争力。只要拥有优质内容资源，传统出版企业就可以与各种技术服务商、运营商开展多样化的合作，实现数字出版。

第二大类：数字信息服务提供商。传统出版企业在产业链中开始成为信息服务提供商。传统出版企业在积累了规模化的优质内容资源后，运用先进的技术、新型的管理模式或运营手段搭建自己的数字出版平台，对其大量内容资源进行二次加工，根据读者的需求制作相应的内容产品，提供相应的内容增值服务。

第三大类：数字平台运营商。传统出版企业在集聚规模化的数字内容资源和建立数字出版平台的基础上，积累对数字出版产业的策划、生产、开发、运营等经验，逐渐向下游整合，打造自己的数字出版"一站式"运营平台，更加积极主动地参与市场竞争，掌握产业链的主导地位，成为平台运营商。

由于数字出版投入大，对出版企业的未来发展至关重要，各个出版企业都要根据自身的资源基础、人才队伍、资金情况、技术开发经验来综合分析，找准定位。规模较小的出版企业应从内容提供商出发，提供特色、高水平的内容，做精、做深某一领域的内容开发；在条件成熟后，继而再造出版流程，探索能够与产业链其他环节的供应商形成共赢的合作机制，向信息服务提供商转变。而对于国家级大型出版企业来说，则要加快发展，立足高远，一开始便要以平台运营商为目标，力求统筹数字出版产业链，推动数字出版产业链的整合。

（二）传统出版企业数字化的产品定位

产品定位就是要寻找市场机会，以确立企业的竞争优势。在信息与内容海量的互联网时代，一家出版企业如果想在行业里出类拔萃，就一定要有与众不同的优质产品。而要做出与众不同的产品，就要在充分了解出版市场的基础上结合自身的资源和能力确定服务对象。例如，人民出版社数字出版团队在仔细分析了本单位的业务和资源特点，考察借鉴了众多兄弟单位的数字出版成功经验后，找准了自身数字出版的定位，那就是作为党的喉舌，通过发展数字出版创新党的思想理论传播方式。基于此定位，人民出版社出版的大量独具特色乃至独一无二的党政文献、领导人著作、马列经典、高水平理论读物恰恰成为发展数字出版的最大优势和亮点。

1. 对出版市场进行细分，找到市场机会

按照消费需求、消费心态、消费模式等参数将用户和潜在用户进行归类，找出群体之间的差异性和共性。比如，按照三大出版领域所涉及的业务特征，教育出版应立足于人们的学历教育与教学，大众出版应立足于人们的娱乐和生活，专业出版应立足于人们的职业与职业提升。在我国出版行业中，很难看到这三大出版领域的明显差别，各出版社的产品差别不显著，产品诉求不明显，出版社往往定位模糊、跟风严重，很难形成自己的品牌。

2. 明确目标市场，确定服务对象

在了解分析读者消费动机、充分细分出版市场的基础上，从这些细分市场中选出消费者需求最强烈、购买动力最大，与本企业拥有的资源、能力和特长最吻合的细分市场作为企业服务的对象，即目标市场。有了目标市场的界定，就很容易看清楚谁是竞争对手，即与我们争夺这几个细分市场的企业，从而更有效地制定竞争战略，壮大自己。各出版企业可根据各自的产品定位，走差异化的发展之路，以充分发挥各自的竞争优势。

（三）传统出版企业数字化的渠道定位

传统出版企业在发展数字业务时，要通过与产业链上下游的合作寻求共赢。具体包括与上游作者合作、与平台运营商合作，以及与大型出版企业联合自建运营平台等。

1. 与上游作者合作

与上游作者合作是出版企业拥有优质内容资源的保证。数字时代内容资源的竞争，说到底是作者资源的竞争。大家公认出版社的优势是拥有优质的内容资源，事实上，内容不是出版社创造的，而是优秀的作者创造的。以前作者想出书必须经过出版社，才能拿到书号，而进入数字出版时代，作者可以在网上实现自助出版。出版企业的核心价值主要表现在其创意、策划能力，以及对出版市场的洞察力和掌控力方面。在数字化发展过程中，出版企业一方面要关注数字技术的发展，积极采用先进的数字技术；另一方面要牢牢把握住自己的优势 —— 根据市场需求，专注热点，策划出更好的产品，把优秀的作者和专家会聚到自己的旗下，让自己的出版品牌在读者中具有吸引力。

在数字出版的产业链中，传统出版企业一定要增强原创力量。要搭建好作者平台，跟踪最新市场变化，整合优质内容资源，在细分领域做全面、做专业、做大、做强，发挥、巩固自己的优势。有了作者和内容资源的优势，出版企业在竞争中才能牢牢掌握主动权，拥有话语权。

2. 与平台运营商合作

与平台运营商合作，借力实现数字出版。传统出版企业在数字化发展的格局中，可以通过与平台运营商合作的方式开展数字出版业务，但是出版企业一定要选择合适的运营商。如何选择合适的运营商？出版企业应当坚持四个标准：第一，版权保障上要保护出版企业和作者的利益，否则就会出现盗版或版权纠纷等问题，以致后患无穷；第二，商业模式要保护各个环节参与者的利益，以及确保利益分配公平，这也是能够合作的前提条件；第三，技术上要有持续的研发能力及良好的品牌，品牌影响力会直接影响读者对购买渠道的选择；第四，价格标准，选择合适的价格，量力而行。另外，与平台运营商合作不是简单地在运营商的平台上卖书，最好是通过平台的搜索链接、友情链接、商务链接，使消费者能够快速进入出版企业自己的网站，增加网站的浏览量，提升出版企业的品牌影响力。

3. 出版企业联合自建运营平台

在我国的数字出版领域，传统出版社处于劣势地位，不合理的产业链条的利益分配，挫伤了出版社对数字出版的积极性。成功的平台必须有足够的人气，但是单靠一家出版社，内容未免单薄。建立平台需要大量的资金，国内几家大的出版社可以联手，搭建一个综合服务平台，让所有的出版社、书商免费来平台开店，在这个平台上既可以出版也可以销售，作品的版权在出版社手里，想卖就上架，不想卖就下架，想卖多少钱出版社自己说了算，卖完钱可以直接汇入出版社的账号，平台只是为买卖双方提供在线交易和网上支付服务。这种交易模式类似淘宝网的模式。如果说淘宝网是个小商品的大集市，那么这个平台就是出版物的大集市，各个开店的出版社就是商贩。

四、传统出版企业数字化发展必经的四个阶段

在全球媒介融合的大趋势下，传统出版企业的数字化进程必须按照目标定位，有计划、分阶段地进行。我国的出版企业众多，所拥有的资源、企业规模、地域经济发展特色等大不相同，不是所有出版企业都具有实现三层面目标的能力。有一些出版企业已经开始实施数字化出版业务，如北京、上海、杭州、广州等地的数字出版基地已建立起来，还有一些正在筹建当中，而另外一些出版企业由于种种原因，仍然停留在传统出版业务经营阶段，数字化的积极性不高。所以，在全媒体背景下，我国传统出版企业应当根据自身的资源和实力，制定相应的目标和战略，逐步地、分阶段地建立数字化出版业务体系和运行机制。这一发展过程必然要经历出版网络化、出版数字化、新媒体化和全媒体化四个阶段。

（一）出版网络化阶段

出版网络化就是充分利用互联网快速传播的优势，实现出版物在互联网上的快速传播和网络化发展。出版网络化发展需经历两个步骤才能完成：第一步，在互联网上建立企业网站，利用企业网站这块阵地为企业做简单的宣传和推广，并为读者提供一些附加服务；第二步，提升网络经营理念，对其内外部资源进行整合，建立综合性门户网站。在这个起步阶段，门户网站简单的宣传和附加服务实际上并没有将网络的优势发挥出来，与网络的融合范围及程度也极为有限。因此，在完成这一阶段的建设任务之后，应尽快步入下一阶段。

（二）出版数字化阶段

出版数字化阶段主要是指通过数字和网络技术，对出版物的编辑、出版和发行等业务进行改造，将稿件编审、制作加工、出版发布及经营管理等全部业务进行数字化和网络化的系统改造，从而实现现代化的数字出版。实践证明，从传统出版到数字化出版，效率和质量都有所提高。就效率方面而言，编排、传输和印刷等方面的差错率降低，效率提高；就质量方面而言，若内容质量较好再加上先进的出版发行形式，那就是锦上添花。虽然目前我国的出版企业数字化发展还处在初级阶段，但政策上的引导和经济上的扶持还是极大地鼓舞了出版企业转型的热情与士气。在这一阶段，出版企业在对出版物的编辑、出版和发行等业务进行流程改造的同时，开始对原有的内容资源进行数字化处理，以适应互联网环境下读者对电子书及数字化阅读的需求。

（三）新媒体化阶段

随着近几年技术上的不断更新，出现了许多新媒体阅读方式，如手机阅读、电子阅读器、数字电视阅读平台、app阅读终端等。通过进一步与其他数字媒体及通信产业的融合，出版企业需要不断探求和拓展更多的新媒体阅读方式，并且实现阅读的互动性。新媒体的快速发展使得出版企业的结构也随之改变，为了适应新媒体时代的出版特征，力求实现"一个内容、多种载体、复合出版"。新媒体化的关键在于通过数字技术，实现内容产品的多样化，有利于实现内容产品多次售卖，也能够满足读者的多样化需求和个性化需求。因此，出版企业需要深刻理解各种新媒体的特征及相关技术，不断吸取新媒体元素，努力创造适应数字化时代的出版模式。

（四）全媒体化阶段

全媒体化阶段是数字化的终极目标。基于内容产业范围的扩大及媒介融合的逐步升级，全媒体出版是出版企业完成数字化转型之后的发展目标。全媒体化就是利用和综合全部的媒体手段和渠道，使出版实现全方位、移动化和立体化，利用传统出版和新媒体的优势来提高出版信息的覆盖效率与效益。全媒体化过程的实现要求出版企业必须完成三个步骤：媒介间的互动合作、媒介组织机构的融合、出版流程的再造与全媒体产品制作平台的整合。

第一，媒介间的互动合作。这已经在很多畅销书的打造实例当中实现，如《闯关东》《贫民窟的百万富翁》等，尤以《非诚勿扰》为代表。从这些项目的运作可知，媒介之间互动合作的利润空间是非常大的，而这种合作需要出版企业与多种技术开发商及数字产品提供平台在利益分配合理的前提下共同签署协议，统一战略合作目标，目的是让读者能以最习惯、最便捷的方式进行阅读。

第二，媒介组织机构的融合。全媒体出版的目标是使任何人可以在任何时间、任何地点，以任何方式获得任何内容。为了实现这个目标，必须打通各媒介组织机构之间的界限，融合出版部门、新闻部门与广播、电视等部门。这种融合需要各部门的分属政府机构放低许可门槛，为全媒体整合提供优惠的政策，引导多种媒介尽快完成组织机构的调整。

第三，出版流程的再造与全媒体产品制作平台的整合。在机构之间完成融合之后，全媒体出版转型需要进行出版流程的再造，并对全媒体产品制作平台进行整合。多媒介内容产品的制作和传播，需要整合各类媒介的编辑制作人员。首先，统一对同一内容资源进行改编和再造；其次，需要实现内容产品的各媒介营销部门的统一，通过共同策划及战略战术的制定，完成出版品牌的升级与创新；最后，要整合全媒体出版的行政管理体系，以规范团体内人员的操作流程，并进行科学管理。

五、传统出版企业数字化发展的总体思路

原国家新闻出版广电总局副局长吴尚之在 2014 北京国际出版论坛上指出："中国出版企业应在融合思维下寻求高效的发展路径。"[①]在媒介融合时代，为了能在竞争中取胜，出版企业需要转变观念，正确看待传统出版与数字出版的关系，以合作关系代替竞争关系，实现优势互补，整合相关技术与资源，满足目标市场上读者的多样化需求。因此，要基于融合发展的理念，寻求传统出版企业数字化发展的突破。

（一）将数字化列入企业发展战略

目前，全球出版业正在经历一场深刻的数字化转型，以数字出版为代表的新业态已成为世界出版强国的战略选择。面对信息时代势不可当的数字化浪潮，发展数字出版既是我国出版业现代化的重要内容，也是我国出版业发展的唯一出路。对传统出版企业而言，目前的首要任务是制定数字化发展战略，并将其纳入企业发展的总体战略中，统一认识，改变传统经营理念，形成统一的规划，有计划、有步骤地进行数字化转型，这样才能得到企业全体成员的足够重视及资源配置的支持。

另外，要根据发展战略确定企业的基本定位、发展目标及相关工作思路，这样才会使数字化战略有据可循，落到实处，并能处理好现有业务与数字化业务之间的关系。例如，数字化先行者中国出版集团，在初期就把数字化列入企业发展战略，并且明确了数字化战略发展的基本定位和工作思路。其定位为"建设以集团优势内容资源为基础，开放式、国际化、延展性的内容集聚、传播、交易和服务功能的综合平台"，工作的基本思路是"以综合平台建设为基本定位和战略目标，以体制机制和业态创新为基本动力，以内容资源库建设为基础，以内容投送和交易平台为突破，逐步实现传统出版的内容

①吴尚之. 传统出版业：如何借融合思维寻求数字化发展 [N]. 光明日报，2014-09-06（07）.

集聚数字化、流程管理数字化和传播方式数字化"。正是在数字化战略的指导和规划下，中国出版集团在数字化方面取得了很大的进展，成为行业数字化转型的模范企业。

（二）找准传统出版业务与数字出版的切入点

以市场为导向，对内寻求与传统出版业务（专业出版、教育出版、大众出版）各产品线发展的切入点，把切入点聚焦于项目，并以项目带动，研发支撑传统出版单位专业出版、教育出版与大众出版数字化转型的、具有传统出版单位自身特征的数字化产品集群，建立传统出版单位进入数字内容服务产业的核心竞争能力。例如：以教育出版为主的传统教育出版单位，可以聚焦于数字教育服务产品的研发；以专业出版为主的传统专业出版单位，可以寻求数字专业服务的切入点；而以大众出版见长的传统大众出版单位，则可以寻求数字阅读服务的切入点。而随着数字内容服务新产品的研发与推广，切入点的融合将逐步扩大，最终实现双向融合，使传统出版单位的产品结构形态与经济结构形态发生根本性的转变。

（三）走集团化道路，加快传统出版业的数字化进程

由于我国传统出版业产业集中度较低、规模比较小，单个出版企业不具备数字出版要求的规模资源优势、技术能力及资金实力，因此，在数字化发展的进程中，传统出版企业必须走集团化、联合式的发展道路，可以通过收购、合并，联合组建大型出版集团，搭建跨媒体出版平台，这样可以整合多方资源和技术能力，实现传统出版与数字出版的融合。通过线上与线下的联动，实现相互促进，协同发展。比如，在纸质出版物上印刷二维码及出版单位的网址，一方面，通过线上渠道为传统出版产品做好营销推广活动；另一方面，可以方便读者找到相关信息和数字内容，满足读者不同的阅读体验和个性化需求。

（四）优化出版产业链，打造全媒体出版模式

可以看出，在传统出版的产业链中，出版企业处于主导地位。但随着数

字技术的进步和用户需求的改变，数字出版正在改变甚至重构出版产业链。进入全媒体时代，出版产业链也相应地发生了变化。传统出版企业在数字化发展的过程中，要积极探索互联网和移动互联网的特点，并根据其与传统出版的不同，改变内容加工方式，调整业务流程，推出全新类型的产品。要树立融合发展的思维模式，就要正确理解传统出版与数字出版的关系。数字出版不可能完全取代传统纸质出版，两者可以融合发展，因为不同的读者具有不同的需求，甚至同一读者，对不同的产品也有不同的需求。在媒介融合时代，将出现一种新的出版业态，即全媒体出版。全媒体出版将传统出版与数字出版充分融合，打通数字出版产业链条，让出版商、技术运营商、内容运营商及电信运营商共同参与，发挥各方优势，集图书、网络、手机、电子阅读器等多种媒体的优势于一体，进行跨媒介的融合，实现资源的优化配置，拓宽出版渠道，最终满足读者个性化和多元化的需求。

（五）积极打造功能齐全的新型现代出版企业

新型现代出版企业将是一个功能齐全的、综合的、多元化经营的出版单位，不仅具备传统出版业务能力，还精通数字出版业务，其盈利模式也不再依靠单一的纸质出版物或数字出版物。因此，传统出版企业发展数字化业务，首先应做好战略定位，以融合发展理念为指导，以满足读者的多元化需求为目标，转型升级成一个功能完备的现代出版企业。出版社在拿到作品后，应该与作者签订永久版权协议，获取该作品的版权（包括纸质版权和数字版权）。在此基础上，出版社就可以花费一些精力和成本，精心对作品进行数字化开发，实现纸质作品与数字作品同时出版。一方面进行传统纸质作品的出版与发行，另一方面可以提供该作品的在线阅读、电子书下载等多种数字化出版物。这样出版企业就可以依靠纸质和数字化出版物等多种模式、多种渠道共同盈利。除此之外，还可以将图书的数字版权转让给专业的数字服务运营商，获取版权收益。

（六）优化出版业数字化发展的生态环境

一个产业要健康发展，必须有良好的市场环境做保障。因此，加快数字出版政策扶持引导，构建良好的数字化发展生态环境是关键。在这方面，政府部门应该发挥其积极作用。首先，健全有关数字出版的法律法规，使其具有较强的可操作性。其次，完善数字版权法律制度，建立数字版权的认证机制。加强版权保护，避免数字出版机构的不正当竞争。再次，加快数字化标准建设，建立符合行业规范的数字化出版标准体系，创造公平的市场竞争环境。最后，在政策和资金方面给予更大的支持，营造一个良好的产业发展氛围。良好的生态环境是保障传统出版产业数字化健康发展的前提条件。

六、传统出版企业数字化发展模式探索

我国传统出版商数量巨大且良莠不齐，对于一般的出版企业来说，不能简单去复制别人的成功模式，而是应该根据自身的业务特点、资源状况等选择适合自己的数字化转型路径和模式。根据国内外出版企业的成功经验，可以选择以下三种模式设计自身的数字化发展路径。

（一）纸质图书数字化＋数字平台

将现有的纸质图书进行数字化加工后，制作成数字图书，然后通过数字平台等渠道进行宣传、营销及售后服务，这是中小出版企业数字化发展最为简单的方式，也是迈向数字化出版的第一步。在数字化转型的探索过程中，国内外的一些传统出版商凭借其悠久的历史、强大的资金支持及先进的管理理念，迈出了数字化转型的第一步。这一步虽然简单，却意义非凡，为行业的数字化转型提供了可复制的转型路径。一些知名的传统出版集团采用的都是将现有图书内容进行数字化加工的形式，是较为基础和简单的数字化策略。

上海世纪出版集团针对大众图书，开展了"基于内容对象的协同编辑和动态出版的技术研究与系统开发"项目，目的是搭建一个面向作者和编辑的内容生产、加工系统。针对双语工具书的编纂，其研制了"大型英汉词典编纂平台"，利用数字化的工具编纂大型双语工具书。其"汉语辞书编纂辅助系统"可满足辞书编纂在结构性方面的严格要求，将大量繁重的工作交由系统实现，使得纸质图书的数字化变得更加快捷，迅速实现广泛传播。同时，

数字出版还极大地解放了内容生产力。纸质图书的数字化转换，技术门槛较低，操作简单，对于资金实力没那么雄厚的传统出版商来说，是相对较为可行的措施。

另外，将纸质图书数字化，还可以达到对现有内容资源进行二次销售的目的。有着百年历史的传统图书出版商兰登书屋已经走出纸浆和油墨的时代，向着数字化迈进。作为世界上最大的传统出版商，兰登书屋早在 2005 年就首次公开向网络读者提供基于每页浏览次数计价的服务。兰登书屋的这种收费为每页次 4 美分左右。小说和非小说口述图书收入的一半归作者所有，其他类别的图书也分门别类地收取相应的费用。这样的收费行为不仅可以有效地通过上传低分辨率的文本来阻止复制行为，而且也为培养读者的付费行为习惯打下了基础。每页次浏览计价也许对习惯于免费阅读的读者来说是昂贵的，但随着时间的推移，也逐渐被读者、作者、图书出版商接受和采纳。

纸质图书数字化是传统出版商数字化转型的第一步，但其在本质上仅仅是对内容载体介质的改变。而数字化出版对传统出版产业的冲击却并不局限于此，其对传统的出版产业模式，也就是出版流程和图书销售模式也产生了极大的冲击。在传统的出版产业模式中，传统出版商的角色往往是单一的，他们大多只是单纯的内容生产者或提供者，并不承担图书的销售任务。近年来，线下图书实体店纷纷关张的实例不断地印证着这一事实：数字出版时代的到来，对传统出版的销售渠道的冲击是致命的。可见，在内容载体介质改变之后，销售渠道也面临着行业的重新洗牌。作为内容提供商的传统出版商纷纷加入对销售渠道的激烈争夺之中。

法国的阿歇特出版集团在这方面很有经验。在建立了自己的数字书店后，阿歇特出版集团在全球范围内通过多个销售平台销售自己的数字图书。目前，阿歇特出版集团的 6000 多种数字图书同时在美国各大数字图书销售平台，如亚马逊、苹果、巴诺、谷歌娱乐等进行销售。尤其在数字图书销售的过程中，经过探索，阿歇特出版集团的数字资产管理系统基于国际数字出版论坛确立的数字出版标准文件格式 EPUB 目前已经成为数字图书的主流格式。传统出版商应该自建或与第三方在技术上合作，搭建各式各样的数字平台，在生产内容的同时，也要掌握销售渠道，在数字出版竞争中掌握自己的命运。

（二）自建数字书库＋阅读平台

为了更好地销售自家的数字图书，出版企业应该搭建数字阅读平台。在国外，哈珀柯林斯出版集团（以下简称"哈珀柯林斯"）是全球第一家将图书内容数字化，并创办了一家全球数字书库的大众出版商。作为内容提供商，对其内容进行数字化并加以控制是至关重要的。从 2005 年起，哈珀柯林斯就斥资数百万美元逐步将其出版的图书数字化，建立了自己的数字化书库，这也是全球第一家大众数字书库。自建数字书库，使得哈珀柯林斯可以更好地保护作者的权益，同时满足消费者的需求，甚至可以促成其他的商机。目前，其出版新书一般都是纸书与数字书同步发行，即便是老版书，哈珀柯林斯也在寻求将其转化为电子书，寻求开拓新的市场空间的可能性和可行性。

在我国，进行数字化转型的传统出版商也几乎都会自建数字阅读平台。北方联合出版传媒集团自建富媒体数字出版内容集成及分发平台；凤凰出版传媒集团旗下有凤凰教育网、凤凰学习网；时代出版传媒拥有自建的时代商城；长江中文网、现在网等是湖北长江出版传媒集团的自建平台。大型传统出版集团的这些举措无疑都说明了渠道销售的战略重要性。中南出版传媒集团自主开发了 Read365 阅读平台，就连老牌的新华传媒也拥有新华 e 店这样的自建平台。Read365 通过打通智能手机、平板电脑、个人计算机等不同终端，实现多终端联动，面向具有高品质精品阅读需求的用户，提供智能 Reader、个性订阅、知识分享、移动写作出版等集读、写、听、分享、交流于一体的立体式阅读服务，包含数字图书馆、轻博客、漂流书、在线听书、沙龙社区等特色功能，推送个性化内容。新华 e 店则是数字版的新华书店，提供正版、主流、质优的数字图书下载服务，打造开放的数字内容平台。借助庞大的图书采购体系、优质的媒体推广资源，以及拥有多项专利的数字图书解决方案，新华 e 店和出版社一起完成了数字化进程，成为出版产业的数字化载体。不管这些传统出版商建立的阅读平台能否算得上数字化的成功转型，重要的一点是，在互联网和移动 app 已成为电子书盗版重灾区的今天，像哈珀柯林斯的数字仓库、中南出版传媒集团的 Read365、新华出版的新华 e 店这样的由传统出版商自建的数字阅读平台，往往都能够保证为读者提供的每一本书都是经过授权的高质量正版，这也表明传统出版商在数字化转型的同时是十分重视版权保护的。

（三）合作模式进入数字阅读领域

对于大多数出版企业来讲，采取合作模式进入数字阅读领域将是一个最为便捷、成本较低的途径，主要包括与平台商、移动运营商及国外出版商的合作。

1. 与平台运营商合作

时代出版传媒在自建时代商城的架构之外，已在天猫、京东、亚马逊等主流电商平台开设旗舰店，并实现与微店分销渠道的深度合作。在各主流电商平台开设的图书旗舰店销售各类本版图书码洋近 200 万元，销售收入同比增长 10 倍以上。此外，时代商城还建立了初具规模的微信群和微博群等自媒体平台，不仅扩大了时代商城自营平台的影响力，更为以后的社群营销奠定了坚实的基础。

2. 与移动运营商合作

随着移动互联的到来，移动阅读成为数字阅读不可或缺的一部分。移动运营商掌握着海量的手机用户，移动阅读的读者数量也极为庞大。面对手机移动阅读这块大蛋糕，一些受到数字化浪潮冲击的传统出版机构如长江出版传媒集团、中国出版集团、新华出版社等，也相继涉足手机出版领域，与中国移动、中国电信、中国联通三大手机阅读基地平台合作，进行跨媒体出版经营转型，利用自身的内容资源优势进行产业升级，推动双方共赢。

长江文艺出版社与中国移动手机阅读基地联合首发图书《雪冷血热》时，手机阅读基地为此专门策划"读书"彩信周刊，特别推荐该书。1000 万个移动阅读用户被覆盖，每天到手机阅读活动专区访问或留言的用户达数千人。在销售该书的纸质版本时，书中赠送的手机阅读点播方式书签，可让读者体验在碎片化的生活间隙里不间断阅读的多样化阅读方式。正是这种互动效应与规模效应，创造了该书纸质出版与数字出版共推共赢的新模式。时代出版传媒 2010 年 6 月与浙江移动合作开发手机阅读业务，双方以公司提供的作品在手机阅读平台上产生的信息费为基础进行结算，对公司授予浙江移动的作品按信息费收入分成。在与移动运营商合作的过程中，大多是出版企业将电子图书投放到移动手机阅读基地，参与分成，从而实现盈利。通过这种形式，有些图书的电子版收入远超纸质版的销售收入。

3. 与国外出版商合作

与国外出版商在图书数字化及阅读平台方面进行合作，利用其数字产品销售平台完成数字产品的输出。例如，北方联合出版传媒集团旗下的辽宁科学技术出版社与美国数字出版商 Actrace 合作，将该出版社出版的部分建筑设计类图书内容进行数字化转换，通过美国电子书销售平台进行销售推广，实现数字图书"走出去"，提高自身参与国际竞争的砝码。当然，这种"走出去"获得的利润需要和国外平台分成，但能够将内容快速打入国际市场，并在国际市场树立一定的知名度。而与数字阅读平台合作，也是一种行之有效的进入数字阅读领域的方式。

（四）开发有声书和数字阅读器，争夺终端市场

移动阅读的持续升温，使多样化的阅读终端成为越来越多数字阅读群体的选择，阅读终端呈流行之势。传统出版企业在数字化发展过程中，应该对读者的阅读习惯和阅读倾向进行调查与分析，以开发移动阅读器为切入点进入阅读终端市场。

《2014 年中国数字阅读用户行为研究报告》显示，2013 年 87.4 % 的数字阅读用户使用过手机作为阅读终端，81.2 % 的用户愿意为数字阅读内容付费。从整体来看，中国数字阅读服务普及率高，移动阅读成为主流阅读方式，用户对优质内容的付费意愿越来越强烈。根据艾瑞咨询第十三届调研数据，2013 年超过 85 % 的网民使用过数字阅读服务。在阅读终端方面，55.8 % 的数字阅读用户最常使用手机阅读，手机是使用最多的阅读终端。其次为个人计算机和平板电脑，分别占比 21.4 % 和 12.6 %，同时还有 5.3 % 的用户使用

电子阅读器阅读。从整体来看，移动设备是数字阅读用户主要使用的阅读终端，通过手机、个人计算机、平板电脑和电子阅读器对内容资源进行阅读已经成为现在的主流阅读方式，"指尖上的阅读"深受人们青睐。

由此可见，移动阅读市场发展潜力巨大。传统出版企业在多年的发展过程中，积累了大量的优质内容资源、资产及品牌价值，内容资源充沛，并且具有一定的品牌优势，可以利用自身的优势和外部机会，根据读者的阅读偏好和习惯，开发有声书和移动阅读终端，以便进入终端市场。比如，将原有的大量内容资源开发成原版电子书，小说可以开发成有声读物、手机图书等产品，都能很快投入市场，并产生利润。努力打造传统出版企业的数字出版全产业链，主要是将传统出版企业的内容、运营、渠道、用户整个链条连接起来，以此吸引更多用户资源，将传统出版企业的品牌优势充分体现出来。

七、三大出版领域数字化发展重点

当前，传统出版单位已完成体制改革，为顺应出版行业发展趋势，自身已面临转型升级的迫切需求，尤其是当前社会对数字化文化出版内容需求的进一步扩展，传统出版单位对如何实施数字化发展的思考与实践已迫在眉睫。

虽然上有政策支持和项目扶持，下有生存压力和转型动力，整个数字出版产业的发展从统计数字上来看也是节节高升，一派红火景象，但是要问起出版企业的数字化之路走得怎么样，很多出版企业可能还在抱怨不知道转型该转向哪里、不知道该怎么转。用一些企业的数字出版人的话说，就是"找不到最好的数字出版发展之路，看别人干这也挺好，干那也不错，轮到自己去干却是困难重重，干来干去也不知道干什么能真正盈利，能够长久发展"[1]。因此，出版企业数字化发展路径的选择可在借鉴国外成功企业经验的基础上，根据不同出版企业的特征，找到自身的发展重点，并采取相应的发展模式。

根据《中国图书商报》创始人程三国先生对现代出版业基本功能的分类，现代出版业可以划分为大众出版、专业出版和教育出版三大类。在数字化时

---

① 陈登．数字出版转型之路：没有最好只有最适合 [N]．中国新闻出版广电报，2016-06-02（06）．

代，三大出版类别的基本功能并没有发生根本的改变，但在载体形式、呈现方式、运营模式上都发生了深刻的变革。因此，我国传统出版业在数字化发展过程中，要在借鉴国外成功经验的基础上，结合我国及企业自身的特点、资源及优势，寻求适合的数字化发展模式和侧重点。但是，由于国内的大型出版企业的组织模式是集团化，包括不同的职能部门，子公司大多都有自己专门的出版业务，通常掌握着各类不同的资源，某一个商业模式也许无法满足这样的大型出版集团的发展及多种产品的盈利要求。在这种情况下，大型出版集团可以基于自身的情况和需求，考虑采取多种模式组合的形式，以满足企业业务发展的需要。

出版企业在数字化发展进程中，从产业链上游的数字内容提供商向中游的运营商靠近，这就大大增加了商业模式的多角度选择，也就是商业模式的组合。在整个企业的各个部门之间，建立一种统一渠道的商业模式组合，可以达到资源共享、内容价值多次开发的目的。

（一）专业出版——基于数据库的资源定制模式

在国家加大对数字出版公共平台建设的形势下，众多专业性出版社，特别是中小型专业性出版社，需要做的是不断优化现有的数字出版资源并挖掘新的数字出版内容。

专业出版，即学术出版，能够满足人们的信息需求，提供相关知识，为人们的职业发展和职业提升服务。其具有主题系列化、规范化的特点，内容与目标受众之间的匹配性很强。因此，专业出版数字化发展的一个重要方向，就是提供知识和信息服务，即以自身专业的知识内容和成体系的服务能力赢得市场和客户。目前，专业出版的客户群体较为明晰，出版产品内容的专业性与针对性更强，因此专业出版企业可采取以定制为特色的数据库模式。

专业期刊、图书的数据库服务模式应该说是当前国内外数字出版中最为成熟的一种数字出版商业模式，国外的施普林格、约翰·威利、励德爱思唯尔和国内的中国知网、万方、维普等都是该商业模式的代表性出版机构。

德国施普林格出版集团是全球最大的科技出版集团之一，于 1996 年启动数字出版业务学术专业信息服务平台（SpringerLink）项目。目前，施普林格所有图书和期刊的内容都集成在这个服务平台上，实行收费下载。平台上共有 350 万篇期刊文章或图书章节，分别来自 1600 多种期刊、1.65 万种图书，涵盖 13 个学科领域。SpringerLink 是对传统专业出版的极大创新，创新点主要有：①实现图书与期刊的无缝集成，并通过 CrossRef 的国际性组织，实现与另外 300 多家出版商和图书馆的内容互连，形成规模集聚效应。② SpringerLink 根据"在线优先出版"的概念，搭建了集内容创造、加工、发布于一体的在线内容管理系统平台，契合了科研人员对于成果发表的领先性需求。③ SpringerLink 通过与谷歌的对接，为读者提供了各种灵活精准的使用工具，使得内容消费更加精准、高效。④平台的网络营销功能完备，支持 RSS 信息推送定向服务，为后续延伸服务功能打下基础。

美国专业出版集团约翰·威利父子出版公司的在线服务平台 Interscience 及励德爱思唯尔的数据库系统也都和施普林格数据库有着异曲同工之妙，它们成功的原因无外乎两点：一是海量的优质内容资源，二是利用技术手段满足读者个性化的潜在需求。

相比而言，我国目前专业出版的内容资源不够集中，专业杂志更是分散在上千家科研院所、学校、出版社等。所以在国内数据库在线领域真正占据统治地位的，并不是传统的出版机构，而是科技公司，如清华同方、万方数据和重庆维普等。

然而，我国专业出版领域的传统出版企业经过几十年的从业积累，已经拥有了大量的出版内容资源，并且在各自的专业出版领域整合了大量的作者资源，因此开展起数字出版业务，相比其他两类出版社具有一定的行业基础。专业出版企业在信息、技术及人才方面本身就是最大的特色及品牌，因此可发展这种基于知识结构的定制出版模式，即要求出版企业依托自身优势，找准目标定位，明确客户需求，打造特点鲜明的品牌产品。近年来，越来越多的出版企业瞄准了专业期刊与专业图书的市场，纷纷构建专业数据库。因为部分专业出版社作为出版企业的子公司、分部门，具有自己得天独厚的专业资源和销售网络，只要加以数字化技术的整合，形成专业知识与市场定制对应，就可以相对容易地完成数字化转型。

对于大多数出版企业来说，专业出版的资源定制模式具有一定的发展优势，相比于数字运营商的内容购买和二次开发，出版企业内部的专业信息本身就是一块肥沃的田园，只是大多数出版企业在数字化发展之前都以直接售卖的方式，将其拱手让给他人。这种模式的弊端在于专业化的内容定制服务需要大量的、掌握技术的、不同学科专业的人才，也就是前期的投入会比较大，但是一旦有足够的资金投入，收益也是很快的。也就是说，它的生产周期很长，盈利可观。

目前，在我国专业出版领域实现数字化转型有突出表现的出版单位主要有电子工业出版社、知识产权出版社等。另外，人民卫生出版社从 2014 年起搭建人工智慧数字综合服务平台，全面推动医学数字出版转型升级；地质出版社 2015 年成功研发了"宇宙与生命进化"系列科普类数字出版产品，为专业出版企业数字化转型的商业模式建构提供了一条可以借鉴的路径。

（二）教育出版——基于互动的数字信息服务模式

教育出版的主要功能是提供教育内容，满足人们对知识的需求。教育出版领域的数字化发展不仅需要对静态教育出版内容根据知识点进行整合与提升，还需要通过多媒体技术涵盖传统教学中动态的教师职能，如突出教与学的互动性，并实现教学引导、效果评价等信息管理功能。在教育数字出版领域，国外的培生教育集团和国内的高等教育出版社的商务模式已渐趋明朗，为教育数字出版的发展方向提供了很好的借鉴。

培生教育集团作为全球最大的教育出版商，在在线教育（E-learning）业务上已经取得快速增长。一方面，培生教育集团通过完全数字化的课程方案，为教师和学生提供了丰富多彩的视频教学，以及数字化的图书、课堂练习、测验等在线教育服务，并有效带动了传统教育出版的发展；另一方面，其不断加强在线教育服务的互动与效果反馈功能，通过建立互动教育社区，连接教、学双方。

在我国，高等教育出版社以创建形象化、多媒体、交流互动的各学科大型数字资源库为基础，以"学习卡"和"在线学习平台"为抓手，结合授权使用、版权保护和测定用量等技术手段，弥补课本的不足，拓展学生的知识面，丰富其学习内容，打造教育数字出版盈利新模式。因此，未来的教育数字出版应该是通过营造立体化的学习方式和网络化的教学环境，为读者提供集教育信息、教育资源和教育服务于一体的教学综合解决方案。

教育出版的信息服务模式立足于受众的知识普及与职业培训，一方面，它的主题有一定的系统性和专业标准。教育出版的信息具有很强的针对性，受众阅读消费是必然的。另一方面，教育大计是一种国情，一直是中国家庭关注的大事，因此，要在教育出版信息服务模式上下功夫，满足教学相长的学习需求是教育出版企业数字化发展的一个重要突破口。事实上，很多出版企业也是这样开始走上数字化之路的。但我国的教育系统具有很强的权威性，如果没有打算做长期的功课，想要跨过高高的准入门槛，达到盈利的目的，也是很艰难的。目前，教育出版领域数字化的发展重点应该为以下几种模式。

1. 电子书包

电子书包是教育电子产品的发展方向。作为一个组合产品，其主要有三方面的功能，包括具备读写功能的笔记本或者平板电脑的电子书包外形，提供数字化教育资源的内容资源库，还有通过数字资源对学生展开管理、实现家庭和学校交流的网络平台。电子书包作为数字化课堂的一种表现形式，有很多的成功案例。比如在新加坡，学生的数字化教材教辅和互联网连接，可以实现全世界范围内学生的互动学习，这是电子书包的外在表现的一种。教育出版数字化的发展是以电子书包作为终端模式的一种技术手段。当然，教辅图书数字化需要政策的支持，只有政府相关职能部门认为是时机将沉重的纸质教辅图书更换为方便携带、海量内容便于存储的电子教科书的时候，作为教育系统分支机构的学校，才能真正推行电子书包。也就是说，对于电子书包的推行，其政治因素大于市场因素。

2. 网络教学平台

教育出版数字化要从资源数字化发展入手，建设数字化资源数据库，进一步强化并完善网络和跨媒体平台的有效结合的出版。在这之前，我国高等教育出版社已经建立了"高等教育出版社立体化教学网"，这个平台有包括电子教材、网络课程和资源库等内容在内的立体化教学包。通过购买纸质图书可以获得学习卡，凭此卡登录"高等教育出版社立体化教学网"使用网络学习资源。网络教学平台提供的完善的教学系统，能够强化基本教学活动，服务于学生、教师和家长。这种教学方式可以适当替代实体教学机构，现在很多出版社都构建了这种教学平台。教育出版企业可以通过建立这类平台，为受众提供多样化的服务，实现教育数字出版的发展突破。

3. 移动教材

移动教材是教材教辅等教育资源在移动阅读器上的应用，主要有电子阅读器、平板电脑、手机和教育电子产品这几种。作为移动阅读器的主要产品，电子阅读器、平板电脑、手机和教育电子产品都在教育出版数字化的过程中担负了很重要的职能。比如，一些品牌的学习机和出版社等教育资源单位合作，实现教学资源同步，实现其教育网络授权。一般情况下，教材内容商不生产阅读器，其产业链上涉及的结构有很多，不容易整理融合，但这样的形式主要通过电子书分销模式得以实现。比如国外的 Kindle 和 iPad 等主流阅读器和教材出版商的成功合作，就是比较具有借鉴意义的经验。

教育信息服务模式，是很多出版企业在数字化转型初期都会选择的一种商业模式，因为它的消费者市场广泛、需求必然，只要内容质量高、媒介模式恰当，一般都会具有很好的市场收益，并且数字化产品传播的效果非常明显，有利于出版企业形成品牌优势。它的弊端在于前期资金投入要求高，并且要求企业有良好的政策支持，一般适用于大型出版企业。就目前我国传统教育类出版社的总体发展状况来看，无论在财力还是人力方面，能够进行数字化发展相关探索的只有高等教育出版社、外研社等较大的出版社，而其他中小型教育出版社可以采取分阶段、有步骤的方式一步一步进行。

（三）大众出版——基于终端的电子阅读平台模式

在出版企业数字化的进程中，手持阅读器是最早提出的商业模式之一。

与综合性出版网站和教育信息服务体系相比，电子书在经过一个爆发式的盈利之后便开始进入平稳的发展阶段。如果作为一个出版企业的商业模式，电子书从技术研发到市场销售所要投入的成本，可能会占据很大的投资比例，虽然占有大量优质内容资源的出版企业具有令人垂涎的优势，但是大量的投入与缓慢的收益，并不适合数字化转型初期的出版企业。因此，出版企业在这个商业模式的选择上，可以与其他电子设备终端商合作，以一种更为合理的方式售卖自己的内容资源，同时保留内容出版品牌的自主权，在手持阅读器上推送自己的其他产品。

手机是除电子书之外的另一种手持阅读器，手机出版采用的是移动增值服务模式。对于出版企业来说，手机出版的移动终端应用模式是目前比较适合采用的商业模式之一。这是因为我国的手机用户基数大，网络建设完备，并且手机出版势不可当，受众能够随时随地阅读的便捷性适应当今快节奏的工作和生活方式，而且收费问题已经得到了很好的解决。

个人计算机与手机通用的出版应用软件的开发，也属于这类商业模式。比如盛大文学旗下独立运营的数字化读书平台云中书城，开创性地将虚拟书店格式化经营的概念引入自己的商业模式中，即授权出版方或签约作者独立开店售书，云中书城为作者提供信息的采编、定价、品牌推广、在线支付等服务作为价值交换。截至 2012 年 1 月底，云中书城在 Android 客户端同类热门应用排行榜上一直稳居前三名。从出版企业数字化发展趋势来看，研发体验性强、内容专业的多媒体交互性网络应用或手机应用将会成为终端类商业模式制胜的关键。

第三节　全媒体时代下传统出版业数字化发展的实现策略

数字出版是我国文化产业发展最具战略性、前瞻性的选择，是我国由出版大国向出版强国目标迈进的必然手段，也是我国文化产业参与国际竞争的主战场和实现跨越发展的有效途径。随着数字化技术的快速发展，传统出版向数字出版转型已成为我国出版产业发展的必然趋势。针对传统出版向数字出版转型过程中出现的各种问题，我国政府和相关企业要积极借鉴国外的先进经验，加强对数字出版产业发展情况的研究，并通过积极有效的措施找准出版转型的方向，加快企业创新，从而为推动我国出版产业的良好转型与健康发展提供动力。

一、厘清思路，充分认识数字化的关键点

传统出版企业数字化转型面临着巨大的障碍，但随着数字出版技术的快速发展、智能终端的普及、读者阅读模式的变化，出版企业的数字化转型升级已是大势所趋。目前我国大多数出版企业已经认识到企业数字化转型升级的重要性和紧迫性，许多大型出版企业也已经开始探索自身的数字化发展之路，积极推动传统出版的数字化转型。但是在具体的操作过程中，许多出版企业仍然不知该从何处下手。我们认为，在行动之前必须厘清思路，充分理解和领悟传统出版企业数字化转型和发展的关键点，才能采取有效可行的方案和策略。对于传统出版企业数字化转型来说，思维模式是重点，内容资源是核心，版权保护是保障，技术标准是手段，模式创新是根本，人才培养是基础，融合理念是前提。

（一）思维模式转变是数字化转型的重点

在全媒体时代，传统出版要向数字化转型，首先需要将传统思维转变为互联网思维。互联网思维是一种新的思维模式，它是在移动互联网、大数据和云计算等新科技不断发展的背景下，对产品、用户、市场、营销等整个产业链乃至整个产业生态运用互联网技术进行重新审视的一种思维方式。改变思想观念和商业理念，运用互联网思维改造传统出版，是出版业进一步发展的必由之路。互联网思维模式下的出版，从选题策划、发行销售到营销推广，从众筹出版、微店卖书到微博、微信营销，新的改变和新的方法让传统出版与市场的距离更近，盈利模式的改变也让出版的节奏和效率变得越来越快。

长期以来，传统出版一直处于信息链的上游，掌握着信息资源和传播渠道，专业的编辑按照自己的想法定期为读者提供产品，确定传播内容。互联

网的发展使传统出版中的三个主体，即作者、出版者、读者之间实现了更紧密的联系，甚至是可逆的"消费需求—生产定制"的新的制作方式，它打破了传统出版单项的、高高在上的传播方式。出版者应该感知这些变化，归纳这些需求，形成与读者的良性互动，从读者那里获得真正的需求输入，并根据需求整合内容资源，打造出相应的知识产品。

形成以读者为中心的服务理念，努力满足读者的需求，实现利润的最大化，是出版企业一致的追求。传统出版企业在数字化转型过程中，一方面，要以读者为中心，对出版产品的表现形态、传播途径、个性化服务等都要实施"读者需求服务"的深度研究，与竞争企业形成差异化服务，才能获得更多读者的青睐；另一方面，还要不断充实增值服务的内容，创新增值服务的方式，提升读者的感知价值。提供增值服务的主要目的是让客户得到最大限度的满意。在全媒体时代，出版企业的客户不仅包括作者、平台商、读者，还包括技术提供商、电信运营商等，因此，出版企业要了解各方客户的不同需求。一方面，通过提供高质量的服务取得竞争优势；另一方面，要为客户提供专业化、个性化的服务。根据客户的反馈，对需要改进的产品或服务及时、准确地给予解决方案，才能在满足客户需求的基础上使企业获得更好的发展。

（二）内容资源是数字化转型的核心

出版业属于内容产业范畴，内容资源是出版业赖以生存和发展的核心要素。数字出版业务的发展，离不开优质的数字内容产品；没有优质的内容做支撑，数字出版将成为无源之水、无本之木。因此，内容资源是数字化转型的核心。

我国的出版企业大多经历了漫长的发展历史，积累了大量的内容资源，出版企业发展数字化的优势之一就是具有丰富的内容资源。而内容采集、开发、管理和再利用的水平成为衡量出版企业竞争力的重要指标，谁先占领了内容资源的制高点并形成知名品牌，谁就具有了自己的核心竞争力。因此，传统出版企业要利用自身在内容资源方面的独特优势，对内容资源进行全方位、深层次、有针对性的整合、开发和利用，加速存量出版资源的数字化，打造优质的数字出版内容产品。出版企业还要通过整合报纸、期刊、图书、音像制品、电子出版物、数字出版业务，以及出版、复制、发行等资源，加快推动传统出版与数字出版的深度融合与良性互动，形成覆盖互联网、移动互联网及各种新型传播平台的数字出版产品体系，实现全媒体、全产业链发展。

（三）版权保护是数字化转型健康发展的保障

进入数字出版时代，数字版权（信息网络传播权）作为一种新型的著作权形态应运而生。数字版权保护技术就是对各类数字内容的知识产权进行保护的一系列软硬件技术，用以保证数字内容在整个生命周期内的合法使用，平衡数字内容价值链中各个角色的利益和需求，促进整个数字化市场的发展和信息的传播。具体来说，包括对数字资产各种形式的使用进行描述、识别、交易、保护、监控和跟踪等各个过程。数字版权保护技术贯穿数字内容从产生到分发、从销售到使用的整个流通过程，涉及整个数字内容价值链。因此，建立健全科学、明晰、有效的数字版权保护体系，对于推进文化与科技融合、加快国家创新体系建设、激发民族创造活力、更好保障群众文化权益具有重大意义。

数字出版物具有搜索即使用、点击即阅读、下载即复制的特点，极易大规模地复制、传播和盗版，加之我国适用于数字出版的法律法规明显滞后，造成网络未经授权使用他人作品、网站之间未经许可转发和盗用、搜索引擎未经网站许可无偿链接等问题层出不穷，使著作权人的合法权益难以得到有效保障。传统出版社为规避侵权行为、防范经营风险，对投资数字出版业心存忧虑，对推动传统出版业数字化转型动力不足。所以，完善数字版权保护体系是传统出版企业数字化转型健康发展的保障。

（四）技术及标准完善是数字化转型的实施手段

研发和应用数字出版技术及完善相关标准才能保证数字化的成功，加快相关技术的研发和应用及标准的完善是成功实施数字化转型的有效手段。

数字出版技术主要包括资源数字化加工、内容资源整合管理、数字化编辑、产品发布运营。目前国内出版企业在这四个方面的某一个方面或某几个方面都已经有了相关的转型措施，从纸质资源的加工到数字内容整合管理、编辑加工实现数字化再到数字产品的独立发布和运营，这是一条完整的业务流程，也是数字出版区别于传统出版最重要的特点。出版企业只有在这四个方面同步转型升级，实现完整的数字出版业务流程构建，才能发挥数字出版相对于传统出版的优势。总体来看，目前国内技术开发商的平台系统开发技术比较薄弱，如有的系统功能单一，有的资源库开发简单，有的系统相互封闭。

数字出版相关标准主要包括内容标准、格式标准、技术标准、产品标准、输出标准及平台建设标准等。在标准化体系建设方面，仍然存在着内容不规范、标准不统一、格式转换不兼容的问题。另外，出版企业在整体上缺乏对标准的重视也是一个目前比较严重的现象，出版业的主管部门近年来依托出版、发行、印刷、信息、版权五个标准化技术委员会，正逐步改善数字出版标准不统一的状况，但出版企业不重视标准对于数字化转型升级工作的重要指导作用也是转型升级工作陷入发展瓶颈的原因之一。国家应当进一步加快和完善数字出版标准化建设，尽快统一规划、统一标准。

（五）商业模式创新是数字化转型的根本

商业模式即盈利模式，是指企业价值创造的基本逻辑，即企业在一定的价值链或价值网络中如何向客户提供产品和服务并获取利润的模式。商业模式概念的核心是价值创造。在我国，数字出版单位的科技期刊数据库、文学原创平台、网络游戏处于盈利状态，但多数数字出版商的盈利数量甚少，尤其是传统出版单位，盈利情况不容乐观。而以上三类数字出版单位的盈利也多为广告收入，自身探索出的产业链条还不够完善。随着数字化的发展，盈利模式也将直接制约我国数字出版业的发展。传统出版企业若停留在与数字出版商签订数字协议，或将传统出版物简单上传的状态，对自身的资源过度垄断，必将难以维持长久发展；而技术提供商如果将自身的技术过度垄断，则无法和传统出版进行交流和合作。这些都成为制约建立完整数字产业链的主要原因。因此，商业模式创新是我国传统出版业数字化转型的根本，是企业生存和发展的关键，也是关系到我国传统出版企业数字化健康发展的关键因素。

（六）复合型人才培养是数字化转型和发展的基础

全媒体时代对出版人才提出了更高的要求，需要既熟悉传统出版流程又能进行数字出版技术操作的人才，也就是我们所说的复合型人才。复合型人才是数字出版业发展的关键，谁掌握了最新的核心技术和人才，谁就掌握了未来。数字出版技术的运用给出版业带来了诸多机遇，同时也带来了巨大的挑战和激烈的竞争。在全媒体时代，出版业需要的不仅是了解和熟悉传统出版流程的工作者，更需要的是能够适应数字化环境、掌握全面的网络知识和具有一定的创新素质的人才。同时，数字出版技术的广泛应用使得出版流程与管理方式都发生了巨大的变化，使数字出版方面的研发、营销、管理人才也很缺乏，这更凸显出版业对复合型人才的急切需求。

数字出版的核心竞争力是技术创新能力和管理能力，而提升技术创新能力和管理能力的关键是人才。所以，人才是传统出版企业数字化转型和发展的基础条件。数字出版技术的创新、数字出版产品的发布推广、数字出版市场的开拓，都是建立在数字出版人才的基础上的，否则传统出版企业就失去了数字化转型升级的未来。数字出版队伍的建设，关系到数字出版业务的顺利开展，关系到数字出版可产生的效益，关系到两种出版业态格局的重整与融合，最终关系到传统出版企业转型升级的成败。

（七）媒介融合理念是数字化转型的前提

理念是支撑人类创造、发展、前行的核心动力与方向指南。无论是宏观至国家还是微观至个人，理念的高远清晰，直接影响乃至决定结果的成功。媒介融合打破了原本相对独立的媒介类型划分，形成了面向特需受众、面向立体传播而非面向媒介自身的新格局，网络传播、大众传播、人际传播在这个过程中实现了重新定位与高度融合。在媒介加速融合的全媒体时代，虽然大多数传统出版企业日益意识到向数字化转型的迫切性，并且也积极实践，但是我国传统出版业的数字化进程依然缓慢，仍处在初级阶段，主要原因是对数字化出版是什么仍然缺乏正确的理解。因此，树立正确的媒介融合观念，大力发展全媒体出版迫在眉睫。

数字化并不等同于将纸质内容原封不动地搬到网络上，还需要继续创新，给读者提供不一样的内容服务。纸质内容和数字内容可以互补，服务也可以互补，使读者产生不一样的阅读体验。另外，要充分借助传播过程中的反馈环节，增强互动。在纸质产品出版之前，甚至在选题阶段，就可以将设想产品的简介与部分内容放到互联网上，引发讨论，了解读者的反应与需求，确定目标市场的需求，再决定出版数量并制定相应的价格、营销、销售策略。纸质产品出版之后，为满足读者的多样化和个性化需求，可通过网络，包括各种阅读终端，发布其电子版本，扩大其影响力，鼓励潜在消费者购买，发挥线上和线下的合力作用。这些都是传统出版业与数字出版的良好融合趋势，如果运用得当，二者定会相互促进，形成良好循环。

传统出版业要树立全媒体出版理念。全媒体出版指的是出版社一方面以传统方式出版纸质图书，另一方面以互联网、手机、电子阅读器为平台出版数字图书，进行跨媒介的融合，实现多元化、个性化与数字化。全媒体出版不再是将传统出版与数字出版对立起来，而是将二者充分融合，以发挥各方优势。它将单一的出版模式扩大到了集图书、网络、手机、电脑等多种媒体的优势于一体，参与者不仅包括出版商，还包括技术运营商、内容运营商，以及中国移动、中国电信、中国联通等。多方参与实现资源的优化配置，拓宽了出版渠道，带来了多种资本的进入与融合，打通了数字出版产业链条，满足了读者的阅读需求与内容需求。

二、传统出版企业数字化发展相关措施和对策

充分理解传统出版企业数字化转型和发展的关键，可以使企业在理念上高度重视自身的数字化发展，并制定相应的战略目标和发展规划。但是，理念上的重视最终还需行动上的配合，这样才能保证数字化取得有效的进展。在此，我们将进一步探讨全媒体时代传统出版企业实现数字化发展的具体措施和策略。

（一）加大内容资源数字化建设与开发

目前，传统出版企业在内容资源的数字化建设与开发方面要着力于编辑流程、内容及数据挖掘等方面。

1. 现有内容资源数字化及管理

传统出版企业历史悠久，积累了丰富的内容资源，以及图书编辑加工、出版发行的经验，在数字化过程中需要做的就是将内容资源与适合的技术相融合，从而创造出新的产业价值。内容数字化是指将传统的出版内容资源进行重新加工与编辑等，经过一系列工序后，形成数字化内容。内容的数字化开发是一个系统工程。内容电子化阶段，即借助某类软件工具将文字、声音、图片、影像等内容资源按统一的标准进行电子化转档。转档后的电子化内容紧接着应开始碎片化与分类标引，即对内容资源进行重新创建、采集、加工、分类等，使各种元数据间建立关联关系。内容聚合与分类是指通过知识体系、结构、主题、关键词和相关性等对已分类标引的内容进行分类组合。经过这一系列工序后形成的数字化内容，才能整合成新的数字产品。

开发数字化内容不仅需要借助一定的软件，更重要的是要结合内容特征、用户需求与终端传播进行前瞻性的聚合和分类，从而与市场需求同步。为完成以资源为核心的传统出版流程数字化改造，传统出版内容必须从稿件的接收、审校、加工、排版等环节进行数字化管理，目的就是使所有资源都有统一的、原始的电子文档及统一的排版格式，以方便这些内容资源能够与不同形态的出版介质对接。

2. 对内容资源进行深度加工

数字出版内容资源具有原创性强、受众量大、方便快捷、互动性强等特点，因此在完成已有内容数字化之后，还需对内容资源进行深度加工和开发。随着数字出版技术的应用，数字出版产品形式层出不穷，目前有电子书、网络学习平台、工具书在线、手机阅读、手持阅读器、按需出版等多种形态。不管是哪种产品形态，其根本依然是数字化的内容资源。因此，无论是传统出版资源还是数字出版资源，对内容进行深度加工是必然要求。只有对相应的内容资源进行深度加工，才能够发挥计算机和网络技术的优势，满足消费者灵活便捷获取信息的要求。对出版企业来说，全媒体时代依然是"内容为王"，谁具有对内容资源的集约综合能力，谁就把握了数字出版的主导权和市场控制权。

挖掘内容和数据既可以是对出版企业数字化的内容进行深度挖掘，也可以是对从这些内容中提取的一些数据进行二次或多次的开发利用，这些数据包括受众数据、销售数据等。这是数字出版区别于传统出版的重要特征，内容资源的利用将不再是一次性的，而是多次、多形式和多组合的。这些新的产品有机会为出版社带来新的理念和业务渠道。

另外，从出版产业链整合的角度出发，明确企业的定位，在此基础上对内容资源进行加工和生产，通过业务流程的重组和出版流程的再造，转变为产业链中的核心企业，在发展中不断积累海量优质内容，构建出版企业通用的内容资源管理平台，避免重复开发，实现内容资源的优化配置，从而构建兼顾各方利益的可持续发展的内容运营模式，是出版企业内容资源得到深度开发和利用的有效途径，也是出版企业数字化发展的捷径。

3. 优势资源深度开发

互联网的发展给数字出版产业带来的重要变化就是内容创造和交易成本的降低及信息的充分公开。因此，传统的单纯依靠信息资源的不对称而形成的优势不再明显，并且逐渐向满足特定人群需求、降低受众信息获取成本的个性化服务转变。因此，建设整合的、个性化的资源平台，帮助读者正确高效地获取海量信息资源成为出版企业的生存之道。而对于资源平台的建设，出版企业需要选择适合自身规模和专业领域的模式，充分了解目标市场，确定投入产出比例，切不可盲目为之。

（二）打造数字化发展的良好生态环境

传统出版企业数字化发展需要一个健康、良好的生态环境。为此，政府部门和出版企业要做好以下几个方面的工作：一是完善数字版权保护机制；二是健全数字出版标准和法规体系；三是理顺数字出版管理体制。

1. 完善数字版权保护机制

版权是传统出版企业的命脉。随着数字化出版的出现和迅猛发展，数字版权已成为困扰传统出版企业的主要难题。互联网公开数据显示，市场上的数字出版产品中仅有 4.3 % 是真正拥有版权的。这就使得众多传统出版企业在数字化转型的探索中望而却步，在将其内容资源数字化的过程中格外谨慎，甚至犹豫不决。互联网传播技术的广泛应用使数字信息的复制极为方便，但同时也给传统版权保护带来了极大的冲击。大量的数字出版产品未经作者许可被复制和传播，严重侵害了原创作者的合法权益。这些侵权行为不仅给出版企业带来了压力，也侵犯了作者的合法权益，严重影响了数字出版的发展，因此，完善数字版权保护机制成为亟待解决的重要问题。

首先，要完善著作权集体管理制度。数字环境下的版权授权一直存在很多纠纷，就在于数字出版没有明确的、统一的授权标准，导致数字出版版权纠纷时有发生，而且很多大型网站或单位都牵涉其中，比较引人关注的有龙源期刊网侵权案、大众点评网诉艾邦网（化名）案、"番茄花园"侵权案等。随着互联网原创作品数量激增，数字环境下"一对一"的数字版权授予模式是不可能实现的。网络传播速度快、覆盖范围广、复制和传播成本低，以及海量的作品和庞大的作者队伍给数字版权的授权带来了很大的困难，因此实行著作权集体管理成为许多数字出版单位的迫切要求。著作权集体管理组织在国外已经有 200 多年的历史，我国也在 2008 年成立了中国文字著作权协会。这一管理组织能改变单一著作人的弱势地位并能有效推动作品的传播；还能帮助广大著作权人维护自身合法权益，帮助使用者处理海量作品的授权，为产业界服务；同时，还能降低交易成本，提高作品传播效率、速度和广度。2009 年底，谷歌数字图书馆未经授权就收录了数百位中国著作权人的上万部图书，中国文字著作权协会号召中国作家联合向谷歌维权。2010 年，中国文字著作权协会参与调查之后，作为著作权人代表与谷歌总部进行了多次交涉。

其次，要加大数字版权的司法保护力度。虽然我国数字版权保护方面的法律法规还在不断完善，但是由于网络中存在多种可能性，还有很多法律漏洞亟待解决。在数字技术飞速发展的今天，我国针对数字出版的法律法规已经不能满足数字出版行业的快速发展需求，因此加快数字出版行业立法和司法保护是十分迫切的。

再次，要加强数字版权保护技术的研究。互联网的广泛性和传播的快速性，使得许多数字产品在互联网上被广泛地复制和传播，给数字出版企业和作者造成了损失，因此对数字版权保护技术进行研究有利于数字产品的传播。国家可以引进一些先进的技术手段，更好地实现数字版权保护，如数字加密、数字解码和数字授权技术等。数字出版企业也可以利用技术措施对自己的数字版权进行保护。

最后，要加大对侵权的预防与惩罚力度。为了更好地保护数字版权，必须加大对侵权的惩罚力度。一方面，需要政府从审查的角度入手，对数字出版企业的相关资质进行严格的审查，避免出现鱼龙混杂的情况。与此同时，对缺乏资质的传播平台给予严重的打击。另一方面，政府要加大对侵权行为的处罚力度，一旦发生侵权，法院可以根据《中华人民共和国著作权法》给予高额处罚，以此防止数字出版商和运营商的侥幸心理，从而达到减少侵权案例发生的目的。

2. 健全数字出版标准和法规体系

随着我国数字出版产业的不断深入发展，数字出版行业对于数字出版标准化的需求越来越迫切，数字出版的标准化问题也受到越来越多的企业的关注。数字出版管理标准的制定在市场经济条件下必须充分重视市场运作规律，要围绕市场最高的呼声和社会关注的热点，只有重视市场运作规律、满足客户的需求，才能满足数字出版发展的需求。数字出版标准的制定需要大量的软件和硬件设备作为支撑，而且需要众多的出版专家和信息技术人才参与其中，共同协商，所以在制定标准的过程中就需要大量项目经费。如果经费不能满足制定标准的需求，就容易导致调研不准确、缺乏事实依据、制定不合理等问题。所以，政府一方面要加大对标准经费的支持力度，另一方面要争取一些企业在保证制定标准公平性的基础上，投入资金支持行业统一标准的制定，保证制定的标准能够使产业链上的各个环节都利益均衡。

现阶段，数字出版各领域均严重缺乏统一的标准和法律规范。制定法规必须通过一定的立法程序，过程严格而复杂，所以需要经历很长时间；而标准的制定相对较快，在协商一致的基础上达成共识，并能及时地反映技术的更新和市场的新需求即可。数字出版标准化建设的总体思路仍然延续传统的出版产业标准化进程来实施，并适当整合先进的数字管理技术加以支撑，以此来维护数字出版市场的有序运行，提升其在我国经济中的总产值。因此，标准化组织和立法机构应该充分沟通，共同了解和探讨标准制定的有关内容和立法所需解决的技术问题，在此基础上分别制定相应的标准和法规，实现对数字出版领域宏观的指导与规范。

除大型出版集团可根据自身数字化升级需求，制定符合本企业需求的数字出版标准外，大部分出版企业还需依赖国家级专业技术研发力量。作为数字出版产业发展的保障体系之一，政府部门应该积极推进这方面的工作。2014年，我国数字出版标准体系建设进入新阶段，全国新闻出版信息标准化技术委员会升级为国家级标准委员会，数字出版标准化领域正式形成由全国新闻出版信息标准化技术委员会、全国出版物发行标准化技术委员会、全国印刷标准化技术委员会、全国版权标准化技术委员会四家国家级的专业技术委员会构成，完整覆盖数字出版产品制作、印刷、发行、版权全流程的数字出版标准化专业运作机构体系。这些机构的设立对我国数字出版标准化建设是一个极大的推动。

3. 理顺数字出版管理体制

相对于数字出版产业的高速发展，我国对数字出版行业的监督管理有些滞后。数字出版作为一个朝阳产业，蕴藏着巨大的经济潜力，需要从整个国家战略的高度推进数字出版产业的发展。国家应制定科学合理的准入和退出机制，做好数字出版产业发展规划，运用产业政策来引导和调控数字出版产业的发展方向，保证数字出版产业健康有序发展。

为加快我国数字出版产业的健康快速发展，还要积极建立完善的数字出版管理体系，以确保数字出版产业发展的规范化与合理化。由于当前我国的数字出版产业发展还不成熟，其管理体系标准的制定还未得到充分的论证与研究，因此在建立数字出版产业标准化管理体系时要避免盲目性，确保其能够符合我国社会经济和市场发展的需求，且在立项后要经过相关专家的论证。作为数字出版产业的内容提供商，我国的传统出版单位在数字出版的产业链条中占有十分重要的地位，在建立标准化的数字出版管理体系时，只有加强传统出版单位的参与，才能更好地发挥其在出版产业转型中的优势作用，从而提高其在产业链中的核心地位。同时，数字出版管理体系的建立还要充分发挥市场运作的作用，加强数字硬件和软件设备的创新，加大资金投入，从而有效地推动我国数字出版产业的健康有序发展。

（三）创新商业模式，满足客户需求

传统出版业的数字化转型，首先是出版企业商业模式的转变。在数字时代，出版企业的商业模式与传统出版业的商业模式及盈利模式（主要是靠纸质图书发行获利）有着本质的区别。数字出版要求出版企业根据客户（用户）需求的变化创新商业模式，比如按需印刷。"得用户者得天下"，转型升级也好，融合发展也罢，最关键的是集聚用户。无论是新媒体，还是传统媒体，任何出版企业的核心都是用户运营。对于传统出版企业来说，目前最重要的工作就是聚集用户，建立以用户为中心的运营模式。另外，基于媒介信息资源共享，不同媒体间优质内容资源的共同开发，需要出版企业与其他媒体（如电视台、杂志社、网站等）积极联手，合作共赢，由此诞生全媒体出版这一新的商业模式。与互联网企业相比，传统出版企业及相关媒体并非一无所有、从零开始，而是拥有巨大的受众（读者、听众、观众、订户）存量，且在内容、品牌等方面具有巨大优势，一旦将受众转化为客户（用户），将释放出巨大的生产力。

互联网的发展使读者对信息内容的消费日趋数字化和个性化，与此相对应的是，分众化和碎片化逐渐成为用户需求的主要趋势。读者关注的不是简单的信息获取，而是如何从复杂的信息环境中找到解决问题的信息内容，并将这些信息动态重组为相应的解决方案。因此，移动互联网时代更加注重客户的个性化需求，泛信息化内容已逐渐失去市场，定制化的内容和产品更受

到用户的青睐。定制化不是通过订阅或根据用户属性简单分析，而是针对用户需求进行更为深入的挖掘，实现从内容到服务的私人定制，大数据的运用将成为出版企业内容与产品创新的重要支撑力与竞争力。同时，人们对数字出版产品的需求日益旺盛与多元，将推进出版企业的不断创新，为适应数字出版形态的演变，将涌现更多的商业模式，如数字出版产品社区化，未来或将出现"信息＋服务＋社区"的数字出版产品生态链。

出版企业商业模式的选择可根据不同出版企业的特征采取不同的方式。例如，教育出版的客户群体较为明晰，出版产品内容的专业性与针对性更强，因此教育出版企业可采取以大规模定制为特色的商业模式。专业出版企业的信息、技术及人才本身就是最大的特色及品牌，因此可采取基于专业出版的定制模式，即要求出版企业依托自身优势，找准目标定位，明确客户需求，打造特点鲜明的品牌产品。

（四）加大人才培养力度，优化产业人才结构

出版业在数字化转型初期同其他新兴产业一样面临着人才的问题。一方面，现有的人员难以快速过渡到数字化的出版氛围中，难以创造价值；另一方面，高校培养的数字化复合型人才难以满足发展的需求。可以说，国内传统企业对数字出版的复合型人才是忽略的，这不仅缘于传统出版对人才理念的禁锢，同时也是对数字化发展的踌躇不前。出版企业要想更好地推进数字化发展，人才问题必须上升到一个战略高度。

（1）更新人才培养理念。任何一个行业的发展都离不开高素质的专业人才，数字出版行业的发展对人才提出了更高的要求。为了顺应新形势，培养出版人才的理念必须革新，应加快培养一批业务能力强、既懂得出版又会运用数字技术的高素质人才，以适应媒介融合发展大潮对人才的需求。美国在培养出版人才方面有很多可借鉴之处。美国的出版社都会为员工提供优惠的培训学习机会，出版社会在员工参与培训学习并获得结业证书后给员工报销学费。美国哥伦比亚大学等高校都设有专门培养出版人才的专业和培训出版业务的机构。另外，佩斯大学、斯坦福大学、纽约大学出版

研究中心等已经形成了较为完善的出版人才培训体系和浓厚的出版研究学术氛围，每年都会输出大批数字出版人才，世界各地的学子和出版人才也纷纷到这些高校深造。因此，出版企业要制定新的人才培养方案，建立新的人才培养理念。

（2）政府牵头建立一些数字出版产学研基地。产学研基地是科研、教育、生产不同社会分工在功能与资源优势上的协同与集成化。建设数字出版产学研基地，一方面可以加强高校对人才的培养，进而发挥其人才与科研的优势；另一方面可以利用出版企业的技术与资源优势，辅助人才的培养，真正做到理论与实践相结合，培养出版企业需要的高素质复合型人才。在2013年1月于北京举行的"2013出版产学研共建高端论坛"上，主要讨论的问题就是通过产学研基地的建设与科技创新，促进出版业的发展。这说明出版业越来越重视科技与资源的优化配置，将打造一批既懂出版又懂技术的复合型数字出版人才。

（3）高校加大数字出版专业人才培养力度。为了增强出版专业人才的实践能力，配备先进的教学技术设备也是必要的。传统的出版教育属于纯文科类，因此有很多高校在培养人才的过程中忽视了技术设备的必要性。但是，新时代对于人才要求的提高促使出版教育必须重视实践性，建设图书编辑实验室，配备电子编排系统等设备，这些投入都是必不可少的。在出版教育方面，师资队伍也是关键。良好的师资队伍才可以成功培养复合型人才，因此，教师需要具备扎实的基础知识及跨学科专业背景，了解未来出版发展走向。此外，邀请一些国内外知名出版人举办讲座等，可以为出版教育注入新鲜血液。

（4）引进国内外优秀数字出版人才。人才是数字出版业发展的关键，可以说，出版商之间的竞争在很大程度上取决于优秀人才的竞争。不可否认的是，国际上很多出版集团的数字出版要比我们先进很多，一个重要的原因就是它们拥有大批的优秀人才并且重视对人才的培养。制约我国数字出版发展的因素之一就是人才的匮乏，在培养人才的速度跟不上数字出版发展速度的时候，积极引进国内外优秀出版人才是解决人才缺口问题的有效措施。一方面，出版企业可以招聘社会上精通数字出版的精英，补充自己的人才队伍；另一方面，出版企业可以与国内外一些数字技术企业和数字出版企业合作，加强交流与沟通，组织人员赴海外学习先进的数字技术与理念，共同进步。吸引人才的前提是改善自身的用人环境，重视人才，创新人才工作机制与人才选拔使用机制。

（5）企业有关部门要重视对员工的数字出版业务及法律法规方面的培训，有针对性地提高其业务水平，努力培养一批业务精、视野宽的复合型数字出版专业人才。而且，企业要有长远的眼光，应站在战略的高度，做好数字出版人才队伍建设工作，要加强培训，与时俱进。数字技术的发展日新月异，即便是掌握技术的人员也需要不断学习、更新知识，才可以跟得上时代的要求。因此，加强学习是十分必要的。例如，可组织编辑学习数字出版的相关流程、相关经营管理知识，使传统的编辑人员不仅具备文字处理能力，还具有新媒体运用能力、信息数字化加工能力等，使其能够在不断学习的过程中充实自己的知识储备，以满足数字化时代对出版人才的多样化需求。加强培训的同时要注意有的放矢，针对不同的领域与内容制订不同的培养计划。

（五）采取多样化的营销模式

随着互联网的快速发展及数字化浪潮的推进，出版物市场的竞争愈加激烈。在未来很长一段时间，出版企业将面临传统出版物与数字出版物两种业态共存的局面。因此，出版企业需要对比较成熟的传统营销渠道不断创新，另外还要积极开拓网络营销渠道。全媒体时代出版企业的成功在一定程度上依赖于企业的有效的营销方式。因此，传统出版企业应该坚持线上与线下有机结合与无缝对接的立体化、互动盈利模式，采取"实体经销商＋电子商务平台＋移动终端应用"的模式，最终实现产品营销一体化。通过打造企业门户网站、自建数字内容平台、与第三方电商平台合作、利用社会化媒体，以及手机营销等多元化的营销方式，满足读者的个性化需求，做到精准营销，实现产品的市场价值。

1. 企业官方网站

结合出版优势资源建设综合性的出版门户网站。这样的网站不仅是一个企业对外张贴告示的地方，也不仅是一个图书产品贩卖机，还应该是一个具有增值服务、体现独家资源、助力品牌推广、宣传企业文化、响应企业活动的平台。要建立一个这样的网站不是几个人搭个架子，再安排几个人日常维护一下就可以运营的，它需要的是一整套的管理更新机制及内容服务的运维，需要企业各个部分信息的不断充实。要依靠优质服务吸引更多不同类型的受众来访问和使用，例如出版企业的网站可以将用户细分，了解用户需求，以便生成相关书籍的展示窗口。这种深度营销的方式可以提高用户对于出版社网站的满意度和依赖程度，增加人气。另外，可根据用户的需求，拆分图书内容，重新组合成新的形式，更准确地把用户需要的东西及时提供出来，销售给用户，提高网站个性化服务的水平与质量。这种形式很适合专业出版社，它们的受众面小，涉及的面又广，按需提供可以节省资源。

2. 出版商自建数字内容平台

出版商直接在自己的平台上供应内容，并进行直销，包括跟主要图书馆联盟谈判。比如励德爱思唯尔、施普林格这些大型的国际出版集团，都有自己的平台。励德爱思唯尔既有专门供应法律读物市场的 LexisNexis 数据库，也有聚合科学期刊的 ScienceDirect 全文数据库，这些包括期刊、图书、文献在内的大型数字内容平台，使出版商直接对接市场。在这些平台的支撑下，任何希望销售其内容的渠道，都需要借助出版商的平台，并支付一定的费用，而出版商始终控制着对内容的交易和使用获取过程。这种方式让出版商有对市场和内容的完全主控权。但这种模式需要巨大的资金投入，而且需要建立在出版商对受众市场需求的充分了解上。这种模式比较适合大型出版集团。它们从数字内容市场开始发展的时候，就建立了自己的数字内容平台，并逐渐完善平台的各项功能。它们可以对用户在平台上的使用习惯进行跟踪和分析，把握市场的变化，并通过分析，制定自己的内容战略方向，实现市场、用户、内容的信息互动，从而让这三者之间形成良性循环。

3. 与第三方平台合作

第三方平台通常是由技术公司演化而来的。它们通过给图书馆搭建数字图书馆的使用管理平台，逐渐建立了自己直达图书馆的销售网络，同时通过给出版商提供有效的内容管理和销售平台，让内容方和使用方通过它们的平台满足各自的需求。这种方式弥补了单个出版集团的平台、品种相对单一的不足，同时也给一些没有能力建立自己的平台的出版商提供了解决方案。比如，在英国出版科技集团建立的英捷特全球数字图书馆平台上，既有像励德爱思唯尔这样的国际出版集团，通过平台对接，服务于更广泛的受众，也有小型专业内容提供商，利用这个技术平台的商务功能，运营为数不多但市场明确的专业内容。从覆盖范围上看，这种第三方平台因为包括多家出版商的内容，可以满足更广泛的需求，所以比单个出版商平台更容易被更多的图书馆接受。英捷特全球数字图书馆平台在全球的 170 多个国家有 2.5 万多家图书馆用户。

4. 利用社交媒体、加强读者营销

社交媒体（social media），也称社会化媒体、社会性媒体，是指允许人们撰写、分享、评价、讨论、相互沟通的网站和技术，也可以说是人们用来分享意见、见解、经验和观点的工具和平台，现阶段主要包括在线社区、E-mail、博客、论坛、微博、微信等。近年来，社交媒体在互联网的沃土上蓬勃发展，爆发出炫目的能量。其传播的信息已成为人们在互联网上浏览的重要内容，制造了一个又一个热门话题，进而吸引传统媒体争相跟进。因此，社交媒体已成为出版商宣传其内容产品的重要平台。出版企业可以在这些社交媒体上开设自己的"社区"，与读者进行互动、交流。要始终坚持以读者为中心的原则，根据不同细分市场的读者，建立不同的网络交流平台，鼓励读者留言、提建议，实现精准营销。

5. 利用手机营销，契合大众习惯

以手机推送短信形式发送的出版产品资讯或手机网络版的资讯网站都是目前出版企业可以考虑实施的数字化营销手段。手机营销，是以手机工具为视听终端、上网为平台的个性化信息传播为媒介，以分众为传播目标，定向为传播效果，互动为传播应用的大众传播媒介手机为基础的营销模式。近年

271

来，手机媒体的加速发展带动了手机出版规模及受众群体数量的世界性扩张。《2015年度数字阅读白皮书》显示，2015年我国数字阅读用户规模达到2.96亿户，通过手机进行阅读的用户占到52.2％，是电脑阅读用户的两倍，手机成为用户数字阅读的首选载体。出版企业可以采取与外部合作的方式，与软件技术公司合作研发手机推送的载体模式，如开发 app 阅读终端、微信公众号等，与通信公司合作进行营利性的资讯定制等。

（六）打造完善的数字出版产业链条，实现合作共赢

数字出版需要构建新的生产关系，也需要建立一条不同于传统出版的"编—印—发"体系产业链条。目前，我国传统出版企业参与数字出版业务的比例较小，产业链条上各个环节的协调缺乏有机配合和法律法规的保障，因此需要建立健全数字出版产业链。

由于传统出版业的集中化程度不高，在向数字出版产业转型的过程中，如果只依靠自己的力量来实施数字化转型，则常常会因为技术和资金的缺乏而出现事倍功半的效果。尽管传统出版单位拥有较为丰富的内容资源，但在整个数字化转型的过程中却经常处于被动的状态，且在与网络运营商和技术提供商合作时获取的利润分成也相对较少，这种不平衡的利益分配关系在一定程度上严重阻碍了我国数字出版产业的健康快速发展。因此，在出版产业转型的过程中，传统出版单位要逐渐改变在数字出版产业链条中的被动地位，积极进行由自我主导产业链模式向集成合作的运营模式转变，以增强自身的核心主导性。

同时，我国的数字出版企业还要在自身发展的同时积极建立合作共赢模式，充分发挥企业各自的不同优势和应有价值，从而促使更为完善的数字出版产业链的形成。比如，传统出版企业可以利用技术服务商提供的技术平台充分发挥自身的编辑优势，而技术服务商则可以通过技术的创新和研发为用户提供更好的技术服务和体验互动。这种方式不仅可以改变传统出版企业在向数字出版转型过程中的被动地位，还可以激发各企业的积极性，从而为读者提供更多的数字产品增值服务。

参考文献

[1] 刘金兰. 新媒体时代传统图书出版在融合发展中的提升策略[J]. 传播与版权，2021（09）：67-69.

[2] 王源. 数字出版技术与编辑出版工作的数字化研究[J]. 传媒论坛，2021，4（18）：105-106.

[3] 王竞芬. 关于出版融合与编辑转型的思考[J]. 出版广角，2021（17）：67-69.

[4] 张宇燕，张婷婷，宋薇. 新媒体时代期刊编辑出版工作创新策略研究[J]. 新闻研究导刊，2021，12（16）：226-228.

[5] 王建建. 出版融合转型背景下教辅图书编辑如何向产品经理角色转型[J]. 新闻传播，2021（16）：94-95.

[6] 刘长明，高国连，杨勇. 智能技术驱动融合出版创新和发展[J]. 出版与印刷，2021（04）：78-84.

[7] 陈艳. 融合出版下专业图书编辑转型探析[J]. 中国报业，2021（15）：120-121.

[8] 李琼. 新媒体时代编辑出版转型路径探寻[J]. 传媒论坛，2021，4（14）：31-32.

[9] 付佳洁. 浅谈教辅编辑的数字化转型[J]. 采写编，2021（07）：139-140.

[10] 陈艳. 数字时代编辑出版的数字化转型[J]. 大众标准化，2021（13）：55-57.

[11] 王培. 互联网时代科技图书出版的转型发展思考[J]. 新闻研究导刊，2021，12（12）：221-223.

[12] 区燕宜. 融媒体时代主题出版转型发展的探究[J]. 科技与出版，2021（06）：73-77.

[13] 李佳航. 全媒体时代传统出版编辑转型探析[J]. 中国报业，2021（05）：118-119.

[14] 郭亚婷. 媒体融合背景下科技类图书编辑的转型[J]. 记者摇篮，2021
（03）：69-70.

[15] 安薇. 出版编辑如何做好融合转型[J]. 采写编，2021（02）：142-143.

[16] 司芳. 大数据时代下科技类图书出版编辑的转型[J]. 记者摇篮，2021（02）：
10-11.

[17] 郭新义. 大数据时代编辑工作的转型与创新[J]. 出版参考，2021（02）：66-
68.

[18] 杨曦. 大数据时代的出版文化与编辑角色转型[J]. 中国传媒科技，2021
（01）：71-73.

[19] 蒋姗姗. 媒体融合思维下编辑出版发展探索[J]. 产业创新研究，2020（18）：
77-78.

[20] 孟华威. 融媒体时代出版编辑流程的转型[D]. 开封：河南大学，2019.